デジタルアーカイブ・ベーシックス

デジタル時代の
コレクション論

中村 覚・逢坂裕紀子［責任編集］

勉誠社

[編集委員長]

柳与志夫
東京大学

[編集委員]

池内有為
文教大学

逢坂裕紀子
国際大学 GLOCOM

大沼太兵衛
山形県立米沢女子短期大学

嘉村哲郎
東京藝術大学

木村麻衣子
日本女子大学

鈴木親彦
群馬県立女子大学

数藤雅彦
弁護士

福島幸宏
慶應義塾大学

本書の趣旨と構成

責任編集者
中村覚・逢坂裕紀子

　本書『デジタル時代のコレクション論』で扱う「コレクション」という用語は、美術館、博物館、図書館、文書館、企業、政府機関、そして個人に至るまで、多様な文脈で異なる解釈を持つ。このような多様性を持つ一方、「特定の方針やポリシーに基づき編成される」[1]という根本的な共通性に対して、デジタル時代のコレクションの概念を再考することが本書の目的である。

　デジタル技術の進化は、アナログ資料を中心とした伝統的なコレクションの構築方法から、コンテンツの収集と保存におけるアクターや手法に明確な変化をもたらしている。これらの変化は、ボーンデジタルコンテンツの出現、コンテンツのマイクロ化、メタデータの付与方法の多様化、デジタルインターフェースを介した展示方法の変化、デジタル化された原資料の取り扱い、データとしての権利管理の差異、およびデジタルならではの付加価値の創出など、デジタル特有の属性に起因する。

　例えば英国のDigital Curation Centreでは、「Digital Curation[2]」という概念を整理している。Digital Curationとは、デジタル情報の収集、管理、保存、そして公開を行うプロセスのことを指す。このプロセスには、デジタルコンテンツの選択、整理、メンテナンス、アーカイブ、そして利

用者への提供が含まれる。デジタルキュレーションは、デジタル資料が持続的にアクセス可能であり、その価値を維持し、将来にわたって利用できるようにするために重要とされている。

　デジタルコンテンツの収集、保存、活用を巡る諸問題に対処するには、異なる分野のステークホルダー間の協力が不可欠である。既に多くの分野で進められている取り組みを踏まえ、本書の第1部では、コンテンツの収集、保存、活用に関連する概念や理論を総合的に検討する。続く第2部では、ネットワークを通じたコレクションの構築、マイクロコンテンツの活用など、現代における具体的な事例を提示する。第3部では、これまでの理論と実践を基に、デジタルコンテンツの収集、保存、活用に関するさらなる議論を展開する。

　第1部、第1章 本間友「ミュージアムのコレクション ―― アクセスとドキュメンテーション」では、有形及び無形の遺産を保存し展示する文化機関であるミュージアムに焦点を当て、コレクションをめぐる活動の歴史を振り返り、コレクションの構築と管理、除籍、アクセスとドキュメンテーションについて概観した。また、オブジェクトベースト・ラーニングやヴィジブル・ストレージのような新しい学習方法と展示方法が紹介されており、デジタル社会におけるコレクションアクセスの重要性を強調している。

　第2章 佐藤翔「図書館におけるコレクション ―― 理論と実践」では、図書館と図書館情報学が取り扱う「コレクション」の概念とその管理について詳述している。伝統的に「蔵書」と呼ばれてきた印刷資料から、デジタル資料に適応した「コレクション」という用語へ移行するなかで、図書館がどのように情報資源を集め、整理し、アクセスを提供しているかを掘り下げている。特に、電子ジャーナルやデータベースなどのネットワー

ク情報資源の増加に伴い、図書館の役割が資料の物理的な所持からアクセス権の確保に変化している点が強調されている。また、コレクション形成における基準の設定や、その評価方法についても議論している。

　第3章 金甫榮「アーカイブズ資料の編成記述をめぐる理論の概説」では、コレクション論の観点からアーカイブズ資料管理における基本概念である「編成記述」に焦点を当てて、その理論的背景に加え、具体的な編成記述の方法やアプローチを紹介している。さらに、アーカイブズ資料の管理プロセス、デジタル資料の特徴、編成アプローチ、国際アーカイブズ評議会（ICA）が策定した記述標準、理論と実践のギャップ、検索手段、AtoM や ArchivesSpace といった国際標準に準拠したアーカイブズ記述管理システムなどアーカイブズ資料の編成記述にかかわる理論と実践について幅広く解説している。

　第2部、第4章 松田真「とある草の根ゲームアーカイブの現状」では、ゲームアーカイブの現状と課題を分析している。デジタルゲームとアナログゲームの保存における異なる現状に触れ、アナログゲームが比較的扱いやすいのに対してデジタルゲームは経年劣化や実行環境の保全が課題であり、その対応としてゲーム寄贈協会などによるゲーム機本体や周辺機器の保存の取り組みが紹介されている。また、草の根アーカイブのメリットとして、自由な実験が可能である点が挙げられる一方、人的・物的・財政的リソースの不足や法的制約が課題として存在すること、デジタルゲームのコレクション形成は、現物の高騰化や希少化、著作権法の制約により困難が伴うことなどを指摘している。

　第5章 マルラ俊江「北米大学図書館におけるデジタルコンテンツのコレクション構築——カリフォルニア大学バークレー校の事例を中心にして」では、デジタルと物理的資料の統合されたコレクション構築とそ

の管理について詳述している。デジタル化の進展と共に、資料の選定、受入れ、カタログ作業においてOCLC Connexionの利用、アクセスとディスカバリーの改善が強調されている。また、日本語電子書籍の課題、オープンアクセス政策、特殊コレクションのデジタル化など、グローバルな研究と交流を支援する新しい取り組みが詳しく論じられており、これらが図書館サービスの進化にどう影響しているかを探求している。

　第6章 阿児雄之「収蔵品情報の集約と展開を目指す際のデジタルアーカイブ編成」では、博物館のデジタルアーカイブ構築と運用に関する課題と戦略を論じている。東京国立博物館を事例として、収蔵品情報のデジタル化と公開、そして様々な利用目的に応じたデジタルアーカイブシステムの仕組みを紹介し、特に情報の公開と非公開の区別、権利と利用制限の明示、収蔵品情報の相互連携についての課題を検討している。博物館活動と密接に連動し成長していくデジタルアーカイブの将来像を示し、各機関が効率的かつ信頼性の高い情報を扱うための解決策を提案するものである。

　第7章 国立国会図書館　電子情報部電子情報企画課連携協力係「ジャパンサーチを使ったコレクションの新たな活用法」では、ジャパンサーチを例に挙げて、デジタルアーカイブの領域や分野を横断する活用法とキュレーションの重要性を解説している。これにより、デジタル時代における「コレクション」の再定義と多様な文脈での理解深化に貢献し、デジタル技術によるコレクション方法の進化を具体的に示している。

　第3部、第8章 小川潤「デジタル・ヒストリーの視点からみるデジタル情報資源構築——断片的な「知識」の蓄積と接続をいかに実現するか」では、デジタル時代における歴史資料のデータ構造化とマイクロコンテンツ化の進展を解説しており、本書のテーマである「デジタルコレク

ションの再考」に対して具体的な事例と理論的背景を提供する。これにより、デジタル化がコレクションの概念や方法にどう影響しているかの理解を深めることができる。

第9章 塩崎亮「パーソナルデジタルアーカイブ——個人が作成／管理する、あるいは個人に関するコレクション」では、「パーソナルデジタルアーカイブ」の概念を解説しており、デジタル時代における個人のコレクション管理の重要性を強調している。これにより、多様なコレクションの理解を深め、デジタルコンテンツの保存技術やプライバシー保護の進化に関する洞察を提供している。

第10章 嘉村哲郎「NFTアートとコレクション」では、NFTとブロックチェーン技術を利用した新しいコレクション形式を解説することで、デジタル技術がコレクションの概念をどう変えているかを具体的に示している。特に、デジタルアートの流通や保証の仕組みを通じて、デジタル時代における「コレクション」の新たな価値と可能性を探求している。

第11章 栗原佑介「デジタルコレクションを保障する権利を構築する」では、デジタルアーカイブ（DA）の法的正当性と将来の権利保障を検討している。デジタルアーカイブの意義とその利活用の促進、それを支える権利の必要性、そして「記憶する権利」を含むデジタルアーカイブ憲章の内容と目的について詳述している。法的観点からは、国際人権法の文脈では、文化的権利の重要性とその国際的な展開、特に日本における文化権の系譜が論じられ、文化財を享受する権利と文化芸術基本法に関しては、最高裁判例や法の性質、解釈の問題点が分析されている。また、著作権法におけるユーザの権利、特に障害者の権利に焦点を当てた議論が展開され、デジタル時代における文化的権利とアクセスの新たな枠組みを提案している。

本書が、デジタルコンテンツの収集、保存、活用に関して基礎的な情報(ベーシックス)を提供し、読者にとって有益な資源となることを願っている。

注
1)　柳与志夫(2020)『デジタルアーカイブの理論と政策』勁草書房, 174.
2)　日本における「キュレーション」は、情報を独自の基準で収集・選別・編集し、新たな価値を付加した上で共有することを指すことが多い。例えば、ROIS-DS人文学オープンデータ共同利用センターでは「既存の要素の新しい組み合わせから価値を生み出す派生的な創作物であり、人々の多様な見方を共有することでコンテンツの新たな解釈を生み出す利用者主体のコンテンツでもあります。」と説明されてる(http://codh.rois.ac.jp/icp/#curation)。Digital Curation Centre による Digital Curation の定義と比較すると、日本ではコンテンツの新しい解釈や利用者主体の創作物としての側面が強調されている。

［もくじ］

Digital Archive Basics

本書の趣旨と構成
中村覚・逢坂裕紀子……(003)

第1部　基礎理論の探索
［第1章］
ミュージアムのコレクション
──アクセスとドキュメンテーション
本間友……003

［第2章］
図書館におけるコレクション
──理論と実践
佐藤翔……023

［第3章］
アーカイブズ資料の編成記述をめぐる理論の概説
金甫榮……041

第2部　実践から学ぶ
［第4章］
とある草の根ゲームアーカイブの現状
松田真……067

［第5章］
北米大学図書館におけるデジタルコンテンツのコレクション構築
──カリフォルニア大学バークレー校の事例を中心にして
マルラ俊江……098

［第6章］
収蔵品情報の集約と展開を目指す際のデジタルアーカイブ編成
阿児雄之……122

デジタル時代のコレクション論

［第 7 章］
ジャパンサーチを使ったコレクションの新たな活用法
国立国会図書館　電子情報部電子情報企画課連携協力係……146

第 3 部　さらなる活用にむけて
［第 8 章］
デジタル・ヒストリーの視点からみるデジタル情報資源構築
──断片的な「知識」の蓄積と接続をいかに実現するか
小川潤……167

［第 9 章］
パーソナルデジタルアーカイブ
──個人が作成／管理する、あるいは個人に関するコレクション
塩崎亮……191

［第 10 章］
NFT アートとコレクション
嘉村哲郎……217

［第 11 章］
デジタルコレクションを保障する権利を構築する
栗原佑介……252

おわりに
中村覚・逢坂裕紀子……282

執筆者一覧……285

第 **1** 部

基礎理論の探索

第1章

ミュージアムのコレクション

アクセスとドキュメンテーション

本間　友

1　はじめに

　ミュージアムの国際組織、国際博物館会議(International Council of Museums, ICOM)が2022年に改訂した定義によれば、ミュージアムは「有形及び無形の遺産を研究、収集、保存、解釈、展示する、社会のための非営利の常設機関」[1]であり、すなわち、収集・保存された有形及び無形の遺産——コレクションを活動の根幹とする文化機関である。本章では、ミュージアムのコレクションについてその歴史を概観するとともに、コレクションをめぐる活動の中から、コレクションの構築と除籍、そしてデジタル・アーカイヴとの大きな接面であるアクセスとドキュメンテーションを取り上げて論じたい。

2　コレクションとミュージアム

2-1　ヨーロッパにおけるコレクション

　コレクションは、集めるという行為によって蓄積された種々のモノの集合体を意味している。集めるという行為の歴史はいうまでもなく古く、先史時代にまで遡ることができるが、ミュージアムとコレクションの歴史に関して多くの研究を発表しているクシシトフ・ポミアンは、「コレクションとは、

一時的もしくは永久に経済活動の流通回路の外に保たれ、その目的のために整備された閉ざされた場所で特別の保護を受け、視線にさらされる自然物もしくは人工物の集合である」[2]と述べ、一般的なモノの集合体と狭義のコレクションを分けている。

ヨーロッパにおける美術品のコレクションは古代からはじまっている[3]。ギリシャの美術品がローマ時代に蒐集の対象になったことは広く知られているが、たとえばキケロ（Marcus Tullius Cicero, 106-43 BC）は、ローマ共和政末期の軍人リキニウス・ルクルス（Lucius Licinius Lucullus, 118-56 BC）が彫刻コレクションを展示していた別荘の庭園を、名品を見たいときに行く場所として挙げている[4]。その後の中世においては教会が蒐集の主体となるが、14世紀になると、イタリア、フランドル、ラインラント地方の教養ある上流階級の間に個人コレクションが復活する[5]。イタリアの詩人、ペトラルカ（Francesco Petrarca, 1304-1374）は、古代のコインや同時代の絵画を蒐集したし、フランス王シャルル5世（Charles V le Sage, 1338-1380）は彫刻が施された石を集めていた。こういった権力者や上流階級によるコレクションはその後ヨーロッパの中で広がりを見せ、とりわけ15世紀初頭以降、大航海時代やルネサンスの黎明期において、古代遺物や珍品の蒐集という形で盛んに行われるようになる。

個人コレクションが隆盛するに従い、集められたモノに「特別の保護」を与える空間も発展する。王侯貴族たちは邸宅の中にStudiolo（イタリア）、Cabinet de curiosités（フランス）、Kunstkammer（ドイツ）、Cabinet（イギリス）などと呼称される部屋を設け、蒐集した自然物と人工物を展示した[6]。この陳列室——キャビネットには、部屋に集められたコレクションを通じて世界の多様性を再現・表象する小宇宙を作るという関心が現れている。

キャビネットはその後イタリアからドイツまで広がりを見せ、15世紀から18世紀の西ヨーロッパには900以上のキャビネットが存在したという。イタリア、ボローニャ大学で哲学と自然科学を講じたウリッセ・アルドロヴァンディ（Ulisse Aldrovandi, 1522-1605）は、自身の調査旅行を通じて、あるい

は学生や同僚からの寄贈を通じて取得した標本やドローイングの膨大なコレクションを形成した。アルドロヴァンディは18,000点を超える資料を学生や学者たちに見せていたと伝えられ、その研究・教育的性格から、彼のキャビネットは現代に繋がる自然科学コレクションの先駆例とも考えられている[7]。アルプス以北でもさまざまなキャビネットが形成されたが、オーストリア大公フェルディナンド2世(Ferdinand II, 1529-1595)は、アンブラス城の一部にコレクション専用の建物を設置し、美術作品、貝殻や角を装飾した金銀細工、陶器、楽器、科学機器、装飾写本、貨幣などで飾った。チェッリーニ(Benvenuto Cellini, 1500-1571)の《黄金の塩入れ》など、フェルディナンド2世のコレクションの一部はウィーン美術史美術館(Kunsthistorisches Museum Wien)の「クンストカンマー・ウィーン(Kunstkammer Wien)」に現在も展示されている。

　これらのキャビネットは、蒐集者である王侯貴族の情熱と好奇心によって支えられていたことから、(多くの君主がコレクションを永続的に保持することを望んでいたにもかかわらず、)代替わりの際に売却されたり分割されることが多く、元の集合体を保持しているものはほとんど存在しない。しかし19世紀以降、かつてのキャビネットのコレクションは大英博物館(British Museum, 1753)、ルーヴル美術館(Musée du Louvre, 1793)の開館を嚆矢として各国に設置されるミュージアムに組み入れられ、その礎となっている。

2-2　日本におけるコレクション

　日本においても最初期の蒐集は天皇や貴族、聖職者によって担われ、16世紀までは中国の文物である「唐物」を中心にコレクションが形成された[8]。鎌倉時代には喫茶の普及によって陶磁器、漆器、金工品、染織品などの道具が蒐集の対象となった。

　武家による美術品蒐集は室町時代に爛熟を迎える。武家や公家、寺社の邸宅に設けられた「会所」は絵画や工芸品で飾られ、コレクションを展覧する場ともなった。室町初期に成立した往来物「喫茶往来」は、4面を唐物の絵画で

第1章　ミュージアムのコレクション｜本間 ————— 005

飾った会所の様子を伝えている[9]。この頃、富裕町人層による蒐集もはじまり、また戦国・安土桃山時代に千利休(1522-1591)によって侘茶が大成されると、コレクションの対象が国内の文物にも広がっていく。

　江戸時代からは、蒐集の様子を伝えるさまざまな図譜が伝わっている。「聆涛閣集古帖」は、豪商吉田家が編纂した古器物類聚の模写図譜であり、近年、国立歴史民俗博物館で大規模な研究プロジェクト「『聆涛閣集古帖』の総合資料学的研究」が行われた[10]。吉田家は学者や貴族との交流を通じ多くの古文書や古物を収集したが、聆涛閣集古帖にはそのコレクションを中心に約2,400件の古器物が収録されている[11]。

　さらに18世紀の前半から中頃にかけては、学者や諸大名の間で博物学が流行する。江戸中期の大阪を代表する博物学者、コレクターである木村蒹葭堂(1736-1802)は、書画、古地図、古器物、自然史資料などを博物研究のために蒐集していた。「蒹葭堂日記」によれば、蒹葭堂の私邸は古今東西の書画骨董、本草学の標本、蔵書の山などで満たされ、文人から大名、町人、外国人に至るまで、多くの人が訪れたという[12]。また、コレクションについての情報共有を行ったり、モノを見せあう人々のネットワークが形成され、たとえば木内石亭(1724-1808)が組織した奇石の蒐集者ネットワーク「弄石会」などは、地域を超えて全国に広がっていた。

　明治時代になると、ヨーロッパからの輸入という形でミュージアムが設置されていくが、これら近世以前に形成されたコレクションは、維新期の混乱により毀損や荒廃の危機を経ながらも、「古器旧物保存方」(1871)にはじまる文化財保護法制によって保護され、さまざまなミュージアムの礎になっていった。またここでは触れないが、明治時代の大実業家のコレクションからは、大倉集古館、根津美術館、日本初の西洋・近現代美術館である大原美術館をはじめとして、重要な私立美術館が生まれている。

3　ミュージアムのコレクション

3-1　コレクションの構築

　本章冒頭で述べたように、コレクションはミュージアムと分かちがたく結びついており、コレクションの構築とその管理はミュージアムの中核的な活動である。ミュージアムは「事例として、参考資料として、または美的あるいは教育的な重要性を持つ資料としての潜在的価値を認めたもの」[13]を収集するのだが、その収集基準はミュージアムの歴史やミッションに従って具体化され、コレクション・ポリシーとして設定される。コレクション・ポリシーは、資料の収集、登録、管理、保存等に関する方針であり、ミュージアムのコレクション構築の根幹をなすものである。一方で、日本のミュージアムにおいてはコレクション・ポリシーの明文化が遅れており、日本博物館協会による「令和元年度版 日本博物館総合調査報告書」[14]によれば、明文化されたポリシーを持つ館は全体の25.8パーセントに留まっている。

　ともあれ、ミュージアムにおいては原則として、コレクション・ポリシーに合致する資料が寄贈、購入、寄託などの手段によって収集される。資料が個別に収集されるときもあれば、すでにコレクションとして形成された資料群ごと収集する場合もある。第1節で見てきたように、個人コレクションはミュージアムのコレクションの重要な構成要素となっているが、閉館したミュージアムのコレクションや企業のコレクションなど、組織コレクションをミュージアムが引き受ける場合もある。それが個人のものであれ組織のものであれ、あるいはその大小を問わず、コレクションには自律したコレクション・ポリシーが内在している。新たにコレクションを収蔵することは、モノそのものだけではなくそのコレクションの背後にある収集の意図や歴史を抱え込むことでもある。

3-2　コレクションの管理

　ミュージアムにおけるコレクションの管理に関しては、ICOM「博物館の

ための倫理綱領」[15]の第2項において共有されている前提が国際的な共通理解となっている。綱領に沿って確認すれば、ミュージアムは、コレクションを収集し(acquire)、保存し(preserve)、活性化(promote)することを負託され、そのために、取得(acquisition)、受入(accession)、登録(registration)、目録作成(cataloguing)、収蔵管理(care)、アクセス・活用(access and use)、そして除籍(disposal)からなる一連の活動を行う。これらのコレクションの管理をめぐる活動は「コレクション・マネジメント」という枠組みで議論や実践の共有が図られている[16]。

コレクションの管理において収集が入口であるとするならば除籍は出口である。近年各国において、財務的・人的資源の枯渇、空間確保の課題、ミュージアムの統廃合など種々の理由からコレクションの除籍がしばしば話題になっている。日本では「日本博物館総合調査報告書」において2,314館中6割近くの館が収蔵庫の使用率が「9割以上」もしくは「収蔵庫に入りきらない資料がある」との回答を寄せており、収蔵空間の逼迫が大きな問題になっていることが分かる。

しかしながら、ミュージアムにおいて一度コレクションに入った資料を除籍することは原則として想定されておらず、除籍は慎重に吟味に吟味を重ねた上で長い時間と労力をかけて決断するものである。先に参照したICOMの倫理綱領では、「資料の除籍がミュージアムの信頼を揺るがす行為であること、除籍にあたっては、除籍に至る意思決定に関わる記録、除籍される資料の記録、また処分の記録を完全な形で保存すること、所管する資料は優先的に他のミュージアムに提供するべきであること、除籍にあたって得た見返りはコレクションの充実のためにのみ使用されること」とし、除籍が可能になる条件を厳しく規定している。この倫理綱領に加え、ICOM倫理委員会(ICOM Standing Committee for Ethics, ETHCOM)のガイドラインが発表されているほか、ICOMの連携組織、国際美術館会議(International Committee for Museums and Collections of Modern Art, CIMAM)では、ミュージアムにおける作品売却にさらに踏み込んだ見解を述べている。

これらの倫理綱領やガイドラインの内容は国際的な共通理解となっており、それぞれの国がこれに準じた国内的なガイドラインを設けている。実際に、財政上の理由のために資料を手放したミュージアムが、ミュージアム協会から除名されたり、ミュージアムとしての認証を抹消されるなどのペナルティを受けた例も見られる。日本においては全国美術館会議が「美術館の原則と美術館関係者の行動指針」[17]の中で「美術館は、体系的にコレクションを形成し、良好な状態で保存して次世代に引き継ぐ」ものとし、「美術館の根幹であるコレクションが健全に永続的に成長し、そのことによって公益に資するよう、美術館は不断に心がけるべきである」と表明している。

　ここまで、コレクションの構築と除籍という、コレクション管理の入口と出口について概観してきた。次節ではさらに、コレクションとデジタル・アーカイヴの大きな接面であるコレクションへのアクセスについて、そしてコレクションへのアクセスを支えるコレクションのドキュメンテーションについて取り上げたい。

4　コレクションへのアクセス

4-1　コレクションを活用する

　ミュージアムにおいてコレクションに対するアクセスを開く主要な方法は、やはり展覧会だろう。先年改正された博物館法でも、ミュージアムを「資料を収集し、保管し、展示して教育的配慮の下に一般公衆の利用に供」する機関であると規定している[18]。

　その一方で、展覧会に出品される資料は、ミュージアムがもつコレクションのごく一部である。収蔵コレクションに占める展示資料の割合は、もちろんミュージアムによって異なり、また歴史、美術、自然史などその館の領域によっても傾向が分かれるため一概にいうことはできないが、調査によっては10％以下とも5％以下ともされている。イギリスのミュージアム協会（Museum Association）が2005年に公表した報告書「未来のためのコレクショ

ン（Collections for the Future）」の中で、当時の協会長ジェーン・グレイスターは「相当の資源を消費しながら、資産の最大80%を使わないことを許容できるビジネスがあるだろうか」とコレクションの使用状況に対して警鐘を鳴らしている[19]。

　このような状況を背景に、ミュージアムでは、展覧会だけに頼らずコレクションを活用し資料へのアクセスを増やしていくためのさまざまな取組が行われている。デジタル・アーカイヴの充実も、このような取組の一つに連ねられるだろう。

4-2　オブジェクト・ベースト・ラーニングとヴィジブル・ストレージ

　教育の領域においては、近年、オブジェクト・ベースト・ラーニング（Object-based Learning：以後OBL）も注目を集めている。OBLは、高等教育において、ミュージアムのコレクションと教育との関係を結び直す方法として2000年代に注目され、英語圏を中心に数多くの議論と報告がなされている[20]。OBLは、学び手を主体とする構成主義的な学習方法で、学習環境に観察やハンドリング等を通じてモノを能動的に関わらせ、さまざまな感覚によってモノと相対する中で意味を生成していくというアプローチをとる[21]。OBLのもたらす学びに関しては多くの報告があるが、とりわけ、異なる専門性、意見、視点、価値観、また信条を交換し橋渡しする助けとなること、そして、学習者に知識を獲得するさまざまな機会を与え知識との相対方法を多様化することなどがOBLの強みであると考えられている。

　コレクションの多くが収蔵庫に入っているのならば、収蔵された状態自体をアクセシブルにしていく方策はないか。そのような切り口からの試みが「ヴィジブル・ストレージ（Visible Storage）」である。ヴィジブル・ストレージは、オープン・ストレージとも呼ばれ、「コレクションを保管している収蔵庫の一部をガラス張りにして見せる施設」や「コレクションを収蔵庫に保管しているように（高密度に）展示して見せる施設」のことをいう[22]。ブリティッシュ・コロンビア大学人類学ミュージアム（Museum of Anthropology at the University of British Columbia）の1976年の取組にその起源を持つが、コレクションの公開に加えて、収集・保存といったコレクションをめぐる活動を伝えるための仕組みとして、さまざまな国で導入が進んでいる[23]。

近年の例としては、オランダ、ロッテルダムのボイマンス・ファン・ベーニンゲン・ミュージアム（Museum Boijmans Van Beuningen）が2021年にオープンしたデポ（Depot）がある。Depotでは、15万点を超えるコレクションが、ガラス張りの収蔵庫やウォーク・イン・ツアーなどにより常時アクセスできるようになっている。また、イギリスのV&A（Victoria and Albert Museum）は、2025年にV&A East Storehouseをオープンする計画である（VA East）。25万点を超える作品、35万冊の蔵書、1,000のアーカイヴが収蔵されながら展示されるV&A East Storehouseでは、コレクションがなぜ収集されたのか、どのように保存や修復などのケアを受けているのかといった活動を伝えるプログラムも予定されており、まさにコレクションのための場として機能することが期待される[24]。日本では、2025年度中にリニューアル・オープンする宮城県美術館がヴィジブル・ストレージを導入予定である。

4-3 コレクションのモビリティを高める

ヴィジブル・ストレージはコレクションを在所のまま開いていく試みだが、コレクションを物理的に動かすことによって——モビリティを高めることによって活用を進める取組も展開されている[25]。イギリスのミュージアム協会は「貸出」を通じて収蔵庫に眠るコレクションの展示機会を増やすプログラム「効果的なコレクション（Effective Collection）」を2007年にスタートさせた。このプログラムでは、資料の貸出を「コレクションを共有し人々に届ける最良の方法の一つ」と位置づけ、貸出をミュージアムの中心的な活動とするための原則を「スマーター・ローン（Smarter Loans）」としてまとめている[26]。スマーター・ローンでは、資料の安全性を確保しながら貸出に対して柔軟かつ実際的に取り組むことを支援するために、資料の貸出をめぐる先進的なアプローチを共有している。

またヨーロッパでは、寄託（Long-term loan）の積極的な運用をコレクションの活用の機会と捉える動きがある。EUでは2008年より、コレクションのモビリティについてのワーキング・グループ（OMC Expert Group on Collections Mobility）を設置し、協力と互恵主義の価値、貸借にかかるコスト削減の必要性、資料移動に関する新たな（非伝統的な）モダリティの模索、資料の来歴調査におけるデュー・ディリジェンス（注意義務）などについての議論を展開している。加えて、このワーキング・グループのサブグループとして、寄託に関する研究ワーキング・グループも組織され、その議論の成果は「寄託のベストプラクティス（Long-term loans best practices report）」として公開されている[27]。

日本では、2018年に設置された文化財活用センター（国立文化財機構）が文化財貸与促進事業を実施している[28]。文化財貸与促進事業は、4つの国立博物館と2つの文化財研究所（東京国立博物館、京都国立博物館、奈良国立博物館、九州国立博物館、東京文化財研究所、奈良文化財研究所）の所蔵文化財を貸し出すとともに、その展示、輸送、保険に関わる費用などを負担することで、これまで国立文化財機構の文化財に親しむ機会が限られていた地域での公開が促進されることを目指している。

このように各国で進められているコレクションのモビリティを高める取組の前提にあるのが、コレクションの安全性の確保である。次節では、コレクションの安全性を担保するために欠かすことはできない活動、コレクションのドキュメンテーションについて概観していく。

5　コレクションのドキュメンテーション

5-1　コレクション・ドキュメンテーションの歴史

ICOMの「博物館のための倫理綱領」でも示されているように、収集された資料のドキュメンテーションを一定の基準の元に作成し、安全に保管し、発見可能にしていくことは、ミュージアムの重要な活動である。ミュージアム

が収蔵するモノ資料は、種々の例外はあるものの、自らが何であるかをテキストによって直ちに語るわけではない。それゆえ、モノ資料は何かを誰かが見て記述を加えることなしには、活用することが難しいのである。加えて、前節で見てきたコレクションのモビリティの促進という観点からすると、そのコレクションの意味内容だけではなく、どのような物理的特性を持ちどのようなケアが必要なのか、またこれまでどのような歴史を経てきたのかといった詳細なドキュメンテーションが付属していることが、コレクションを所蔵する組織間の信頼関係を下支えするとともに、コレクションを毀損から守ることに繋がる。

　歴史上、コレクションは常にドキュメンテーションとともにあったが、現在のコレクション・ドキュメンテーションに繋がる伝統は、財産目録と競売用のカタログに求められるだろう[29]。王侯貴族の財産目録は、コレクションも含めた所有財産のリストであり、最も基本的なドキュメンテーションの束であると言える。16〜17世紀、ヨーロッパでキャビネットが流行すると、キャビネットに納めるモノ——美術品や自然物の売買需要が高まり、競売会も発展した。競売会では、売り立て品のカタログが発行された。競売会のカタログは、当初は財産目録同様単純なリストとして出発したが、18世紀半ばのフランスでその形式や内容に大きな展開を見せる。

　フランスの画商、ピエール・レミ（Pierre Rémy, 1715/6-1797）が1761年に発行したコレクションの競売カタログ（Catalogue des effets curieux du cabinet de fen M. de Selle）は、最初のページにコレクターの来歴があり、その後に絵画、大理石彫刻、ブロンズ彫刻、陶器、漆器、家具、機器、宝石、素描、版画と媒体ごとに分類された作品が並ぶという構成を取っている。さらに絵画は、イタリア派、ネーデルランド派、フランス派の3流派に分けられた上で、作家ごとに整理され記述されている。たとえば、フランドルの画家ダフィット・テニールス（David Teniers II, 1610-1690）作品の記述を見ると、主題の説明、画面の構成の説明、筆致や色彩の説明、作品のサイズと、今日見られる作品記述に近いものとなっている。

第1章　ミュージアムのコレクション｜本間　———— 013

15 農場の近くでの踊り、あるいは結婚式。このタブローの右には樹木の茂った野原とそこを横切る川が見られる。奥行きは山々で閉じられている。このタブローは銀色のトーンをもち、軽やかな筆致で描かれている。縦2ピエ横2.5ピエ

（島本浣（2005）『美術カタログ論――記録・記憶・言説』三元社, 70-71.）

　18世紀末に成立するミュージアムのコレクション・カタログには、このような競売カタログの発展の歴史が引き継がれている。『美術カタログ論』において島本は、ルーヴル美術館のコレクション・カタログを近代における美術館のコレクション・カタログの基礎をなすものとして挙げる。1849年に初版が刊行された『絵画部門学芸員フレデリック・ヴィヨによるルーヴル国立美術館のギャラリーに展示されたタブローの略述――第一部イタリア派』では、作品情報を8項目のもとに記述している。1. 画家名、生没年、誕生地と死亡地、所属の流派／2. 画家の伝記／3. 主題の表示／4. タブロー（絵）のサイズ、使われた顔料、人物の大きさ／5. タブローの描写／6. タブローに基づいて制作された版画／7. タブローの来歴／8. 主な修復とサイズ変更の表示、からなるこれらの項目は、現代における美術コレクション・カタログの項目とほぼ同一といってもよく、この時期、19世紀半ばに現代に繋がるコレクション・ドキュメンテーションの形式が成立したと考えられる。

5-2　現代におけるドキュメンテーション

　現代におけるコレクション・ドキュメンテーションの重要な動きは、1960年代のイギリスで始まった[30]。この頃イギリスでは、ミュージアムの目録作成の遅れが問題化し「博物館協会情報検索グループ（Information Retrieval Group of the Museum Association）」が結成された。これを引き継ぐ形で1977年に出発した「博物館ドキュメンテーション協会（Museum Documentation Association）」は、現在、イギリスという枠を超えて各地のミュージアムで使用されているコレクション・ドキュメンテーションの標準、SPECTRUM[31]

を1994年にリリースした。

SPECTRUMは、コレクション管理の過程で何を記述すべきかを定めた標準で、2024年3月現在の最新版であるSPECTRUM 5.1では、9の主要な手続き(入庫、取得と受入、所在と移動の管理、基礎目録作成、カタログ作成、出庫、借用、貸出、ドキュメンテーション計画)を含めた21の手続きによって構成されている。

個々の資料のカタログを作成するにあたり、どのような項目の元に記述を行うべきかについては、SPECTRUMの「カタログ作成」でも例示されているが、国際的にも早くから標準化への取組が行われている。ICOMにおいては国際ドキュメンテーション委員会(International Committee for Documentation, CIDOC)が1950年に設立され、1960年代の「ミュージアム・ドキュメンテーションの諸要素(Elements of Museum Documentation)」の開発を経て、1994年に「博物館資料のための最小情報カテゴリー(Minimum Information Categories for Museum Objects, MICMO)」が勧告された[32]。これをドラフトとして翌年1995年には「博物館資料情報のための国際指針：CIDOC 情報カテゴリー(International Guidelines for Museum Object Information, IGMOI)」が発表されている。CIDOCの標準のほかにも、アメリカのゲティ研究所(Getty Research Institute)が開発する「美術作品記述のためのカテゴリー(Categories for the Description of Works of Art, CDWA)」も広く参照されている。

ドキュメンテーションの標準化への取組がある一方で、カタログ作成の際に必要となる項目や記述方法は、美術、歴史、自然史といったコレクションの領域によって、またコレクションの属する時代や地域によって異なり、すべてのコレクションに均質な項目セットを規定するのは困難である。特に美術コレクションにおいては、個々の資料がユニークなものであることもドキュメンテーションの多様性に拍車を掛けている。この多様性を保ったまま情報の共有や横断検索を可能にするために、CIDOCでは1990年代よりIGMOIと並行して「CIDOC 概念参照モデル(CIDOC Conceptual Reference Model, CIDOC CRM)」の開発に取り組んできた[33]。CIDOC CRMは、ドキュ

メンテーション項目間の対応付けを行うある種のマッピング・テーブルとも
いえるもので、さまざまなデータベースにそれぞれの項目立てで入っている
ドキュメンテーションのデータを交換し統合する枠組みを提供することを主
たる目的としている。

5-3　来し方のドキュメンテーション

　この多様なコレクションのドキュメンテーションの中でも、近年、領域を
問わず重要性と必要性を増している情報が資料の来歴である。日本におい
ては2016年から、国立西洋美術館が松方幸次郎のコレクション「松方コレク
ション」の来歴を調査する大規模なプロジェクトを実施している[34]。

　来歴とは、ある作品が作者の手元を離れてから現在の所蔵先に落ち着く
までの所有権の連鎖の歴史のことを指す[35]。来歴の調査研究は、古くから
ミュージアムの重要な仕事だったが、1990年代以降ナチス時代の略奪美術
品問題の告発を契機として、ミュージアムにおける倫理を考える上で欠くべ
からざる活動となった。ICOMの「博物館のための倫理綱領」では、「来歴と
正当な注意義務(Provenance and Due Diligence)」という項の中で、資料を取得
する前に、その資料が違法に取得されたものでないことを確認するためのあ
らゆる努力を払うこと、そして正当な注意義務に基づいて、資料が発見され
てからまたは作られてからのすべての歴史を立証しなければならないとして
いる。

　さらに近年、来歴研究の必要性はナチス時代の略奪美術品問題を超えて広
がっている。とりわけ、歴史・民俗・考古系のミュージアムや、自然史系の
ミュージアムなど、さまざまな文化、国や地域に根ざしたコレクションを持
つミュージアムにおいては、コレクションの来歴把握は喫緊の課題である[36]。
その背景には、これらのコレクションの少なからぬ部分が、19世紀末から20
世紀初頭、ヨーロッパの帝国主義時代に形成されていることがある。帝国主
義下において軍事的・経済的格差の中で収集されたコレクションは、たとえ
ば売却の強制や不当な価格設定、さらには窃盗や略奪など、その取得の方法

が必ずしも適正ではなかった可能性がある。このような可能性を持つコレクションについて調査研究を行い、その来歴を明らかにした上で、場合によっては返還という選択肢も排除せず、コレクションを元々所属していた文化やコミュニティと再接続していくことが現代においては求められている[37]。

6　おわりに──デジタル空間のコレクション

　本章では、コレクションの歴史を振り返った上で、ミュージアムにおけるコレクションをめぐる活動の中から、コレクションの構築と除籍、アクセスとドキュメンテーションに焦点を当てて概観してきた。古代から現代に至るコレクションの歴史は、王侯貴族のキャビネットあるいは為政者や富裕商人の邸宅のような一部の人々にだけ開かれた場所から、公共の場所にコレクションが出てくる、つまり、コレクションが可視化されアクセス可能になっていく歴史でもある。

　一方で、情報通信技術の発展がもたらしたデジタル社会は、コレクションのアクセスに関する枠組みを大きく変容させた。いまや私たちの日常生活と分かちがたく結びついているもう一つの空間、デジタル空間は、物事を瞬時に繋ぎ、まざまざと見えるようにすることを一つの特徴としている。このような世界が隣り合わせになったとき、ミュージアムにあるコレクションは相対的に見えづらいものになる。

　ミュージアムのコレクションは、ポミアンが「閉ざされた場所で特別の保護を受ける」と述べたように、空間との強い結びつきの中で発展してきた。展覧会は、ミュージアムという限定された場と、限定された会期の中でコレクションを提示する手法であり、共在性と共時性を基本的な前提としている。一方のデジタル空間は、いつでも・どこでもアクセスできる空間であり、それとの対比の中では物理的なミュージアム空間は遠く、アクセスしづらいものに感じられる。さらに近年の国際情勢は、パンデミックや戦争そして環境保護のためのアクションなど、人がコレクションを見るために移動すること

第1章　ミュージアムのコレクション｜本間　————　017

がもはや当たり前ではない現実を突きつけている。

このような状況を考えると、現代においてコレクションへのアクセスを開いていくためには、すでに行われている活動に加えて、デジタル・アーカイヴを構築しそれを発展させることがますます重要になってくる。コレクションのカタログをデジタル空間で公開する取組は1990年代から始まっているが、国の政策、ミュージアムの規模、運営状況、領域などによってその進捗はさまざまである。

日本に目をむけると、デジタル空間におけるコレクションの共有はまだ十分に進んでいるとは言いがたい。2020年に文化庁の委託によって実施された「博物館の機能強化に関する調査」[38]においては、回答した1,532館のうち、収蔵品のオンライン公開を実施していない館の割合は72.2%であった。また、デジタル・アーカイヴについては「実施する予定はない」館が49.2%を占めていた。対して2023年4月に施行された改正博物館法は「博物館資料に係る電磁的記録を作成し、公開すること」を定めており、文化庁は、コレクションのデジタル・アーカイヴを推進するための事業「Innovate MUSEUM」を2022年にスタートさせた。これらの取組によって、コレクションのモノとしての情報がデジタル空間に満ちることが待望される。

一方で、現実の空間にあるコレクションの魅力はモノそのものだけで成り立っているのではない。モノの周囲にあるさまざまな活動によって、コレクションはその時々の社会に再接続し活きたものとなる。つまり、コレクションそのものの情報だけではなく、コレクションをめぐる活動もデジタル空間の中で表現していく必要がある。

その主たるものは展覧会であり、まず展覧会情報とコレクション情報の接続と充実が求められるだろう。幸いにして、展覧会歴の蓄積はすでに各館で行われているほか、東京文化財研究所、国立アートリサーチセンター、国立新美術館によって1935年から現在までに日本で開催された展覧会情報のデータベースが公開されている。

最後に、コレクションに関わる重要な活動に研究利用がある。コレクショ

018 ──────── 第1部　基礎理論の探索

ンの資料は日々発表される研究論文の中で参照されている。現在その情報は
カタログの文献歴として蓄積されているが、デジタル空間において資料と論
文を接続しその関係を可視化するには至っていない。

　領域を超えてデータベースが接続するための要件の一つに、永続的識別
子（Persistent Identifier, PID）があり、研究情報の領域ではデジタルオブジェク
ト識別子（Digital Object Identifier, DOI）が用いられている。ミュージアムの領
域ではまだ十分な議論が行われていないが、DOIのほかアーカイヴ資源キー
（Archival Resource Key, ARK）などの導入が試行されている[39]。

　デジタル空間における関係の可視化や発見可能性の担保については、オー
プン・サイエンスの領域でさまざまな議論や実践が展開している。隣接領域
における先行する実践を取り込みながら、デジタル空間においてコレクショ
ンがより鮮やかに可視化されるような活動が展開することを期待したい。

注

1)　Museum Definition - International Council of Museums（https://icom.museum/en/
resources/standards-guidelines/museum-definition/）（最終アクセス：2024年4月1日）

2)　クシシトフ・ポミアン（1992）『コレクション ―― 趣味と好奇心の歴史人類学』平凡
社, 22.

3)　遠山公一・金山弘昌（2012）『美術コレクションを読む』慶應義塾大学出版会, i-vi.
Mairesse, F（2023）*Dictionary of Museology*, Routledge.（Collecting 58-61, Collection 61-
65, Collectionism 71-74）

4)　小泉篤士（2012）「古代ローマ庭園の美術コレクション ―― サルティウス庭園にみ
る諸問題とともに」『美術コレクションを読む』遠山公一ほか編著, 慶應義塾大学出版
会, 3-23.

5)　Pomian, K（2019）Relics, Collections, and Memory, *Acta Poloniae Historica*, 119, 7-26.

6)　高橋雄造（2008）『博物館の歴史』法政大学出版局.
暮沢剛巳（2022）『ミュージアムの教科書 ―― 深化する博物館と美術館』青弓社, 26-
46.

7)　Bauer, A., Ceregato, A. & Delfino, M.（2013）The oldest herpetological collection in the
world: The surviving amphibian and reptile specimens of the Museum of Ulisse Aldrovandi,
Amphibia-Reptilia, 34（3）, 305-321.

8) 日本のコレクション史については、内山隆志の研究を参照した。内山隆志（2023）「日本におけるコレクション形成史と文化財保護思想の底流」『博物館とコレクション管理——ポスト・コロナ時代の資料の保管と活用』金山喜昭編, 雄山閣, 36-49.

内山隆志（2012）「博物館資料の収集史」『人文系博物館資料論』青木豊編, 雄山閣, 39-78.

9) 高橋忠彦（2013）「『喫茶往来』のテキストについて」『東京学芸大学紀要（人文社会科学系）』I, 64, 117-133.

10) 国立歴史民俗博物館編（2023）『いにしえが、好きっ！——近世好古図録の文化誌』.

11) 幕末明治期の蒐集については、以下を参照。

久留島浩（2016）「『古物（古器旧物）』から『文化財』へ」『講座明治維新　第11巻　明治維新と宗教・文化』明治維新史学会編, 有志舎, 29-66.

鈴木廣之（2003）『好古家たちの19世紀——幕末明治における《物》のアルケオロジー』吉川弘文館.

12) 中村真一郎（2000）『木村蒹葭堂のサロン』新潮社.

水田紀久（2002）『木村蒹葭堂研究——水の中央に在り』岩波書店.

13) Burcaw, G.（1997）*Introduction to Museum Work*, Altamira Press.

14) 日本博物館協会（2020）「日本の博物館総合調査報告書」（https://www.j-muse. or.jp/02program/pdf/R2sougoutyousa.pdf）（最終アクセス：2024年4月1日）

15) ICOM（2017）ICOM Code of Ethics for Museums（https://icom.museum/en/resources/ standards-guidelines/code-of-ethics/）（最終アクセス：2024年4月1日）

16) コレクション管理については金山喜昭の研究を参照した。金山喜昭（2023）「コレクション管理の考え方と方法」『博物館とコレクション管理——ポスト・コロナ時代の資料の保管と活用』金山喜昭編, 雄山閣, 8-35.

17) 全国美術館会議（2017）「美術館の原則と美術館関係者の行動指針」（https://www. zenbi.jp/data_list.php?g=4&d=3）（最終アクセス：2024年4月1日）

18) 「博物館法（昭和二十六年法律第二百八十五号）」（https://elaws.e-gov.go.jp/ document?lawid=326AC1000000285）（最終アクセス：2024年4月1日）

19) Wilkinson, H.（2005）*Collections for the Future: Report of a Museums Association Inquiry, Museums Association*.（https://media.museumsassociation.org/app/uploads/2020/06/ 11085857/policy_collections.pdf）（最終アクセス：2024年4月1日）

20) Cobley, J.（2022）Why Objects Matter in Higher Education, *College & Research Libraries*, 83(1), 75-90.

21) Chatterjee, H. et. al.（2015）An Introduction to Object-Based Learning and Multisensory

Engagement, *Engaging the Senses: Object-Based Learning in Higher Education*, Chatterjee H. et. al.（eds.）, Ashgate Publishing Ltd., 1-20.

22）　加野恵子（2020）「調査報告　ニューヨークにおけるヴィジブル・ストレージの取り組みについて」宮城県立美術館『宮城県美術館 平成30年度 年報 令和元年度 研究報告』96-103.（https://www.pref.miyagi.jp/documents/36909/r1_kano.pdf）（最終アクセス：2024年4月1日）

23）　U-M Rackham Graduate School Museum Studies Programme（2022）*Museum Collections: Considering Access & Transparency through Visible Storage.*（https://ummsp. rackham.umich.edu/gallery/videos/museum-collections-considering-access-transparency-through-visible-storage/）（最終アクセス：2024年4月1日）

24）　V&A East: Dedicated to Creative Opportunity and Its Power to Bring Change. Two Free Cultural Destinations – V&A East Storehouse and Museum – Opening in East London, 2025.（https://www.vam.ac.uk/info/va-east）（最終アクセス：2024年4月1日）

25）　Pettersson et. al.（2010）*Encouraging collections mobility: a way forward for museums in Europe*, Finnish National Gallery.

26）　Museums Association（2012）*Smarter Loans: Principles for lending and borrowing from UK museums.*（https://archive-media.museumsassociation.org/31012012-smarter-loans-principles.pdf）（最終アクセス：2024年4月1日）

27）　Jyrkkiö, T.（2010）*LONG-TERM LOANS BEST PRACTICES REPORT*,　Finnish National Gallery.（https://www.ne-mo.org/fileadmin/Dateien/public/topics/Collection_ Mobility/Long-term_loans_best_practices_report.pdf）（最終アクセス：2024年4月1日）

28）　文化財活用センター「貸与促進事業とは」（https://cpcp.nich.go.jp/modules/r_free_ page/index.php?id=15）（https://cpcp.nich.go.jp/modules/r_free_page/index.php?id=97）（最終アクセス：2024年4月1日）

29）　島本浣（2005）『美術カタログ論──記録・記憶・言説』三元社.

30）　コレクション・ドキュメンテーションについては田窪直規の研究を参照した。田窪直規（2017）「博物館情報学と図書館情報学の比較──情報資源、目録・カタログにも注目して」『ミュージアムの情報資源と目録・カタログ』水嶋英治・田窪直規編著, 樹村房, 48-87.

31）　SPECTRUM, Collections Trust.（https://collectionstrust.org.uk/spectrum/）（最終アクセス：2024年4月1日）
　　　SPECTRUMについては、松田陽（2023）「イギリスのコレクション管理制度」『博物館とコレクション管理──ポスト・コロナ時代の資料の保管と活用』金山喜昭編, 雄山閣, 78-105. にも詳しい。またSPECTRUMは、2022年度 文化庁『美術品DXによ

る管理適正化・市場活性化推進事業」において、日本語への翻訳と、日本のミュージアムへの導入の検討が行われている（有限責任監査法人トーマツ（2023）「令和4年度 美術品DXによる管理適正化・市場活性化推進事業 報告書」(https://www.bunka.go.jp/seisaku/bunka_gyosei/artecosystem/pdf/93900801_01.pdf)）。

32) 嘉村哲郎(2016)「ウェブ時代の博物館資料情報とデータモデル」『アーカイブズ学研究』25, 56-78.

33) 村田良二(2004)「CIDOC CRMによるデータモデリング」『アート・ドキュメンテーション研究』11, 49-60.

34) 科研費研究課題番号20H01213「松方コレクション来歴研究とデジタル・カタログ・レゾネ試作」。国立西洋美術館における活動については、以下を参照。

川口雅子(2020)「カタログ・レゾネ編纂と美術作品のドキュメンテーション」『アート・ドキュメンテーション研究』27.28, 3-17.

35) 川口雅子(2012)「美術館アーカイブズが守るべき記録とは何か カナダ国立美術館の事例を中心に」『国文学研究資料館紀要』(8), 83-104.

36) Milosch and Hull (2019) Provenance research in museums: From the back of the house to the front, *Collecting and Provenance: A Multidisciplinary Approach*, 37-60.

37) 五十嵐彰(2019)『文化財返還問題を考える――負の遺産を清算するために』岩波書店.

38) 博物館の機能強化に関する調査（令和2年度）(https://www.bunka.go.jp/seisaku/bijutsukan_hakubutsukan/shien/pdf/93940301_03.pdf)（最終アクセス：2024年4月1日）

39) 文化財領域におけるPIDの付与については、以下のリソースを参照。

Madden & Woodburn (2021) Persistent Identifiers at the Natural History Museum, *British Library Research Report*. (https://doi.org/10.22020/k99s-we61)（最終アクセス：2024年4月1日）

Werf, T. (2022) *Persistent identifiers in cultural heritage*. (https://hangingtogether.org/what-is-the-value-of-persistent-identifiers-for-cultural-heritage-objects/)（最終アクセス：2024年4月1日）

Koster, L. (2020) Persistent identifiers for heritage objects, *The Code4Lib Journal*, (47). (https://journal.code4lib.org/articles/14978)（最終アクセス：2024年4月1日）

五島敏芳・戸田健太郎(2021)「教育研究のアーカイブ資料の情報への永続識別子の付与：京都大学デジタルアーカイブシステムPeekにおけるARK(Archival Resource Key)の利用」『情報知識学会誌』31 (4), 478-81. (https://doi.org/10.2964/jsik_2021_063)

第2章

図書館におけるコレクション

理論と実践

佐藤 翔

1　図書館・図書館情報学における「コレクション」

　この章では図書館界ならびに図書館情報学が伝統的にその「コレクション」をどのように扱ってきたかを論じる。図書館情報学は「図書館にかかわる諸現象」と「情報やメディアの性質、それらの生産から蓄積、検索、利用までの過程」を対象とする学問領域であるが[1]、コレクションについては専ら「図書館にかかわる諸現象」の一つ、現実の図書館におけるコレクションを如何に形成し、維持・管理するかという観点から取り扱われてきた。よって本章では、図書館情報学における「コレクション」の扱いとは、図書館界における「コレクション」の扱いとほぼ一致するとみなし、以下、論を進めていく。

　図書館をどう定義するかは様々な立論がありえるが、一つには、個人で収集・蓄積・管理するのは困難な多量の情報・知識を組織立って管理し、共有することでコミュニティの便宜を図る営みである。多量の情報・知識を組織立って管理した結果、実現される資料群がコレクションであり、その存在は図書館の要である。

1-1　「蔵書」から「コレクション」へ、そして「コレクション」の意義の変化

　ところで図書館界において、各図書館が所蔵する資料群を指す言葉としては従来「蔵書」の語が用いられてきた。現在でも日常的には、あるいは利用者

向け等には「蔵書」と呼ぶ機会の方が多い。確かに図書・新聞・雑誌等の伝統的に図書館の所蔵資料の中心を占めてきた印刷資料群を指す語としては「蔵書」の方が馴染みがあるものの、CD・DVDといった視聴覚資料等、実際には印刷資料以外にも多様な資料があることに鑑みると、「蔵書」の語は必ずしも適当ではない。

それならばより直接的に「所蔵資料」と呼んではどうかという考えもあり、こちらもやはり「コレクション」よりも常用されている。ただ、近年増加しているデータベース、電子ジャーナル、電子書籍などのネットワーク情報資源（インターネット経由でアクセス可能な情報資源）については、図書館は利用者がアクセスする権利を得ているのみで、それらの資源を所蔵しているわけではない。実際、例えば図書館の紹介等で「所蔵資料」を挙げる際に、ネットワーク情報資源を含めることは一般的ではない。「契約電子ジャーナル・データベース」等、別に項目を立てることが一般的である。そうした事情もあって、近年の図書館・図書館情報学においては、日常を離れた議論の場や専門書等においては「コレクション」の語を用いることが多い。「コレクション（collection）」は元々、英語圏において図書館が所蔵する資料群を指す言葉として用いられてきた語であるが、単語自体に「所蔵」のニュアンスを感じにくいことが、ネットワーク情報資源も含む場合に用いられやすい一因であろう。

もっとも、「コレクション」という語にも「まとまって集められた複数の対象物で、一つの全体として捉えられるもの」[2]のように、「まとまって集められた」という意味があり、実際には集められていないネットワーク情報資源を含めたものをただ「コレクション」と呼ぶことには本来的には違和感がある。これに対しネットワーク情報資源を「拡張されたコレクション」として従来の「コレクション」と分けて呼ぶ考えもあるが、必ずしも一般的ではない。むしろ図書館情報学の理論的検討においては、「コレクション」に含まれうる対象の実態にあわせて、「コレクション」を定義しなおすことが議論されている。例えばボーデン＆ロビンソンでは「コレクション」を「広い情報空間から資料

024 ———————— 第1部　基礎理論の探索

を選択する上での基準」とする定義を示している[3]。しかし「基準」がコレクションとなりうるとはどういうことだろうか。

1-2 図書館における「コレクション」の意義と特殊性

「基準」が「コレクション」の定義となる理由を考えるには、そもそも「コレクション」とはなにか、図書館における「コレクション」の意義と特殊性はどこにあるのか、ということに踏み込んでいく必要がある。

この点については安井が一般的な「コレクション」の用法と図書館における「コレクション」を対照した論考[4]が参考になる。

1-2-1 図書館におけるコレクションの意義

安井は図書館がコレクションを持つことの意義・役割を、(1)資料へのアクセスに要するコストの削減、(2)利用者が図書館に寄せる「期待」の形成、(3)図書館や設置母体の「象徴」の3点にまとめて論じている。

このうち(1)資料へのアクセスに要するコストの削減が、従来、図書館がコレクションを持つことの最大の意義であった。資料が分散して保管されていたなら、例えなんらかの方法でどこになにがあるのか把握する術があったとしても、それらそれぞれにアクセスするには時間と費用(コスト)がかかる。総合目録等、複数の図書館のコレクションを横断的に検索する手段は早くから整えられていたが、そこで見つかった必要な資料群が、いくつもの図書館に分散しているとすれば、時間と交通費をかけて各館を巡るか、郵送費等を負担して取り寄せ、あるいは複写を依頼し、到着するまで待つ必要がある。資料群が一か所に集められていればそのようなコストは不要である。「多量の知識・情報を組織立って管理し、利用者に便宜を図る」という先に挙げた図書館の要にかかわる部分であると言えるが、逆に言えば資料が分散していてもアクセスにコストを要さないのであれば、資料群を一か所に集める必然性はないとも言える。印刷資料中心の時代には「コストを要さない」ことは現実的に不可能であったが、ネットワーク情報資源の登場が状況を変えつつあ

る。電子ジャーナルの場合、情報資源(各論文等)のデータは各出版社等の
サーバに分散して保存されているが、そこにアクセスするコストはすべての
データが図書館一か所に集まっている場合とほとんど変わらない。

　他方、(2)利用者が図書館に寄せる「期待」の形成は、求める資料がその図
書館にありそうかどうか、コレクションとしてのまとまりを示すことで、利
用者にとっての図書館に対する「期待」や「見通し」を提供・形成するという機
能である。規模や書架上の資料の傾向(専門性や娯楽性等)が利用者に見通し
を提供すると考えると、これもまたコレクションとしてまとまっていること
が重要ということになる。もう一つの(3)図書館や設置母体の「象徴」につい
ては、機能性そのものというよりは、コレクションが図書館や設置母体の伝
統・文化を象徴するものとしてみなされる場合がある、ということになる。
例えば大英図書館(British Library)においては利用者が直接、アクセスできな
い貴重資料をガラス越しに閲覧できるようディスプレイしているが、伝統あ
る国立図書館、大学図書館、専門図書館等ではこうした「象徴」としてのコレ
クションを意識的に演出することが多い。(2)・(3)のいずれも、利用そのも
のというよりはコレクションを利用者等が「見る」ことで果たされる意義・役
割を想定したものであり、この意義・役割を果たすためには、特定の空間に
集められたコレクションの存在が不可欠となる。

　ただし、実際には(2)・(3)の機能は(1)の機能を果たすために形成された
コレクションがもたらした副次的な効果なのであって、図書館のコレクショ
ンに期待される最も主要な機能は「資料へのアクセスに要するコストの削減」
である。利用者の利便性のためにこそ、図書館コレクションは存在する。

1-2-2　図書館におけるコレクションの特殊性

　「資料へのアクセスに要するコストの削減」を主目的に形成される図書館コ
レクションは、一般的に「コレクション」と呼ばれる存在とは異なる特徴を有
する。引き続き安井の論考によれば、一般的な「コレクション」と呼ばれる存
在に共通の性質は、(1)主題やテーマがあること、(2)本来の用途で使用され

026 ──── 第1部　基礎理論の探索

ず、保存され、顕示されること、である。

　(1)主題やテーマがあることについて、通常、コレクションは特定の「何か」(豆本やムーミングッズ)についての収集物の集合体であり、そうした主題・テーマの枠内で網羅性があり、稀少なものを含むほど高く評価されることになる。(2)本来の用途で使用されず、保存され、顕示されることについて、例えば切手のコレクションであればそのコレクション内の切手を手紙を出すときに貼ることはまずおこなわれず、郵便という本来の用途を離れ、管理・保管されることになる。そうしたコレクションの存在は時に収集者が自らを顕示する拠り所ともなる。このように特定の主題やテーマに基づく収集物の集合体で、保存・顕示されるものを安井は一般的な「コレクション」と捉えている(ただし、「本来の用途で使用されず」の点については、レコードや茶器等、本来の用途で使用されつつ適切に保管・管理されるコレクションも存在することを考えると、必ずしも一般的な性質ではないのではないかとも考えられる)。

　図書館におけるコレクションはこれら(1)・(2)の性質を有しているであろうか。まず「主題やテーマ」については、図書館も特定の主題や人物に関する資料、あるいは特定の形態の資料など、主題・テーマを持つコレクションを形成する場合がある。それらは通常、図書館界では「特殊(特別)コレクション」と呼ばれる。しかしそもそもが特定主題・テーマを対象とする専門図書館の場合を除くと、一般的な図書館(公共図書館、大学図書館、学校図書館)のコレクションの大部分は、主題・テーマを限定しない、幅広いジャンルの資料から構成されている(一般コレクション)。一般コレクションの目的はまさに前節で述べた「資料へのアクセスに要するコストの削減」であり、その図書館の設置母体に属する利用者層に、アクセスコスト低減という便益を提供するために形成される。予算やスペースに限りがないのであれば、存在するすべての資料を含めてしまうことが利用者の便益を最大化する、どんな図書館にとっても理想的なコレクションということになるかもしれないが(実際には議論の余地がある。不必要に膨大な資料群は利用者の資料発見・選択の

妨げとなる可能性があるし、利用者の興味を喚起しない資料が書架に多く混在していると、書架の魅力度を下げ、利用の意欲をそぐ可能性もある）、現実的には各図書館は予算・スペース等の制約の範囲内で、利用者の便益を最大化し、自らの設置目的を果たすための資料選定の基準を設け、基準に合致した資料をコレクションに含めていくことになる。対象となる資料のほとんどは市販され一般に流通しているものであって稀少性は高くはなく、そもそも「アクセスコスト低減に足る資料か」ということが基準なのであって、稀少性を理由に一般コレクションに資料が含まれることはほとんどない（特殊コレクションの場合は事情が異なる）。

　「保存・顕示」についても、図書館コレクションは一般とは異なる特徴を持つ。もちろん図書館においても資料保存は重視されるが、それは利用に供するためである。アクセス要求が存在し、また資料そのものも利用に堪える状態にある限り資料は保存されるが、出版から時を経て、アクセス要求が著しく低減した資料、内容が古く利用に供すことに問題があると考えられる資料、物理的劣化が著しく利用に堪えない資料は、除籍（原簿から削除すること）され、廃棄される。書架スペースには限界があり、アクセスコスト低減の対象足り得ないと考えられた資料は他の資料と入れ替えられていく。一般のイメージとは異なり、図書館とは資料を容赦なく捨てる存在である（一般コレクションの場合。特殊コレクションは通常、除籍等の対象とはならない。また国立国会図書館等、一般的な資料も含めて資料保存を重要な使命とする図書館ももちろんある）。図書館においてコレクションは蓄積されるものではなく、新陳代謝するものである。

　こうした図書館コレクションの特殊性を踏まえると、「広い情報空間から資料を選択する上での基準」という前述の定義の妥当性も見えてくるであろう。図書館コレクションの本質は「資料へのアクセスに要するコストの削減」の対象とする資料を選ぶ際の、基準をどこに置くかという点にある。真に重要なのは基準に合致したもののアクセスコストを低減できているかであって、コレクション自体は（一般コレクションについては）重要ではなく、その多く

はいずれ捨てられる。

2 図書館におけるコレクション形成の理論

　ではその重要であるコレクションを、図書館はどのように形成しているのか。コレクション形成の理想的なプロセスについては論者によって若干の異同はあるもののほぼ確立しており、概ね以下の要素・段階によって構成される。

(1)コレクション形成方針の策定
(2)方針に基づく資料の選択・収集
(3)コレクションからの資料の除籍・ウィーディング
(4)コレクションの評価

2-1　コレクション形成方針の策定

　図書館はその設置母体が、なんらかの目的の下に設置するものである。図書館とは前述の通り、「個人で収集・蓄積・管理するのは困難な多量の情報・知識を組織立って管理し、共有することでコミュニティの便宜を図る」ものであるが、その「便宜」の範囲は設置母体の目的によって異なる。一例として、大学図書館ではその大学の研究・教育に資することが第一義的な目的であり(両者の配分は大学の性質によって異なる)、想定するコミュニティ(教職員と学生)に資するものであったとしても、料理のレシピ本等は(栄養学科等を擁さなければ)収集・提供されない場合が多い。日常生活の便宜を図ることまでは目的とはされないからである。一方、公共図書館の場合はコミュニティ(主には地域住民)の生活に資することも目的の範囲と捉えられており、レシピ本等は積極的な収集・提供の対象となる。ただしその場合でも、多くの日本の公共図書館では、フランス語で書かれた、レストランや宮廷で提供されるようなフランス料理のレシピは収集・提供の対象とならない。地

第2章　図書館におけるコレクション｜佐藤 ──── 029

域住民の間にそれを必要とする需要が想定されにくいからである。その地域にフランス料理店があれば、店主が図書館に購入を要求(リクエスト)することはあるかもしれないが、もしその一店だけにしか需要がなさそうで、かつ資料が高額であるとなれば、要求を断る図書館もあるだろう。しかしその地域でフランス語やフランス料理のサークル活動が盛んであるといった背景があれば、収集・提供の対象となることも考えられる。

　このように図書館がそのコレクションを形成していくにあたっては、自らの目的と、利用対象コミュニティの特性を分析・把握することが必要である。そしてその目的とコミュニティ分析の結果等に基づいて、コレクション形成方針(一般論的な収集方針／より具体的な選択・除籍の基準に分ける場合もある)を策定し、利用者向けにも明示することが重要となる。こうした方針の存在が、コレクションに含めるか否か／除籍するか否かの判断が担当者の恣意性に基づくものではないことを保証し、また担当者が代わったり、複数人が資料収集に関わる場合の一貫性を担保することにもなる。さらにそれを利用者に明示することで、利用者がリクエストを行うかどうか等を判断する際の材料ともなる。図書館コレクションの本質が「『資料へのアクセスに要するコストの削減』の対象とする資料を選ぶ際の、基準をどこに置くかという点」にあることに鑑みれば、コレクション形成方針・基準の策定・公開の重要性は自明であろう。

2-2　方針に基づく資料の選択・収集

　「基準」(方針)が本質であると言っても、コレクションを実現していくにあたっては方針に則ってある資料をコレクションに加えるかどうかの判断をし(選択)、加えると決めたものについて入手する(収集)必要がある。

　資料を選択するためには、まず選択の対象となりうるどのような資料が存在するのか、という情報を収集する必要がある。市販され流通される図書・雑誌だけでも膨大なタイトル数が存在し、その他に一般には流通しない政府・団体の刊行物(灰色文献)等も存在することを考えると、情報収集も容易

な作業ではない。

　そうして存在を知った資料について、コレクション形成方針に照らして選択すべきかどうかを決定することになる。この選択に当たっては長らく、資料の「質の高さ」を重視して選択すべきという「価値論」と、「利用者の求め」に従って選択すべきという「要求論」の二つの立場からの議論が図書館・図書館情報学ではおこなわれてきた、という[5]。例えば今はそれほど人気が高いわけではないが「定番」の絵本と、今まさに子どもに人気のシリーズ絵本があったとして、どちらを重視すべきかというような議論である。しかしそもそも資料の「価値」など誰が判断できるのか、あるいは「利用者の要求」の全容などどう把握できるのかということを考えていくと、現実的にこの対立にあまり意味はなく、近年はあまりこの構図での議論を聞くこともなくなってきた。

　「選択」された資料は実際に入手せねばならない（収集）。これも市販資料等、書店を通じて入手できる場合は良いが、灰色文献や海外資料等、書店が直接は扱わない資料の場合には困難な作業となることもある。学術雑誌等の海外の逐次刊行物の場合には、ある号が届かない（欠号）といった問題もしばしば発生した。

　収集・選択を経た資料を、実際に図書館コレクションとして提供するにあたっては、さらに受入・装備（図書館資料として提供するための、ブックコートや請求記号等の貼り付け作業）・整理（分類や目録作業）等の工程を経る必要があり、それらも含めた全体を「コレクション形成」と論じる場合もあるが、「整理」の部分についてはかつては資料整理、現在は情報資源組織として、コレクション形成とは異なる文脈で論じられることの方が図書館界では一般的である。

2-3　コレクションからの資料の除籍・ウィーディング

　一度はコレクションに含めた資料でも、有用性が著しく減少、あるいは失われたものはコレクションから取り除かれる。完全に図書館資料としての所蔵登録を外し、廃棄する「除籍」のほかに、利用者が常用できる開架書架から、

閉架書庫等に移動する措置もあわせて「ウィーディング(weeding。一般的には草刈り・除草のことを指す)」と呼ぶこともある。

　内容の有用性は失われていなくとも、資料の汚損・遺失などによって、除籍せざるを得ないという場合には、可能であれば当該資料を再度収集しなおすことになる。しかし出版から時間が経って内容そのものが古くなった、あるいは利用が著しく減少したという場合には、資料を収集しなおすことは当然なく、閉架書庫等への移動であれば利用者はややアクセスしにくくなり、除籍の場合にはその図書館コレクションとしてはアクセス不可能になる。除籍・ウィーディングとは、「かつては『資料へのアクセスに要するコストの削減』の対象となる基準を満たしていたが、現在は基準を満たさなくなった」という判断に他ならない。そして多くの場合、判断の基準は出版から時を経たことによる利用の減少である(減衰、「オブソレッセンス(obsolescence)」とも呼ばれる。文献需要のオブソレッセンスは図書館情報学の研究トピックの一つでもある)。一般に「コレクション」といった場合、古いこと・歴史があることに価値を見出す場合があるが、図書館の一般コレクションの場合はそのような傾向はない(特殊コレクションの場合は異なる)。

　この除籍・ウィーディングについても、必要性が少なくなったものをコレクションから取り除くことで、コレクション全体を形作る行為の一部である。それ自体がコレクション形成方針に則って進められる作業であることはもちろんのこと、いったんはコレクションに含めたものを取り除くにあたっては、時に選択以上に慎重な判断を要するとの考えから、個別に「除籍基準」を設けることが望ましいとされている。

2-4　コレクションの評価

　コレクション形成方針に則って選択・収集・除籍のサイクルを繰り返しているはずのコレクションであるが、それが実際に図書館の目的やコミュニティの需要に適ったものになっているかを検証するためには、定期的なコレクションの評価が必要となる。評価の結果、問題が確認されるようであれば、

選択等のプロセスに問題がなかったかはもちろん、場合によってはコレクション形成方針そのものの見直しが必要になる場合もある。

　コレクション評価の方法は「コレクション中心」と「利用者中心」に大別される。「コレクション中心」はコレクションのデータに則った分析手法であり、単純なものとしてはコレクション中の新規受入冊数の割合を評価する「蔵書新鮮度」といった指標があるが、資料の新しさのみという一面的な指標である。コレクションそのもののほかに、外部のなんらかの情報源から「コレクションに含めるにふさわしい」資料を特定し、それらがコレクションに含まれているかを評価する「チェックリスト法」もよく用いられるが、この方法は信頼性の高い「リスト」を構築できるか否かという課題を抱えている。そもそも真に信頼できるリストがあるのであれば、そのリスト掲載資料をそのまま収集していればよいはずである。

　「利用者中心」の評価は、貸出統計や雑誌の利用統計等、利用者の利用状況を以て、コレクションの評価としようという手法である。現実の図書館においては利用者中心評価の利用が一般的であり、（それを「コレクションの評価」と意識しているか否かは別として）ほとんどの図書館がなんらかの形で利用統計を公開し、評価にも用いている。

　利用が多いということはコミュニティの需要に適っているのだろう、という仮定はある程度、妥当なものと考えられる。一方で、利用が多いことが、図書館の目的を実現できていることとみなせるかについては問題がある。この点についてはその図書館がどういった目的を掲げているかによって異なるところでもあり、比較的限定された目的を持つ大学図書館・学校図書館の場合にはあまり問題にならない一方、目的が広範囲（「図書館法」の精神に基づくなら教養、調査・研究、レクリエーション）に及ぶ公共図書館においてはより難しい問題をはらむ。「ベストセラー・フィクションの利用が多いことが、より良いコレクション形成が実現できたことを示していると言えるのか」といった問題であるが、同じ「利用」であっても利用される資料がどんなものかによってその価値が異なるのではないかという問題提起は、結局のと

ころ2.2で述べた価値論／要求論の議論の変奏であり、「価値」を定義しえない限り答えの出しようはない。

3　図書館におけるコレクション形成の実態

　前節では標準的とされるコレクション形成のプロセスを見てきたが、しかし各図書館におけるコレクション形成の実態は、標準的とされるプロセスから外れる部分も多いものとなっている。以下、現在の日本におけるコレクション形成について、ある程度の実態が把握可能な公共図書館と大学図書館に限定して、前節の標準的なプロセスと照らして検証していく。

3-1　公共図書館

　2018～2019年度の全国公共図書館協議会の調査によれば[6]、都道府県立図書館については100%がなんらかのコレクション形成方針を策定しているが、公開しているのは68.1%にとどまる。一方、市区町村立図書館については方針を策定しているのが全体の71.6%で、少なくない図書館が方針を持っていない。さらに方針を公開しているのは(方針を持たない自治体も含む)全体の49.3%にとどまった。市町村立図書館については半数以上が、コレクション形成方針を持っていないか、持っていても利用者に公開していない状態にある。

　資料の選択・収集の実態にあたっては、主たる選定方法として図書館流通センターの『週刊新刊全点案内』などの選書ツールを用いる図書館が多く、市立図書館では82.6%にも及んでいた。『週刊新刊全点案内』においては単に新刊の情報が掲載されているのみならず、どれくらい推薦できるかといった評価情報も含まれている。安形の調査によれば図書館流通センターのデータ収録対象となっているか否かは公共図書館が選択・収集するか否かに大きく影響する要因であることも示されており、さらにその他にも資料に関する各種のデータを用いると、機械学習によって人手による資料選択を9割方、再現

034 ──────── 第1部　基礎理論の探索

可能であるとされている[7]。一方で大谷の調査によると、総体としての日本の公共図書館は納本図書館であるはずの国立国会図書館をもしのぐ市販資料の収集率を示しており、コレクションのかなりの部分は選書ツール等の影響を受けたものであったとしても、公共図書館全体としては「さまざまな資料をそれなりに収集しているようにも受け止められる」[8]。

　多くの公共図書館は所蔵スペース狭隘化の問題を抱えており、これは資料の除籍・ウィーディングが低調であること、少なくとも選択・収集と同程度のペースでは実施されていないことの結果である。佐藤の試算によると2006〜2016年の期間中、日本の公共図書館が新規に受け入れる図書数は年間1,600万〜2,000万冊である一方、除籍冊数は年間700万〜1,000万冊で、多くの図書館は受け入れるほどには資料を除籍せず、そのコレクションは膨張する一方と言える[9]。先の全国公共図書館協議会の調査でも、除籍に関する何らかの方針を定めている自治体も、都道府県・市町村とも46%前後と半数にも至っていない。

　コレクション評価についてはもっとも理論と実態の乖離が激しい。全国公共図書館協議会の調査によれば、蔵書評価を実施している自治体は都道府県・市町村とも1割にも満たず、約70%は過去に実施したこともなければ、今後実施する予定もないとしている。まったく除籍をしていない図書館は存在しないはずなので、個々の資料の除籍・ウィーディングの判断時に利用状況を確認する程度は行っているだろうし、利用統計を確認することもおこなわれているだろうが、コレクションの全体を意識的に評価することはほとんどの図書館でおこなわれていない。

3-2　大学図書館

　公共図書館のコレクション形成方針策定状況については全国調査が存在することが示しているとおり、まだしも図書館界内で重視されているのに対し、大学図書館については大規模な調査は存在せず、また実際にコレクション形成方針が示されている例もわずかである。2009年の小山の調査によれ

ば、国立大学87校を対象にウェブ調査をおこなったところ、なんらかのコレクション形成方針の公開が確認されたのは7大学のみであった[10]。背景にはそもそも大学図書館のコレクションの多くの部分について、選択・収集の権限を、図書館ではなく教員が持っていることが指摘できる。大学図書館の目的は大学の使命である研究・教育(学習)に資することであるが、このうち研究に必要な資料の選択権は教員に委ねられることが多い。図書資料について各教員、あるいは学部・学科等の教員集団の単位で予算が与えられ、自身に必要な資料をその範囲内で購入するほかに、近年の資料費の大部分を占める電子情報源(電子ジャーナル等)についても、各教員の要望を集約した上で、教員で構成される委員会等が購入対象を決定する。公共図書館と異なり想定されるコミュニティがごく狭い大学図書館において、利用者の要求を直接に反映することは合理的と言えるが、その時々に在籍する教員の研究テーマ・関心に従って形成されていくコレクションが、将来の在籍教員にとっても「資料へのアクセスに要するコストの削減」の対象足りえるのかという視点はここには欠けている。大学のもう一つの目的、学生の教育・学習のための資料については図書館が主体的に選択・収集する場合も多いが、ここでも教員による推薦やシラバス掲載資料の収集、学生自身の選書ツアー等、なんらかの形で利用者である教員・学生自身に選択・収集を委ねる手法もよく用いられる。

　さらに選択・収集という点では、電子情報源の普及が大学図書館に大きな影響を及ぼしている。研究のための資料として大きな比重を占める学術雑誌について、そのほとんどはインターネットを介して提供される(ただし多くは契約機関からのみ本文が閲覧できる)電子ジャーナル化が完了しており、今や日本の大学図書館資料費の過半は電子ジャーナルに費やされている。さらに電子ジャーナルの契約にあたっては必要な雑誌タイトルを選定し個別に契約を結ぶのではなく、出版社等の単位で一括してアクセス権を購入する、ビッグ・ディール方式が一般化している。実質的に図書館が選択できるのは「どの出版社との契約を締結・維持するか」であって、個々の雑誌を選択する

036 ──────── 第1部　基礎理論の探索

といった工程は失われつつある。また、電子ジャーナルに遅れて普及してきた電子書籍についても、出版社やアグリゲータ(複数の出版社のタイトルをとりまとめて提供する業者)が提供可能タイトルをまとめてアクセス可能とし、一定の利用(時間あるいはページ数)があったものを後に図書館が自動購入するという、利用者主導型購入方式(Patron-Driven Acquisitions：PDA)が注目を集めている。電子情報源について、大学図書館の役割はコレクションに何を含めるかの選択・収集ではなく、より大枠の制度・システムの選択・決定に移っていると言えよう。

　もちろん大学図書館においても、特に和書に関しては未だに印刷資料コレクションも重要な部分を占めており、その保存スペースを如何に確保するか、あるいは何を除籍・ウィーディングするかもしばしば問題となる。2023年の永山らの調査によれば、図書の除籍等に関する質問紙調査において、対象とした国立大学図書館のうち97.8%が除籍の目的を「書架スペースの確保」であるとしていた[11]。ただし対象とする資料の選定理由については「汚損・破損」、「紛失」、「複本(が存在すること)」、「改訂・改版(が存在すること)」等が多くを占め、出版からの年月の経過や利用の減少を理由とする除籍に積極的な大学図書館は少ない。研究目的の利用について、将来的なニーズの予測が困難であったり、歴史的な言説の変遷をたどる必要が生じること等を考えると、大学図書館が除籍により慎重となるのは自然なことである。しかしその結果生じる、スペースの狭隘化も深刻であり、保存図書館・共同利用書庫(シェアード・プリント)といった、大学の枠を超えて印刷資料の共同保存・利用の体制を築く試みが近年、注目されるようにもなっている。

　コレクションの評価についてもここまでと同様で、そもそも大学図書館が主体的に形成したわけではないコレクションであり、選択・収集したのも多くは図書館員ではなく、特に積極的に除籍をおこなう体制にもないとなると、評価することにインセンティブがない(評価結果がどうであれ、それを反映した方針の見直し等ができないし、評価に応じたコレクション自体の見直し＝積極的なウィーディング・除籍もおこなわれ得ない)。日本国内での大学

図書館の蔵書評価を試みた例が全くないわけではないが、多くは研究段階のものであって、日常業務としてコレクション評価が取り入れられているとは言い難い。

4　図書館コレクションのこれから

　このように、コレクション形成の理論的なプロセスと、日本の多くの図書館における実態は大きく乖離している。公共図書館については少なくともコレクション形成方針を策定し、方針に基づいて選択・収集し、一部は除籍・ウィーディングしながらコレクションを形成していくというプロセスは経ているものの、そのコレクションの妥当性の評価の視点は欠けている。大学図書館についてはほとんど前提から異なり、図書館はコレクション形成の主体ではない。結果として形成されるコレクションは、言葉を選ばずに言えば場当たり的な集合であり、「広い情報空間から資料を選択する上での基準」を熟慮した結果のものになっているかは定かではない。もちろんコレクションが存在しないより利便性が高いことは確かであるが、ありえた他の選択肢(同等の規模の他のコレクション)よりもその図書館の利用者にとって利便性が高いと言えるのかは、多くの図書館は検証していない(利用者が事実上直接、選択している大学図書館の場合、選択した当人にとって利便性が高いのは当然であるが、他者の選択分や図書館員選択分についてはやはり未検証である)。極端なことを言えば、隣接するＡ市とＢ市、同規模のＡ大学とＢ大学の、コレクションを入れ替えても利便性に大きな変化は出ないのではないかとさえ言える。

　これはそもそも、図書館コレクションの本質が第1節で見た通り、「『資料へのアクセスに要するコストの削減』の対象とする資料を選ぶ際の、基準をどこに置くか」という点にあり、かつ基準を定める前提となる利用者コミュニティの需要が、図書館ごとに(館種等が同等であれば)そう大きくは異なることはないだろうと推察されるためでもある。個々の図書館がコレクション

038 ──── 第1部　基礎理論の探索

形成方針等を定める必要があるのか、似たような属性・規模の利用者コミュニティを持つ図書館であれば方針も結果として構築されるコレクションも似たようなものになるのが自然ではないか。この考えを推し進めていくと、ネットワーク情報資源がより普及し、どこにいても同様の情報源にアクセスできるようになったならば、個々の図書館が一般コレクションを持つことの重要性は下がっていくのではないか、ということになる。その時、各図書館のリソースの重点は一般コレクションから特殊コレクション、「そこにしかないユニークな文化資源をどのようにコレクションとするか」へと移っていかざるをえない、とする考えもある[12]。図書館とは個人で収集・蓄積・管理するのは困難な多量の情報・知識を組織立って管理し、共有することでコミュニティの便宜を図る営みである、とする冒頭の視点からすればこれは当然の結論でもあり、一般コレクションに含まれるような多量の情報・知識が、ネットワークによって一元的に管理・共有可能となって個人が容易にアクセスできるようになったならば、図書館の役割はそこに含まれていないものを、如何にアクセス可能にするか、ということになっていく。「『資料へのアクセスに要するコストの削減』の対象とする資料を選ぶ」際の基準が、そこに移るわけである。

注

1) 日本図書館情報学会用語辞典編集委員会(2020)『図書館情報学用語辞典 第5版』丸善出版.

2) Oxford English Dictionary(https://www.oed.com/)(最終アクセス：2023年10月18日)

3) ボーデン, D.・ロビンソン, L.(田村俊作監訳, 塩崎亮訳)(2019)『図書館情報学概論』勁草書房.

4) 安井一徳(2015)「第2部コレクション形成 第1章 コレクションとは」『情報の評価とコレクション形成』日本図書館情報学会研究委員会編, 勉誠出版, 89-107.

5) 大場博幸(2015)「第1部情報の評価 第4章 蔵書の評価と資料選択」『情報の評価とコレクション形成』日本図書館情報学会研究委員会編, 勉誠出版, 71-86.

6) 全国公共図書館協議会(2019)『2018年度(平成30年度)公共図書館における蔵書構成・管理に関する実態調査報告書』全国公共図書館協議会.

7)　安形輝(2015)「公立図書館の資料選択に影響する要因：2007年の出版物の所蔵調査に基づく分析」『2015年度日本図書館情報学会春季研究集会論文集』日本図書館情報学会, 12-15.

8)　大谷康晴(2015)「第2部コレクション形成 第2章 日本の図書館のコレクションの現状」『情報の評価とコレクション形成』日本図書館情報学会研究委員会編, 勉誠出版, 109-123.

9)　佐藤翔(2017)「かたつむりは電子図書館の夢をみるか LRG編(第2回)日本の図書館における書架スペース。その収蔵能力の残余年数を考えてみた」『ライブラリー・リソース・ガイド』(19).

10)　小山美佳(2009)「日本の大学図書館におけるコレクション形成方針の特徴」『三田図書館・情報学会研究大会発表論文集』三田図書館・情報学会, 69-72.

11)　永山賀子・今野創祐・逸村裕(2023)「国立大学図書館の除籍に関する現状調査」『大学図書館研究』(124).

12)　福島幸宏(2023)「コレクション」『図書館情報学事典』日本図書館情報学会編, 丸善出版, 12-13.

参考文献

河村俊太郎(2023)「コレクション形成の理論」『図書館情報学事典』日本図書館情報学会編, 丸善出版, 494-495.

安井一徳(2023)「コレクション形成の実態」『図書館情報学事典』日本図書館情報学会編, 丸善出版, 496-497.

岸田和明・村上篤太郎(2020)「3章 図書館情報資源の収集とコレクション構築」『改訂図書館情報資源概論』岸田和明編著, 樹村房, 71-148.

大場博幸(2015)「第1部 情報の評価 第4章 蔵書の評価と資料選択」『情報の評価とコレクション形成』日本図書館情報学会研究委員会編, 勉誠出版, 71-86.

第3章

アーカイブズ資料の編成記述を めぐる理論の概説

金　甫榮

1　はじめに

　アーカイブズ(archives)の歴史は、古代メソポタミアに残る粘土版が作成された紀元前4000年頃にまで遡る[1]。古代・中世におけるアーカイブズは、権力者の財産保護や統治の手段の1つとして活用された。近代的なアーカイブズが発展するきっかけは、フランス革命の結果、1794年にフランス国立文書館が設立されたこととされている。以後、徐々に市民に開かれたアーカイブズとして、ヨーロッパを中心にアーカイブズ学における理論や原則が整備されていく。日本では、戦後の近世文書の散逸危機に対する史料保存運動により、多くの古文書が整理・保存される中で主に歴史資料を対象としたアーカイブズが展開してきた。

　このようにアーカイブズに対するイメージは、時代や地域によって必ずしも同じとは限らない。さらに、現代ではデジタル形式の資料が保存される時代となり、伝統的なアーカイブズとは異なる視点でアーカイブズが見直されている。しかし、時代や地域、形式に関わらずアーカイブズが発展する中で蓄積されてきた概念や理論を理解することは、資料を管理する上で欠かせないだろう。

　本章では、アーカイブズ資料を管理する上で必要な基本概念を紹介する。

とりわけ、本書のテーマであるコレクション論に深く関わる「編成記述」をめぐる理論を中心に概説していく。

2　アーカイブズとは

2-1　定義

アーカイブズを理解する上で欠かせない概念に「記録(records)」がある。記録は特定の活動(activity)を遂行した際の証拠であり、活動は個人や団体、法人の行動で、特定の結果を生むものと定義できる[2]。平たく言えば、記録は人や組織がある活動を行った際に作成される情報と言える。これらの情報のほとんどはこれまで文書で作成されてきた。文書が活動の証拠である記録となるには、内容(content)、形式(structure)、コンテクスト(context)[3]の3つの要素が求められる。内容は、書かれている情報そのもの(what)であり、形式は、それらがどのように書かれているか(how)、コンテクストは、だれが(who)どこで(where)いつ(when)なぜ(why)作成したかに関する情報である[4]。これらの要素は、記録が持つべき性質[5]である真正性(authenticity)、信頼性(reliability)、完全性(integrity)、利用可能性(usability)に大きく影響する。

アーカイブズは、記録の中から長期的価値を有すると認められたものを指し、「資料」だけではなく「機関」と「制度」を指す言葉としても用いられる。そのため本章では、それぞれを区別する場合は、「アーカイブズ」の後ろに該当する言葉をつけて、アーカイブズ資料、アーカイブズ機関のように表記する。

2-2　アーカイブズの分類

アーカイブズ資料は多岐にわたり、それを保存するアーカイブズ機関も様々だが、いくつかの基準で分類することができる[6]。まず、アーカイブズ機関が公的資金で運営されているかどうかで分類することができる。公的アーカイブズ機関の代表的な例には、国や地方自治体が運営する文書館(公文書館と呼ばれることが多い)がある。これらの文書館は、法律に基づき設

置・運営され、公共資金によって維持される。そのため、職員や市民に開かれた利用サービスを提供する。私的アーカイブズ機関の代表的な例には、企業のアーカイブズ部門がある。これらの部門は、会社法や社内規定に基づいて運営され、企業の事業利益によって維持される。そのため、アーカイブズ資料は一般公開されることもあるが、通常は関係者のみに利用が制限されることが多い。

次に、アーカイブズ資料の受入方法で分類することができる。親組織が作成した記録が移管される組織アーカイブズと、個人、家族、または親組織とは異なる組織から、様々な目的やテーマに基づいて資料を収集する収集アーカイブズがある。もちろん、両方の機能を備えている機関もある。例えば、大学文書館では大学の各部門から組織文書の移管を受けつつ、学術研究資料として個人や団体などから、ある分野やテーマに関する資料の寄贈を受けることもある。

これらの分類によって、アーカイブズ機関が果たすべき役割や所蔵資料、利用者などが異なり、アーカイブズ資料の受入、整理、保存、利用の方針も変わる。

2-3　アーカイブズ資料管理における主要機能

本書のテーマである「コレクション論」に関連して、アーカイブズ分野で用いる専門用語がある。ここでは、その用語を理解するために必要なアーカイブズ資料管理の流れ(図1)を簡単に紹介する。

・作成

作成段階では、個人や団体、法人などによって様々な記録の作成者が存在する。企業や行政機関のような組織では、規程に則って文書を作成・管理する。作成された文書は業務を遂行する際には活発に利用されるが(現用文書)、業務が完結し、時間が経過すれば利用されなくなる(非現用文書)。この文書のライフサイクルの中で、文書が内容、形式、コンテクストを維持するよう

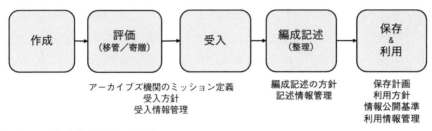

図1　アーカイブズ資料管理の流れ

に管理することを「記録管理(records management)」と言う。一方、個人資料は通常体系的に管理されず、個人の習慣に依存することが多い。

・評価

　評価(appraisal)とは、記録の内、利用するのに十分な価値があるものを特定するプロセス、または、法的要件および現在と潜在的な有用性に基づいて記録の保存期間を決定するプロセスである[7]。組織の場合、現用文書としての保存期間を決め、保存期間満了後の記録の処分(廃棄または移管)を決めるプロセスが含まれる。組織のように記録管理が前提となっていない個人資料や特定のテーマに沿って収集されるアーカイブズ資料は、寄贈(寄託)・購入の方法でアーカイブズ機関へ受け入れられる。どちらの場合も、アーカイブズ機関(または部門)のミッションと受入方針が、評価の判断基準になる。

・受入

　アーカイブズ資料を受け入れる際には、資料全体の概要を把握し、それらが誰によって作成されたものか、これまでどう活用または管理されてきたかに関するコンテクスト情報を集める。そして、紙資料の場合は、汚れや虫の調査など、簡易的な保存措置を施す。デジタル資料の場合は、より複雑な確認が必要となる[8]。例えば、媒体やフォーマット、必要なソフトウェアなどの技術的な情報、データのサイズと状態、データを開くためのパスワードなど

を確認しなければならない。さらに、データを受け入れた後は完全性の検査やチェックサム(データの同一性を確認する際に使う値)の付与、マイグレーション(古い媒体やフォーマットなどの変換または移行)などの処理を行う。

・編成記述

　受け入れたアーカイブズ資料は、出所と原秩序を尊重して資料の配列を考えながら整理を進める。これを「編成」と言う。資料の配列が決まったら資料の詳細を調査し記録する。これを「記述」と言う。この2つの作業は、アーカイブズ資料の整理において中核的な作業であり、日本語では「編成記述」として一緒に用いられることが多い。これについては、次の節で詳しく述べる。

・保存

　編成記述の後は、資料を長期的に保存するための処置を行う。紙資料には、温湿度の変化や虫による劣化を防ぐための対策を講じる。デジタル資料の場合は、保存ストレージの確保やマイグレーション計画、フォーマットのリスク管理、セキュリティー管理などを通じて、データの真正性と完全性を長期的に維持しなければならない。また、紙資料とデジタル資料の両方において、災害対策も必要となる。

・利用

　最後には、アーカイブズ資料の利用を助けるファインディングエイド(finding aid、7節参照)を作成する。例えば、所蔵リストや目録、ガイドなどがある。また、利用方針を決め、資料に含まれている情報の公開と非公開の基準を設定する。

　ここまで、アーカイブズ資料の受入から利用までの大まかな流れを紹介した。次節からは、本書のテーマであるコレクションの管理に密接に関わる編成記述について、その前後のプロセスである受入や保存、利用の部分にも触

れながら概説していく。

3　編成記述

3-1　概念

編成(arrangement)とは、記録の物理的な安全と管理を支援し、内容、形式、コンテクストを明らかにするために、知的または物理的に資料を順序付けるプロセスと定義される[9]。記述(description)とは、アーカイブズ資料の内容、形式、コンテクストと、その起源や作成機関または個人との関係を特定し、それを記述するツールを作成することで、アーカイブズ資料に対する知的制御を確立する行為である[10]。その成果物は、アーキビストが資料を受入、評価、整理するために行った作業を示す証拠となり、アーカイブズ資料の真正性と完全性を維持することに貢献する[11]。

編成記述は、「個別アイテム」の目録を作成する行為ではない。例えば、本の場合は1冊として扱うことが可能であり、その内容が本の入手経緯や他の本との関連性に影響されることはない。しかし、アーカイブズ資料は、作成者や作成された経緯、他の資料との関連性などにより、解釈が変わる可能性がある。そのため、同じ背景を持つ資料は個々のアイテムに分離せず、まとまり全体の概要を示す集合的な編成記述が行われる。このような集合的な情報の管理は、出所と原秩序を尊重する基本原則に基づいて実現される。

3-2　基本原則

3-2-1　出所

出所(provenance)は、記録の起源または由来を意味する。出所の原則は、異なる出所のものは混ぜてはならないという考え方である。つまり、特定の組織や個人がその活動の中で作成、蓄積、管理、利用してきた記録は、他の記録と混ぜてはならない。この原則は、アーカイブズ資料のコンテクストを保つための基本ルールとされている。しかし、出所という言葉は分野によっ

046 ———— 第1部　基礎理論の探索

て異なる意味を持つ。例えば、考古学ではものが発見された地理情報や物理的情報を記述することを意味し、博物館学や図書館学では、所蔵作品や書籍の所有権の歴史を意味する[12]。作品や書籍は、贈呈や販売などにより持ち主が変わることがあり、その物理的移動歴が資料の価値に影響するためである[13]。アーカイブズ学では、記録が誰によって作成され、どのように蓄積され、管理され、利用されてきたかに関する情報が全て出所と関連している。これらの情報は、アーカイブズ資料を理解する上で最も重要なコンテクスト情報を提供するものとして認識されている。

3-2-2　原秩序

　原秩序(original order)とは、記録の作成者によって確立された記録の構成と順序である[14]。記録は、それが作成・維持・利用された時の秩序を維持しなければならない。秩序は、物理的な保管状態や配列を意味するのではなく、管理上の順序または知的な順序を意味する。原秩序尊重の原則は、アーキビストが資料を整理する際に私見を入れないための基準を提供する。しかし、作成者が用いた秩序は多様であり、それは年代順かもしれないし、五十音順かもしれない。もしくは、特別な分類や規則が存在しないかもしれない。注意が必要なのは、元の雑然とした配列を尊重するということまでは意味していないことである[15]。従って、アーキビストは注意深く秩序の有無を調査し、秩序がないと判断した場合は、その理由を記録するとともに、合理的な基準を用いて新たな配列を検討しなければならない。

4　編成アプローチ

　ここでは、編成に用いられる代表的なアプローチを2つ紹介する。

4-1　保管型アプローチによる編成

　アーカイブズ機関に受け入れられた記録を、トップダウンで組織化するア

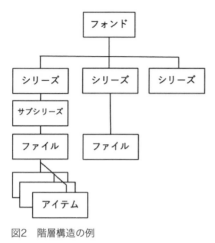

図2 階層構造の例

プローチがある。これは、20世紀までの多くのアーカイブズ資料に用いられていた手法で、アーカイブズ機関が受け入れた紙資料の保存管理に注目し、出所が重要な編成の基準となる。資料は、全体から部分へ、概要から詳細へ、上位レベルから下位レベルへと把握していく。代表的手法として、図2に示すように、フォンド、シリーズ、ファイル、アイテムの階層による編成方法がある[16]。

・フォンド（fonds）
　形式や媒体に関係なく、有機的に作成および/または蓄積され、その作成者の活動の中で利用される記録全体。理論的には概念的単位である。

・シリーズ（series）
　同じ蓄積方法や活動から生じたもの、特定の形式を持つもの、または、作成・収受・使用から生じる何らかの関係のために1つの単位として管理される文書。

・ファイル（file）
　作成者が同じ主題や活動、業務処理に関連しているためグループ化した文書単位。シリーズ内の基本単位。

・アイテム（item）
　知的に不可分の最小単位。（例：手紙、備忘録、レポート、写真、オーディオ記録など）

　アーキビストは、まず記録全体であるフォンドを把握し、作成者と活動との関係を把握しながらシリーズを構成する。その後、各シリーズ内の詳細な

ファイルとアイテムについて記述する。フォンドによる編成では、活動を終えた組織や個人から提供された資料を基に、出所と記録が一対一で対応するように編成される。この手法は、アーカイブズ記述に関する一般的国際標準（General International Standard Archival Description: ISAD（G））の基盤となっている。

　一方で、フォンドの代わりに「コレクション（collection）」を用いることもある。コレクションは、有機的に作成された記録全体を概念的に認識するフォンドとは異なり、文書の出所に関係なく、いくつかの共通の特徴に基づいて蓄積され、人為的に収集された文書である[17]。

4-2　機能的アプローチによる編成

　「機能（function）」とは、組織がその目的を達成するために行う主要な責務のことである[18]。そして、機能はこれまで述べてきた「活動」によって達成される。すなわち、機能を把握することは、組織が行う活動とそれによって作成される記録を把握することにつながる。「シリーズシステム」は、このような機能をシリーズとして編成する手法で、1960年代にオーストラリアで提案された[19]。シリーズシステムは、機能、エージェント、レコード（記録）の3つの要素で構成されている（図3）[20]。

・機能要素
　特定の目的を達成するために実行される活動と、それを把握する概念として機能がある。
・エージェント要素
　政府や企業などの独立した組織、組織の機能を実行し出所単位となるエージェンシー、家族、人がある。
・レコード要素
　特定のエージェンシーや人によって作成・維持され、特定の機能や活動を裏付ける記録群としてシリーズがある。

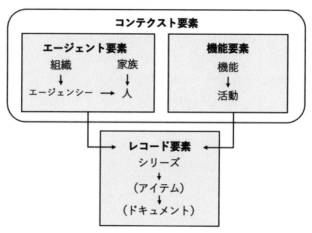

図3 シリーズシステムの要素と関係性

　シリーズシステムでは、レコード要素とコンテクスト要素を分離して記述するため、1つの記録群に対して複数の出所情報を関連づけることが可能である。従って、記録を作成・管理する部門(出所)が頻繁に変わっても、その情報はコンテクスト要素として記述され、レコード要素にはリンクだけが追加される。このアプローチは、出所と記録が一対一で対応する保管型アプローチより、合併や吸収、名称変更などの組織改編が頻繁に行われる現代の組織の記録編成に適している。

5　記述標準

　アーカイブズ資料の編成が決まった後は、詳細な記述を行う。地域や分野によって多様な記述標準が存在するが、ここでは国際アーカイブズ評議会(International Council on Archives：ICA)が定める記述標準を紹介する。

5-1 ISAD(G), ISAAR(CPF), ISDF, ISDIAH

ICAでは、1990年に記述標準に関する委員会を立ち上げ、以下の4つの記述標準を策定した。

- ISAD(G)(General International Standard Archival Description)：アーカイブズ記述に関する一般的国際標準(第一版：1994年、第二版：1999年)
- ISAAR(CPF)(International Standard Archival Authority Record for Corporate Bodies, Persons and Families)：団体、個人及び家に関するアーカイブズ典拠レコード記述の国際標準(第一版：1996年、第二版：2004年)
- ISDF(International Standard for Describing Functions)：機能の記述に関する国際標準(第一版：2007年)
- ISDIAH(International Standard for Describing Institutions with Archival Holdings)：アーカイブズ所蔵機関の記述に関する国際標準(第一版：2008年)

ISAD(G)、ISAAR(CPF)、ISDFの3つの標準は、相互が関連づけられることで資料、作成者、機能に関する情報の組織化が可能となる。中でもISAD(G)は、アーカイブズ資料そのものに関する記述標準として最も広く普及している。日本では、アーカイブズ資料の多くが古文書であり、リスト型目録の作成が中心であったため、ISAD(G)がすぐに普及することはなかったが[21]、近年では事例研究も増えつつある[22]。ISAD(G)の目的は、一貫性を持った適切でわかりやすい記述の作成を助けることと、資料のアクセスと情報交換を促進させることである。伝統的なアーカイブズ資料の編成手法であるトップダウンアプローチであり、アーカイブズ資料をフォンド、シリーズ、ファイル、アイテムのようなマルチレベルで記述する。

表1は、ISAD(G)の記述項目である。7つの記述エリアに合計26の記述項目があるが、必須項目はレファレンスコード、タイトル、年月日、記述レベル、数量と媒体、作成者名称の6項目である。記述方法の詳細までは決まっ

表1　ISAD（G）の記述項目

3.1	個別情報のエリア	3.4	公開及び利用条件エリア
3.1.1	レファレンスコード※	3.4.1	公開条件
3.1.2	タイトル※	3.4.2	複写条件
3.1.3	年月日※	3.4.3	使用言語および文字体系
3.1.4	記述レベル※	3.4.4	物的特徴および技術的要求事項
3.1.5	数量と媒体※	3.4.5	ファインディングエイド
3.2	コンテクストエリア	3.5	関連する資料のエリア
3.2.1	作成者名称※	3.5.1	オリジナル資料
3.2.2	組織歴または履歴	3.5.2	複製
3.2.3	伝来	3.5.3	関連資料
3.2.4	入手先	3.5.4	出版書誌情報
3.3	内容及び構造のエリア	3.6	ノートのエリア
3.3.1	範囲と内容	3.6.1	ノート
3.3.2	評価、廃棄処分、保存年限	3.7	記述コントロールエリア
3.3.3	追加受入	3.7.1	アーキビスト・ノート
3.3.4	編成	3.7.2	規則または取り決め
	※印必須項目	3.7.3	記述年月日

表2　ISAD（G）フォンド記述例

(3.1.1)	レファレンスコード　A1
(3.1.2)	タイトル　鈴木商会百年史編纂資料
(3.1.3)	年月日　1840－2014
(3.1.4)	記述レベル　フォンド
(3.1.5)	数量と媒体15,500点（文書、写真、ポスター、図面、もの、書籍、映像を含む）
(3.2.1)	作成者名称　株式会社鈴木商会
(3.2.2)	組織歴または履歴　1900年創業、1930年7月に株式会社となる。1942年3月には、本社を横浜から東京へ移転。1981年3月に日本商会と合併し、本社を日本橋から銀座へ移転し、現在に至る。
(3.2.3)	伝来　百年史編纂室が収集・保存していた資料。百年史編纂室は、1992年3月に開設（当時は企画部広報課で担当）され、2000年3月に百年史を編纂、同年7月に解散された。その後、資料は総務部へ移管され、外部倉庫に保管寄託していた。2007年4月に広報課にアーカイブズ部門が設置されたため、外部倉庫から貴重資料のみをアーカイブズ部門管理の収蔵庫へ移動、現在に至る。
(3.2.4)	入手先　総務部、2007年4月
(3.3.1)	範囲と内容　株式会社鈴木商会に関連する組織文書のうち、2000年の自社百年史編纂のため集めた創業以来（1900年以降）の資料と創業者鈴木家の資料を中心とする。中には1840年頃の社外資料が含まれる。 経営資料　　　　（1900年～2014年） 商品・技術資料　（1911年～2014年） 従業員関連資料　（1918年～2014年） 創業者資料　　　（1860年～2000年） その他　　　　　歴代社長関連資料（1840年～2014年）、絵画（1945年～2013年）
(3.3.3)	追加受入　予定あり
(3.3.4)	編成　社外ほか、社内本社、社内支店、社内百年編纂室、関係会社、労働組合の6つのシリーズで構成されている。

ておらず、ある程度自由記述が許容されている。表2は、フォンドレベルの記述例である。

5-2 RiC

ICAでは、2012年から既存の記述標準であるISAD(G)、ISAAR(CPF)、ISDF、ISDIAHを1つに統合する記述方法の開発に取り組んできた。その結果として近年発表された新たな記述標準がRecords in Context(RiC)である。RiCは、以下の2つで構成される。

- RiC-CM(RiC Conceptual Model)[23]
  実体関連モデル(Entity-Relationship Model)を利用し、記録資料群や人、団体、業務・活動などを実体(entity)と属性(attribute)として記述し、それらの関係性(relationship)を示す概念モデル。既存の記述標準の重要要素を包含する。

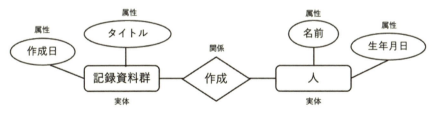

図4　概念モデルの例

- RiC-O(RiC Ontology)[24]
  OWL(Web Ontology Language)を用いてRiC-CMを表現するためのガイド。RDF(Resource Description Framework)データセットを作成するための語彙と規則を提供する。

RiCは、記述情報をこれまでの記述標準のように階層的にではなく、各要素が豊富な組み合わせで接続できるネットワークとして表現する。開発に

表3　記述の3つのカテゴリと標準

カテゴリ	例
内容 （情報の内容、順序、構文を指定）	ISAD(G), ISAAR(CPF), ISDF, ISDIAH DACS（Describing Archives：A Content Standard、アメリカ） RAD（Rules for Archival Description、カナダ）
形式 （情報を組織化する要素を指定）	EAD（Encoded Archival Description） EAC-CPF（Encoded Archival Context（Corporate Bodies, Persons, Families）） MARC（Machine-Readable Cataloging）
値 （一貫性のための正規化された用語リスト、統制語彙）	LCSH（Library of Congress Subject Headings） AAT（Art and Architecture Thesaurus） NACO（Library of Congress Name Authority Cooperative Program） TGN（Getty Thesaurus of Geographic Names）

10年という長い年月を要したが、この新しいアプローチは異なる表現の中で既存の記述標準の重要要素に対応しつつ、より柔軟な資料群の記述表現を可能にする。さらに、LOD（Linked Open Data）による情報提供の可能性を考慮すると、RiCは今後ISAD（G）に取って代わる可能性が高いと言える。

5-3　記述標準のカテゴリ[25]

　アーカイブズ資料の編成記述による成果物を活用するために、機関同士またはシステム同士で情報を共有するには、多様な情報の制御が求められる。表3は、内容、形式、値の3つのカテゴリで分類した記述情報に関する標準の例である。

　例えば米国では、アーカイブズ資料をDACS（Describing Archives：A Content Standard）に沿って記述し、その多階層情報を電子的に符号化するためにEAD（Encoded Archival Description）を活用することができるだろう。さらに、記述にある用語の統制のために、名前にはNACO（Library of Congress Name Authority Cooperative Program）を、主題にはLCSH（Library of Congress Subject Headings）を活用することも可能であろう。これらの標準化された記述情報は、後述するファインディングエイドにおいて力を発揮し、利用者が資料を発見するための手がかりを提供する。

　しかし、すべての標準に準拠することは容易ではなく、日本においては独

自の標準が求められる可能性もある。いずれの場合においても標準を選択する際には、将来の利用範囲や他の情報システムとの互換性を考慮する必要がある。

6　理論と実践

6-1　理論の応用

これまで、編成記述に関する理論について概説してきた。アーカイブズ資料は、膨大な量や内容の複雑さなどの理由により、実際の整理作業が理論通りに進まないことも多い。必ず保管型アプローチまたは機能的アプローチのどちらかを選択しなければならないわけではなく、2つのアプローチをミックスすることも、または、独自の手法を導き出すことも可能だろう。例えば、個人資料のように組織だって作成・管理されていない資料は、機能を分析することにメリットはない。また、資料群をフォンドではなくグループや大分類などの独自の概念で設定することもあり得る[26]。全てのアーカイブズ資料は、独自のコンテクストを有しており、それに基づいた固有の編成を持つことが可能である。アーキビストには、資料の特性を見極めながら出所と原秩序を的確に表現することで、資料を最大限に利用可能にする編成方法を導き出すことが求められると言える。

6-2　デジタル資料の編成記述

アーカイブズ機関でデジタル資料を受け入れることが、今後増えることは言うまでもない。しかし、デジタル資料はいつでも変更が可能で、再生機器がなければ読み取れない可能性がある。長期保存の観点からは、このようなデジタル資料の真正性、完全性、利用可能性を維持することは難しい課題である。そのため、デジタル資料を受け入れる際には、保存に必要な情報を把握し、改変を防ぐ対策が求められる。データがなぜ作成されのか、どのような環境で活用されていたのかに関するメタデータを早い段階で把握する必要

表4　紙とデジタル資料の整理過程の例

紙資料
1　受入
2　コンテクスト情報の収集
3　保存評価
4　知的編成の判断
5　編成
6　記述
7　アクセスツールの作成

デジタル資料
1　コンテクスト情報の収集
2　受入、保存評価、編成、記述
3　知的編成の判断
4　編成
5　記述
6　アクセスツールの作成

がある。また、破損はないか、データを扱うために特別な技術やソフトウェアが必要か、フォーマットや媒体の変換が必要かなども調査しなければならない。結果として、紙資料の整理に比べると、表4に示すように受入と同時にまたはその前に実施しなければならない作業が多い[27]。

7　ファインディングエイド

　ファインディングエイド（finding aid）[28]は、アーカイブズ資料の発見を助けるツールである。編成記述の成果として作成され、資料の物理的及び知的制御を可能にし、利用者が資料にアクセスして資料を理解することを助ける[29]。ファインディングエイドは、1940年前後米国で誕生した考え方である。その歴史を辿ると現在のファインディングエイドは、アーキビストが記述の作成・管理・提供の目的で活用してきたツールから発展している[30]。そのため、編成記述に関する背景知識がない利用者にはわかりにくい側面もある。

　ファインディングエイドは、多様なものが存在する[31]。ここでは、垂直と水平の2つのモデル[32]による分類を紹介する。垂直モデルは、資料群の上位から下位までのすべての階層を記述するもので、カタログや基本目録、リストなどが含まれる。これらは出所と原秩序の原則に沿った編成記述の成果であり、アーカイブズ資料に関する基本的な情報を提供する。一方、水平モデルは、資料群を内容で横断的にまとめる方法で資料に関する2次的な情

報を提供する。例えば、資料群別、主題別、媒体別などの大きなグループに
わけて資料の概要を紹介するガイドや、人物や場所などによる検索を助ける
索引などが含まれる。

　ファインディングエイドを作成する際は、実現可能性や必要性によって種
類や記述レベルを決めなければならない。例えば膨大な資料を管理する場合、
アイテムレベルまでの詳細なファインディングエイドを作成することは困難
な場合がある。また、利用者がアイテムの詳細な情報までを必要としない場
合もある。そのため、詳細なファインディングエイドを作成するために資料
を長期間非公開にするよりも、概要だけでも先に公開する方が利用者にとっ
て有益な場合がある。

　次節では、ファインディングエイドを提供する代表的な2つのソフトウェ
アを紹介する。

8　アーカイブズ記述管理システム

　アーカイブズ機関において記述情報の管理は、所蔵資料の管理に直結する
ものであり、ファインディングエイドを提供するためにも欠かせない。日
本では、自前のシステムを持つ機関が多いが、国際的にはオープンソース・
ソフトウェアを活用している事例も少なくない。代表的なソフトウェアに
AtoM（Access to Memory）[33]とArchivesSpace[34]がある。両方とも、アーカイ
ブズ資料の受入、編成、記述、利用提供に必要な基本的な機能を備えている。

8-1　AtoM

　AtoMは、ICAの支援のもとで誕生した。ICAが定める4つのアーカイブ
ズ記述標準ISAD（G）、ISAAR（CPF）、ISDF、ISDIAHに準拠している。ま
た、多言語に対応しており、日本語でも運用可能なメリットがある。製品
版が発表された2010年以降、利用者数は徐々に増加し2023年現在は、世界
中に200を超える導入事例がある[35]。国内の導入事例には、国立近現代建

図5 AtoMを用いた例 国立近現代建築資料館の「収蔵資料検索データベース」(https://db.nama.bunka.go.jp/より引用)

築資料館[36](図5)、渋沢栄一記念財団[37]、エル・ライブラリー[38]などがある。近年では、AtoMに関連する会合の増加やコミュニティ形成の動きもあり、今後導入事例が増えることが期待される。

8-2　ArchivesSpace

ArchivesSpaceは、米国で誕生した。もともと北米を中心に大きな支持を受けていたアーカイブズ資料のデータ管理のためのソフトウェアであるArchivists's ToolkitとArchonを統合させるプロジェクトが2009年から稼働し、2013年にバージョン1.0が発表された[39]。米国アーキビスト協会(Society of American Archivists)のコレクション管理分科会(Collection Management Section)では、大学を中心とした10の機関が作成したArchivesSpaceの利用マニュアルが紹介されている[40]。国内の導入事例には、大阪中之島美術館アーカイブズ[41](図6)がある。

オープンソース・ソフトウェアは、無料で誰でも使えることが魅力的だが、導入や運用において安定した技術的な支援を確保できない可能性も考えられるため、担当者の負担が増大するというデメリットもある。しかしながら、導入までには至らずとも、これらのソフトウェアの機能を試すことは自前のシステムを検証する際の参考になるだろう。例えば、アーカイブズ資料を集合的に扱うことが可能か、階層的な関係や資料同士の関係、資料と作成者の関係がどのように実装されているかなどを分析し、その結果をシステムの設計に活用することは有効であろう。

9　おわりに

本章では、コレクションの管理に密接に関わるアーカイブズ資料の編成記述をめぐる理論について概説した。伝統的な編成記述の理論や概念は、紙記録を対象にして発展してきているため、デジタル資料の保存とは関係ないと思われるかもしれない。しかし、アーカイブズの本質は媒体によって変わることはない。アーカイブズ先進国と言われる欧米の諸国でも、伝統的な理論を踏まえながらデジタル資料への対策を考えている。これが、「デジタル」をテーマにしているにも関わらず、伝統的な理論と概念について多くの紙幅を

図6　ArchivesSpaceを用いた例　大阪中之島美術館の「所蔵アーカイブズデータベース」
(https://archives.nakka-art.jp/repositories/resourcesより引用)

割いた理由である。

　世の中はデジタル時代と言われて久しいが、デジタル資料の編成記述の方法論は、急速に変化する技術とともに新しい課題に直面している。そのため、これに対応する手法の開発は現在も続いている。そして、デジタル資料を長期的に保存し、利用可能にすることは極めて重要であり、人類の営みや文化遺産を後世に残すために不可欠な取り組みである。しかし、日本ではこの分野における研究と実践の両面で遅れをとっており、具体的な事例の紹介も不足している。これからは、デジタル資料の編成記述だけでなく、資料を長期的に保存・利用できるようにするための多様なアプローチを試み、その結果を積極的に共有することが求められている。本章がその取り組みにおいて基盤となる共有認識を提供する上で、少しでも役立てば幸いである。

注
1)　ブリュノ・ガラン（大沼太兵衛訳）（2021）『アーカイヴズ 記録の保存・管理の歴史と実践』白水社, 10-12.
2)　シェパード, E・ヨー, G.（森本祥子ほか訳）（2016）『レコード・マネジメント・ハンドブック 記録管理・アーカイブズ管理のための』日外アソシエーツ, 21-25.
3)　日本語訳として「文脈」と表記するところだが、「コンテクスト」がより広く用いられているため、本章では後者を用いることとする。
4)　Millar, L. (2017) Archives principles and practices, Facet Publishing, 10-13.
5)　ISO 15489-1: 2016 Information and documentation ── Records management ── Part 1: Concepts and principles
6)　Williams, C. (2006) Managing Archives Foundations, Principles, and Practice, Chandos Publishing, 27-29.
7)　Pearce-Moses, R. (2005) A Glossary of Archival and Records Terminology, The Society of American Archivists, 22.
8)　Redwine, G. et al. (2013) Born Digital: Guidance for Donors, Dealers, and Archival Repositories, Council on Library and Information Resources, 2-6. 和文は次を参照のこと。塩崎亮訳「ボーンデジタル情報：提供者、仲介業者、保存機関のための手引き」（https://doi.org/10.15052/00003512）（最終アクセス：2023年11月6日）
9)　Millar (2017) 214-215.

10）　同上

11）　同上

12）　Millar (2017) 47.

13）　Millar (2017) 16.

14）　Pearce-Moses (2005) 280.

15）　Pearce-Moses (2005) 281.

16）　次を参考にした。International Council on Archives (1999) ISAD(G): General International Standard Archival Description, Second Edition, 10-11.

17）　同上

18）　シェパード（2016）83.

19）　シリーズシステムに関する和文は次が詳しい。森本祥子（2014）「アーカイブズ編成・記述の再考──シリーズ・システムの理解から──」『アーカイブズの構造認識と編成記述』国文学研究資料館編, 思文閣出版, 71-96.

20）　次をもとに筆者が訳・作成。Bettington, J. et al. (Eds.) (2008) Keeping archives, Australian Society of Archives Inc., 477-507.

21）　森本祥子（2003）「アーカイブズの編成と記述標準化──国際的動向を中心に」『アーカイブズ科学下巻』国文学資料館史料館編, 柏書房, 236-260.

22）　学術情報で検索できるデータベース・サービスであるCinii（NII学術情報ナビゲータ）で「ISAD(G)」をキーワードとして検索した結果（2023年10月26日現在）、ISAD(G)の適用や有効性、意義などについて検討した文献が57件（無関係な文献2件を除く）存在した。

23）　Intenational Council on Archives Expert Group on Archival Description (2023) RECORDS IN CONTEXTS CONCEPTUAL MODEL, Version 1.0 (https://www.ica.org/resource/records-in-contexts-conceptual-model/)（最終アクセス：2024年8月29日）

24）　International Council on Archives Records in Contexts Ontology (ICA RiC-O) version 1.0.2 (https://www.ica.org/standards/RiC/RiC-O_1-0-2.html)（最終アクセス：2024年8月29日）

25）　次を参考にした。Meehan, J. (2014) Arrangement and description: between theory and practice, Archives and Recordkeeping: Theory into practice, Brown C., Facet Publishing, 81-85. 齋藤歩（2016）「アーキビストは書誌情報検索システムをどう活用しているか 記述標準から考える」『情報の科学と技術』66 (4) 153-159.

26）　個人資料の編成記述については、次が参考になる。加藤聖文（2014）「近現代個人文書の特性と編成記述──可変的なシリーズ設定のあり方──」『アーカイブズの構造認識と編成記述』国文学研究資料館編, 思文閣出版, 181-199.

27) 表4は、次を参考にして作成した。Hamill, L. (2017) Archival Arrangement and Description: Analog to Digital, Rowman & Littlefield, 51-58.

28) 日本語訳は「検索手段」が用いられることが多い。

29) Pearce-Moses (2005) 168.

30) Wiedeman, G. (2019) The Historical Hazards of Finding Aids, The American Archivist, 82(2), 381-420.

31) ファインディングエイドの特徴と類型に関しては次が詳しい。坂口貴弘(2010)「現代公文書の検索手段はどうあるべきか：米国の州文書館における集合的記述方式の分析から」『国文学研究資料館紀要』6, 155-170.

32) Williams (2006) 72.

33) AtoM (https://www.accesstomemory.org/en/)（最終アクセス：2023年11月6日）

34) ArchivesSpace (https://archivesspace.org/)（最終アクセス：2023年11月6日）

35) 2023年11月6日現在、Artefactual Systems社が運営するAtoMの公式サイトに掲載されたリストによると、AtoMの導入事例は228件に上る。(https://wiki.accesstomemory.org/wiki/Community/Users)（最終アクセス：2023年11月6日）

36) 学習院大学(2018)『国立近現代建築資料館において採用するべき情報システムの比較検討業務報告書』117.

37) 金甫榮(2020)「アーカイブズ資料情報システムの構築と運用──AtoM (Access to Memory)を事例に──」『アーカイブズ学研究』32, 4-29.

38) 下久保恵子(2020)「ISAD(G)及びAtoMを用いた個人文書の編成・記述・公開──エル・ライブラリー所蔵「辻保治資料(近江絹糸紡績労働組合関係資料)」を例として──」『国文学研究資料館紀要 アーカイブズ研究篇』51(16), 147-160.

39) ArchivesSpace, History (https://archivesspace.org/about/history)（最終アクセス：2023年11月6日）

40) Society of American Archivists, ArchivesSpace (https://www2.archivists.org/groups/collection-management-section/archivesspace)（最終アクセス：2023年11月6日）

41) 松山ひとみ・井村邦博(2020)「[C32] ArchivesSpaceを用いた収集アーカイブズの情報管理」『デジタルアーカイブ学会誌』4(2), 221-224.

第 **2** 部

実践から学ぶ

第4章

とある草の根ゲームアーカイブの現状

松田　真

1　はじめに

　美術品、図書、出土品、公文書など、種々のアーカイブが既に存在している。アーカイブの対象はさらに多岐に渡るだろう。漫画の原画も刊本も、アニメのセル画も、ゲームも、開発資料などの中間生成物も、これら以外のどのような対象も、「人間がその気になれば」アーカイブの対象となり得る。

　アーカイブの制度的な裏付けはまだないが、保存して後世継承したいと思える対象を見つけてしまった時に、どうすればよいのか？　特に、この対象のアーカイブはこうあって欲しいという理想状態と現状との間に何らかの壁がある場合、民衆はその壁を見上げて諦めればよいのか。

　草の根アーカイブは、そのような理想と現状との間のギャップを地面から、「何とかしようとする」ことができる。ただし、確実に何とかできるという保証はない。コレクションの収集・維持・活用の各段階で、様々な困難にぶつかり得る。本章では、そのような困難さを認識した上であえて無視するなどの工夫をしながら、最終的なソリューションがまだ見えない段階でもアーカイブを前に進めることが可能な主体の一つである、草の根アーカイブについて、筆者の実体験に基づいて述べることとする。

　なお、下記の記載には、複数の立ち位置からの観点が入り混じっている。

読者の皆さまの混乱をなるべく軽減するため、筆者の属性をまず明らかにしておく。筆者はゲームの特許出願等も代理する弁理士であるため、ゲームとIT技術との観点が混ざる。日本弁理士会著作権委員会に長年所属していたので、著作権法をはじめとする法律の観点が混ざる。デジタルアーカイブ学会の法制度部会に所属しているので、アーカイブの観点が混ざる。また、司書と学芸員の資格を取得し、私立図書館を設立したので、司書や学芸員としての観点も混ざる。

2 ゲームアーカイブ

アーカイブの1つの対象として、ゲームがある。ゲーム以外のアーカイブ対象(例えばマンガ、アニメ、アートワーク等)についても記載するには筆者の経験が足りないので、それらをご期待の読者の皆さまには大変申し訳ないが、ゲームアーカイブに特化して記載する。

ここでいうゲームには、デジタルゲームとアナログゲームとが含まれる。デジタルゲームはビデオゲームとも呼ばれ、電気を使って表示装置にゲーム画面を表示させるタイプのゲームである。一方、アナログゲームは、例えば将棋やトランプなどのように、電気を基本的には使わないタイプのゲームである。さらに細かい分類もあるが、細かい分類を始めると分かりにくくなるおそれもあるため、本章では割愛する。

まず、アナログゲームのアーカイブについて述べる。アナログゲームは電気を使わないゲームであり、紙製のものなども多い。そのため媒体の特性が図書などと近い。実行環境にも依存しないので、ビデオゲームと比べると資料として扱いやすい[1]。また、アナログゲームは法律的にも扱いやすい。電気を使わないアナログゲームが「映画の著作物」に該当することは考えづらいので、著作権法第38条第4項の権利制限に基づいて、図書館等において非営利無料での館外貸出も可能である。実際に図書館でアナログゲームを貸し出している所もある[2]。すなわち、アナログゲームのコレクションには図書館

068 ──── 第2部　実践から学ぶ

等の領域における制度的裏付けが既にあると言えるだろう。従って今後は、制度的に既に可能なのであるから、図書館等が協力してアナログゲームのコレクション形成・維持・活用を実行し、活動を広げて行けばよい。

　一方、デジタルゲームは、プログラムデータを記録したカセットやDVD-ROMなどの記録媒体が経年劣化して読めなくなったり、実行環境が故障するといった、困った事態が起こり得る。特に、ゲーム機本体、接続用のケーブル、拡張RAMカセット、コントローラ等のハード／周辺機器を別途保存しておかないと、ゲームソフトだけ健在であっても結局はそのゲームをプレイできないことになる。つまりデジタルゲームのアーカイブにおいては、コンテンツそのものの保存だけでは全く足りず、実行環境の保全や修理という別の難題が生じる。また、ゲームの保存目的複製は、紙をコピー機でコピーしたり、紙をスキャンしてPDFファイルにするといったようにはいかない。例えば、コピープロテクトがかかっている媒体をどうやって技術的にコピーするか、そのコピーは合法か、コピー後のデータは正しく実行可能であるか、といった複数のハードルが立ちはだかる。図書館での貸出についても、ビデオゲームは「映画の著作物」に該当し得るため、下記4-5で後述するように、権利者の許諾無しでの館外貸出はできない。さらに昨今では、いわゆるレトロゲームの高騰化・希少化が進みつつあり、コレクションを新たに形成すること自体も難しくなってきている。

　コレクション論として上記を要約すると、デジタルゲームは、現物の高騰化・希少化が進んでいるためコレクション形成に難がある。現物は壊れるので、コレクションの維持にも難がある。また、後述するように、著作権法などの法令によって出来る事が限られているため、コレクションの活用にも難がある。

　未来の活用者である子孫に届くまでコレクションを形成し維持しようと考えた場合に、それを阻む壁はビデオゲームについては多くて高く、ソリューションを最後まで読み切るのが非常に難しい。しかし、これを逆に考えれば、特にデジタルゲームのアーカイブで生じる、難易度の高い諸々の壁を越

えることがもしできれば、他の対象をアーカイブする際に有益な知見を共有
できるのではないか、と筆者は考えている。そのため本章では、制度的な裏
付けが無いことに起因して最終的なソリューションが完全には見通せない中
で、とある草の根ゲームアーカイブ機関がどのように考えて、コレクション
形成・維持・活用を行おうとしているかを述べることとする。

3 草の根アーカイブ

　ゲームのアーカイブを試みる団体が既にいくつか発足している。有名な
所として、立命館大学ゲーム研究センター（RCGS）と、特定非営利活動法人
ゲーム保存協会とがあるが、それ以外にも多くの団体がある。

　諸団体の中の一つとして筆者は、「ゲーム寄贈協会」という一般社団法人
を2022年11月に設立し、代表理事としてゲームアーカイブの活動を行って
いる。また、上述の「特定非営利活動法人ゲーム保存協会」にも筆者は正会員
として参加している。アナログゲームのアーカイブを行う「アナログゲーム
ミュージアム」にも正会員として参加している。これら3団体の中では、自
身が代表理事を務める草の根アーカイブであるゲーム寄贈協会に一番多くの
時間を使っているため、そこでの経験を中心にして、以下記載することとす
る。

3-1 ゲーム寄贈協会の概要

　ゲーム寄贈協会（以下、寄贈協会、もしくは当協会と略記）は、2022年11
月1日に設立した完全非営利型の一般社団法人である（図1）。ゲームをプレ
イアブルな状態で150年後の子孫まで後世継承することを目的として活動し
ている。150年というのは、そのゲームについての著作権等が切れて、ゲー
ムが言わば「青空文庫化」するまでにかかる期間を想定している[3]。寄贈協
会のメンバー数は、本章執筆の2023年10月31日時点で14名である。また、
ゲームギフト図書館（以下、当館と略記）という、ゲーム、ゲーム機本体、周

辺機器、およびゲーム関連書籍等を図書館資料として所蔵する私立図書館[4]を2023年3月に設立している。

寄贈協会にはゲームアーカイブ哲学がある。「ゲームがプレイアブルに残らなければ、子孫はそのゲームを遊ぶか遊ばないかという選択そのものが出来なくなる。従って、選択できるという豊かさを子孫に残すために、後世継承の確率が上がると思しき行動を選んで実行する」というものである[5]。

図1　ゲーム寄贈協会のロゴ。子孫に届くように、ゲームというお宝を日本のあちこちに埋めていく、という活動方針を表現している。

3-2　メンバーの集まり方

寄贈協会は、設立から1年の間に、いつの間にか14人まで増えていた。代表理事である筆者は特別な力や才能などは持ち合わせていないので、とにかく動き回っていたところ、メンバーが新メンバーと引き合わせてくださったり、家族と行ったレトロゲームのイベントで偶然お会いしたゲームアーカイブの大先輩がメンバーになって下さったり、という形で、「ご縁」に基づいて仲間が増えている。人を集める工夫や告知などは全く行っていないのだが、周りのメンバーが、筆者が能力差を感じて落ち込むほどに凄い方ばかりなので、協会としては植物が増えるように自然に集まっている、という状況にある。

3-3　ゲームギフト図書館のゲームコレクション

筆者は司書でもあり学芸員でもあるので、150年後へのゲームの後世継承確率を上げるために、ゲームを図書館で収集する「図書館ルート」と、博物館で収集する「博物館ルート」の両方の筋を考えている。ゲームという対象を、「他者が享受可能な情報を具現化した媒体の1つ」として解釈した場合は、図書館ルートの方が、相性が良いだろう。ゲームという対象を、「劣化

する光ディスクやカセット、紙製やプラスチック製のパッケージ」等のような「物」として捉えた場合は、博物館ルートの方が、相性が良いだろう。上記の2つのルートのうち、現在は主に図書館ルートの方を追っている。すなわち、ゲーム、ゲーム機本体、周辺機器、およびゲーム関連書籍等を、「図書館資料として」収集しよう、という試みである。

2023年3月、東京都東久留米市に、ゲーム図書館を0から作るための部屋を借りた。その部屋に、ゲーム、ゲーム機本体、周辺機器、およびゲーム関連書籍等を「図書館資料として」収集している（大事な点なので、2回強調した）。

法上の図書館については、図書館法第2条には以下のように規定されている（下線は筆者が引いたものである）。

（定義）
第二条　この法律において「図書館」とは、図書、記録その他必要な資料を収集し、整理し、保存して、一般公衆の利用に供し、その教養、調査研究、レクリエーション等に資することを目的とする施設で、地方公共団体、日本赤十字社又は一般社団法人若しくは一般財団法人が設置するもの（学校に附属する図書館又は図書室を除く。）をいう。
2　前項の図書館のうち、地方公共団体の設置する図書館を公立図書館といい、日本赤十字社又は一般社団法人若しくは一般財団法人の設置する図書館を私立図書館という。

上記の定義に当てはめると、ゲームギフト図書館は、非営利型一般社団法人であるゲーム寄贈協会が設立した、ゲームという「図書、記録その他必要な資料」を収集し、整理し、保存して、一般公衆の利用に供し、その教養、調査研究、レクリエーション等に資することを目的とする施設であるため、図書館法上の私立図書館に該当する。

ゲームギフト図書館の所蔵資料数は、2023年10月31日現在で、ゲームソ

フトが約570本、ゲーム機本体(実行環境)が48台、ジョイスティック等の接続用周辺機器が24個、ゲーム関連書籍が10数冊などである(図2)。

書籍に関しては今後の収集を進める予定であり、ゲームソフト等の方が、収集が先行している。

ゲームソフトの本数に比してゲーム機本体の数が多いのは、実行環境が故障すると、その実行環境で動くゲームソフトもまとめてプレイアブルでは無くなることを懸念しているからだ。例えばゲーム機本体が1台、対応ゲームソフト300本があったとして、ゲームソフト2本が劣化

図2　ゲームギフト図書館の整理棚の一部。組織化を始めたばかりの頃

して読めなくなった場合でも、残り298本はプレイアブルな状態を維持できる。しかし、1台しか無いゲーム機本体が故障した場合は、対応ゲームソフト300本がまとめてプレイアブルではなくなる。そのためゲームギフト図書館では、ゲームソフトよりもゲーム機本体、周辺機器、接続用ケーブル等の実行環境の方をより重要視しており、可能な限り冗長化させるようにしている。

ゲームソフトの所蔵数が概数なのは、目下、組織化の作業中だからだ。「組織化」とは図書館用語であって、情報や資料を利用者の求めに応じて速やかに提供できるように、資料を分類整理して配架し、作者名、タイトルなどから資料にアクセスする助けとなる目録・索引等を整備するための、一連の過程のことをいう。先日、段ボール16箱分のゲームを受け入れたが、その組織化を、子供2人を寝かしつけた後にゲームギフト図書館に移動して夜な夜な進めている。そのため、当館の組織化に係る業務時間は主に23時～深

夜2時ぐらいとなっている。なお、当館における組織化の例については、下記3-7にて後述する。

　また当館は、ゲームの寄贈による受入を既に開始している。先日、新品未開封のソフトをありがたくお受入させていただいた。ご寄贈下さった方によると、国立国会図書館（以下、NDLと略記）等ではそのゲームは既に所蔵済であり、受入れ先が無い状態であったとのことである。どのアーカイブ機関も直面する問題だと思うが、アーカイブ機関の所蔵スペースにも、日々増加する資料を管理する人間の作業可能時間にも限界があるので、全ての寄贈対象を無尽蔵に受け入れる事は難しいだろう。例えばNDLであってもこの点は同様と思われ、NDL所蔵済の資料についての寄贈はお断りとなるケースがあるようだ。寄贈品の受入可否を「当館で」どう扱うべきかは、既に実働を開始しているので、やりながらの検討が必要な事項ではあるが、理想形としては「自館で受入不可なものは他館に受け入れてもらえるように他館にも当たってみる」のが良いのではないかと考えている。この「資料の相互融通のための他館とのネットワーク作り」の試みについては、下記3-8にてより詳しく述べる。

　少し話がそれるかもしれないが、RAID技術について少し触れる。記憶装置においてRAIDという冗長化技術がある。RAID1は「ミラーリング」とも呼ばれており、同じデータを複数のディスクに重複して記憶しておく。そうすると、1本のディスクに障害が発生しても、もう1本のディスクには同じデータが残っているので、データの消失を防止することができる。これと同じ原理で、アーカイブ対象となるビデオゲーム等も、NDLだけでなく、RCGS、ゲーム保存協会、当館……などのように複数機関に冗長化して保管しておくのが良いのではないかと筆者は考えている。この冗長化は、同じ資料を保存する機関が多くなるほど、150年後までゲームがプレイアブルに届く確率（当協会では「後世継承確率」と呼んでいる）が上がりそうなので好ましい。当協会のような小組織に過ぎない草の根アーカイブ機関が、単館で全てのゲーム関係資料をアーカイブするというのは現実的ではないので、やはり横の繋が

り、協力関係が必須になると考える。

3-4　新品未開封と開封済み

　ゲームギフト図書館では、主に「開封済み」のゲームソフトを収集している。なぜかというと、NDLが寄贈受入の対象としているのが、本章執筆時点においては「新品未開封」に限られているからだ[6]。少し昔に遡ると、筆者はゲーム寄贈協会を設立する前に、「寄託部」という部活動を行っていた。NDLは2022年12月時点で約7,200本点のパッケージ版ゲームソフトを主に納本制度（国立国会図書館法第25条）に基づいて収集しているが、2000年より前に発行され寄贈により受け入れたものは約400点のみである[7]。初代プレイステーションやセガサターンが発売されたのは1990年代の中盤ごろであり、スーパーファミコンの発売はさらに前であるから、筆者が学生時代に熱狂したゲーム達は、NDLでは現在、ほとんど収集されていないということになる。この、2000年より前に発行されたゲームの収集をもっと充実させるべきではないか、と筆者は当時考えた。ゲームのコレクターを探して、NDLに寄贈、あるいは寄託して頂く筋も考えたのだが、いわゆるレトロゲームは価格が高騰している。コレクターが苦労して集めたコレクションであって、かつ、今売れば高値がつくようなレトロゲームを、NDLに寄贈して下さいと他者にお願いするのは、さすがに申し訳ないし、無理筋だろう。

　寄贈ではなく寄託、すなわち所有権がコレクターからNDLに移転しない形態も考えたが、これも難しいものと思われた。アーカイブ機関に所有権が移らない「寄託」の場合は、その資料が劣化した時など、何らかの対応が必要になった時に、本来の所有者にお伺いを立てる必要が生じるだろう。もしその際に、本来の所有者が所在不明になって連絡がつかなくなっていたら、寄託を受けたアーカイブ機関は、資料が劣化していくのを、指をくわえて見ていることしかできなくなる。例えばそのような観点から、アーカイブ機関は、その資料についての所有権が移転しない「寄託」ではなく、所有権が移転する「寄贈」を好むのではないかと、当時、推測した。

以上のような検討の下で、なんの力も持たない民衆に出来ることは何か？　と考えて立ち上げたのが、「寄託部」という3名からなる部活動だった。弁理士としてゲームの特許などを扱って稼いだポケットマネーを部費にして、その部費で新品未開封ゲームを購入してNDLに寄贈する、という活動であった。寄託部としては14本ほど、新品未開封ゲームをNDLに寄贈した。なお、実際には寄贈を行っているので「寄贈部」と名付けるべきかについては迷ったが、「帰宅部」と音が一致する「寄託部」の方が、放課後にゲームをのんびりプレイできるような雰囲気が出るので、言葉の正確性を捨て、敢えて「寄託部」とした。制度的に裏付けがなく、「計算では仕組みがまだ成立しない」ことが分かっている状況において、それでも先に進もうとするならば、趣味化して楽しく進めばよい、という考え方に基づく。上記の部活動を一般社団法人化したものが「ゲーム寄贈協会」に相当するのだが、ゲーム寄贈協会が設立したゲームギフト図書館では目下、開封済み、新品未開封の区別無くゲームを収集している。その上で、図書館なのであるから当然ながら、収集したゲームを図書館資料として組織化する。この組織化の作業中に新品未開封ゲームが見つかることがある[8]。見つかった新品未開封ゲームは、NDLに寄贈するルートに乗せる。当館は上記のような形で、新品未開封はNDLで所蔵し、開封済みは当館で所蔵する、という棲み分けが出来るようにしている。

　アーカイブの観点から理想を言えば、すべてのゲームを新品未開封で揃えるのが良いだろう。新品未開封であれば、パッケージに封入されていたアンケート葉書や説明書なども綺麗なままで収集できるし、情報の欠損もなくなる。しかし、今実際に動ける範囲でその理想形が見込めないならば、出来る範囲でやるしかない。新品未開封よりグレードは落ちるが、何も集まらないよりは良い。草の根アーカイブ機関の一つとして、当協会はそのような考え方をしている。

　なお、RCGSやゲーム保存協会などのように、当協会よりも10年以上前からゲームを収集しているアーカイブ機関が日本には存在する。それらの機関

のコレクションの方が、当館のコレクションよりも質が高いと考えられる。

3-5　パッケージ版以外のゲームの収集

　ビデオゲームの入手方法としては、カセットや光学ディスク等が紙箱やプラスチックケース等のケースでパッケージ化された「パッケージ系電子出版物」として量販店に並んでいるものを購入するのが一般的であった。しかし昨今では、ダウンロードでゲームを入手する態様も普及している。例えば、コンビニエンスストアや量販店などで、ダウンロード用のコードが書かれた台紙を購入し、台紙に書かれたコードをゲーム機に入力して、ゲーム会社側のサーバからゲームをダウンロードしてインストールするといった形態である。スマートフォンアプリであれば、iPhoneのApp Storeや、AndroidのGooglePlayなどでアプリ名を検索してダウンロードするような場合もある。

　つまり、パッケージ版がそもそも存在しない「非パッケージ系」ゲームが今後増えてくることが予想されるが、非パッケージ系ゲームを今後どうやって収集していくか、という未解決の問題がある。現在、非パッケージ系ゲームは納本制度による納本対象とはなっていない。従って、考えられる理想的な収集方法は、非パッケージ系ゲームに対しても納本制度に基づく納本を義務付けることであると考えられる。例えば、ゲーム会社があるゲームをダウンロード可能な状態でリリースした場合、そのゲームデータをNDLに納本(納データ)するといった形態である[9]。それが、制度的な裏付けを「これからしていく」という方向性でのソリューションであり、王道であると筆者は考える。

　一方、王道を進むことができず、非パッケージ系ゲームについての納本制度が「日本には」無い、つまり「制度的な裏付けがない」現状のまま、それでもそのゲームを収集保存するには、どうすればよいだろうか？　一案として考えられるのは、「ネクソンコンピューター博物館方式」である。

　漫画家であり参議院議員でもある赤松健氏が先日、ネクソンコンピューター博物館を視察なさったのだが、その際に分かったことは、「ゲームを入

れた携帯電話本体をそのまま集める」という方策があることだ[7]。たとえば、非パッケージ系ゲームであるスマートフォンアプリがインストールされたスマートフォンそのものを収集すれば、ある程度は収集が可能である。この方式であれば、ゲームプログラムと実行環境の「両方」をまとめて1つとして収集できるので、良い方策のように思える。ただし、ネットワーク接続を必要とするゲームには、この方式では対応できない。そのようなゲームがインストールされたスマートフォン上でゲームを起動しても、「サーバに接続してください」等のメッセージが表示された画面で処理が止まる事などが予想される。

以上を踏まえて、草の根アーカイブであるゲームギフト図書館では、「出来る範囲でがんばる」という選択肢しか取れない。そのため、スマートフォンなどの実機を集めて、その実機にゲームをインストールして保存しておく、という活動を行う意思はある。しかし現状、そこまで手が回っていない[10]。

制度的な裏付けがないアーカイブである「非パッケージ系ゲームのアーカイブ」は、草の根アーカイブの1機関では正直なところ手に余るし、仮に草の根である程度保存できたとしても、ネットワーク接続機能のあるゲームには対応できないので結局片手落ちになる、というのが筆者の現状認識である。従って、非パッケージ系ゲームについては、「制度的な裏付けがある」アーカイブとして育って欲しいと筆者は考えている。

3-6　開発資料

ゲームアーカイブと言うと、最終製品、つまり「もう遊べるもの」が主に想定されることだろう。しかし、最終製品を生み出すまでの中間資料である「開発資料」も極めて重要である。そこに、開発者による試行錯誤の跡が如実に残っているからである。しかし、納本制度が法定納本の対象としているのは「出版物」に限られているので、開発資料は目下、納本対象とはなっていない。つまり開発資料も、「制度的な裏付けがないアーカイブ」に該当し得る。

民間では、株式会社バンダイナムコ研究所の「ナムコ開発資料アーカイブ

プロジェクト」[11]や、スクウェア・エニックス社の「SAVEプロジェクト」[12]などにおいて、開発資料がアーカイブされている。他のゲーム会社においても同様に、開発資料のアーカイブが見直されてくる可能性がある。

　これから新しくゲームを作る開発者にとって、かつてのゲームの開発資料は参考になる。つまりゲームの開発資料は、漫画の分野における「原画」や、放送の分野における「脚本」などと同様の立ち位置に在るもののように思われる。

　漫画における原画については、一般社団法人マンガアーカイブ機構が先日設立され、本格始動している[13]。一般社団法人マンガアーカイブ機構には本章執筆時点において、秋田書店、KADOKAWA、講談社、集英社、小学館、少年画報社、新潮社、白泉社、双葉社、リイド社、芳文社、日本文芸社、竹書房、宙出版、スクウェア・エニックスの15社の出版社が加盟している。つまり権利者が参画するアーカイブとなっている。これと同様の事が、ゲーム業界でもできないだろうか？　仮に、ゲーム会社が参画する「ゲームアーカイブ機構」が実現するならば、草の根アーカイブでは出来ないようなクォリティで、開発資料の保存と後世継承とが出来るようになるだろう。

　開発資料のアーカイブにおいては、秘密保持やセキュリティ保持が、パッケージ系ゲームよりもシビアに要求されることになるだろう。最終製品は市場に同じパッケージが多く出回っている、つまり公開情報である一方、開発資料には秘密情報が含まれるからだ。性悪説で考えたくは無いが、秘密情報が盗難被害に遭うことも想定される。そのため、草の根アーカイブ機関であるゲームギフト図書館としては、開発資料も図書館資料として受入対象としたいと考えてはいるものの、実際に受け入れることになった場合はセキュリティの確保が肝要だと考えている（例えば図書館における閉架のような、セキュアな空間を増やすなど）。

　「べき論」として、秘密情報を含み得る開発資料は、法定納本の対象を開発資料まで広げて「制度的な裏付けがあるアーカイブ」に変えるか、マンガアーカイブ機構のように、権利者が参画する機構で保存するのがより良い形であ

ると考える。

3-7　当館における組織化の例

　ここで、当館における組織化（Ver.0）の例を少しだけ紹介する。Ver.0と銘打ったのは、当館は館長による司書資格の取得も含め、何も無いところから試行錯誤を始めたばかりであり、仕様変更が今後発生すると予想されるからだ。図書館資料の数が数百件程度と少ない今のうちに、できるだけ色々と試してみたい。

(1)なるべく簡易な台帳と目録

　司書資格を取得した身としては、日本目録規則2018年版（NCR2018）やFRBRなどを考慮した目録を最初から作ってみたいところではある。かつて金融機関向けの株式システムを作っていた身としては、正規化されたしっかりしたDBを作りたいという欲もある。しかし、そこまでの作り込みを行っている時間が無い。仮にシステム化できたとしても、システムのバグ対応や更新などの保守を行うための時間も、それを外注するための資金も無い。そのため当館では現状、「しっかりした」目録の作成は潔く諦めて、Excelシートで極めてシンプルな台帳を作り、そこから開示用のデータを抽出して目録としている。

　当館の台帳および目録の設計思想は、図書館として極めて原始的で初歩的なものである。すなわち「利用者から資料請求のリクエストを受けた場合に、その資料の場所を特定できること」を実現すれば、当面は良しとする。なお、アーカイブとしてのレベルを今後上げて行こう考えており、ジャパンサーチとの連係を試すなどしていくに際しては、台帳と目録のレベル上げも必要になるだろう。

(2)複資料の推奨

　図書館には「複本」という概念がある。複本とは、図書館のコレクションの

中に同一の書籍、資料が複数冊あることをいう。図書館用語で表現すると、複本とは、体現形が同一である個別資料を複数コレクションする事を意味する。当館においては、複「ゲーム」、複「ゲーム機本体」、複「周辺機器」を大いに推奨している。ゲーム関連資料はいずれ壊れるので、ある体現形に属する個別資料をただ1つのみ所蔵する態様では、後世継承確率が上がらないからだ。従って当館は現在、既に所蔵済の資料も寄贈等によって受け入れるようにしている。各々の個別資料には、体現形が同じであっても別個の識別番号が付与される。作業をなるべく単純化するために、受入順に数字が増える8桁の10進数を識別番号としている。そのため、識別番号1000番と1201番が体現形としては同じもの、という場合があり得る。著作、表現形、体現形についての扱いの工夫については、後日考える。

(3)稼働確認フラグ

　図書館資料が図書である場合、その図書が「読めない」という事態はあまり考えられないだろう。しかしデジタルゲームの場合は、そのゲームが「プレイできない」という事が普通にあり得る。ゲームディスクが劣化している場合、ゲーム機本体が故障している場合、ゲーム機本体内の電池が切れている場合、周辺機器のケーブルが接触不良を起こしている場合、メモリーカードが壊れている場合など、原因は多岐に渡る。そのため、資料の現物がアーカイブ機関に存在するというだけでは、「プレイアブル保存」とは言えない。プレイアブルか否かを、精度は荒いものの管理するためのカラム（Excelの列）が、「稼働確認フラグ」だ。

　具体的には、資料を受け入れて、媒体ごとのお手入れを行った後、図書館員（すなわち筆者）が実機で実際にプレイしてみる。作業時間の関係でフル確認は無理筋だが、冒頭数分が問題無くプレイできた場合に、「稼働確認フラグ」の値を「Playable」としている。図書館の利用者からみると、目録に記載されたアイテムについて、正常稼働の実績があるか否かを事前に把握できるということになる。例えば、当館の想定利用者である「ゲーム開発者」が、新し

いゲームを産むために、過去のゲームの仕様を実際にプレイして確かめる、といったニーズが想定される。この場合に、「わざわざ図書館を訪れてみたら、壊れていて稼働しなかった」という無駄足の可能性をなるべく下げたい。稼働確認フラグの値は当協会ホームページでも公開している。

　なお、この稼働確認フラグの更新をどうしていくか、という今後の未解決課題がある。例えば毎年1回、全資料を稼働確認すると決めたとする。資料数が少ないうちは良いが、数千件を超えるような資料数となった場合に、作業時間が捻出できなくなる可能性が出てくる。また、ゲームの「保存」の観点からすると、電源を入れた瞬間にそのハードが壊れるというリスクもあるので、おいそれと稼働させられないというジレンマもある。このあたりのバランスをどう取っていくかという問題は、目下未解決だ。

(4)表記番号シール

　上記の識別番号とは別に、表記番号というカラムを設けている。こちらは、ゲームソフトであれば0001などの接頭辞無しの4桁、ハードウェアであればD0001などの、接頭辞"D"を付加した4桁で管理している。ただしゲームソフトの所蔵数が将来的に1万件を超えてくる可能性も0ではないので、桁数はもっと多くしておいた方が良いかもしれない。接頭辞を付加することについては、NDLの請求記号が、磁気ディスクや光ディスクなどの媒体ごとに異なる点を参考にさせて頂いた。ただしNDLと当館とでは体系が異なる。

　上記のように定めた表記番号をシールに記入して、資料を封入する中性紙封筒の端に貼り付けている。これだけでは中身の取り違えのリスクがあるので、例えば光学ディスクであれば中央の透明プラスチック部分にマジックで表記番号を記入するなど(NDLはこの方式を取っている)の手当てがさらに必要になる。

　なお、例えばファミリーコンピュータ用のカセットと、スーパーファミコン用のカセットでは形状が異なる。他のゲーム機についても同様であり、ゲームソフトの形状は多岐に渡る。そのため、1文字の接頭辞だけでは分類

の度合いが足りなくなることも予想される。添え字を追加するのか、"DA"などのように接頭辞の桁数を増やすのか、それ以外になるかは現時点では未定だが、資料の集まり具合と相談しながら考えて行きたい。

(5) タイトル表記

タイトル表記は非常に悩ましい。例えば、光ディスクにタイトルが英語で表記されており、パッケージの背にはタイトルがカタカナで表記されているような場合に、どちらを優先して正タイトルとすべきだろうか。また、カタカナと英語が併記されている場合に、両方を合わせたものを正タイトルとすべきであろうか。これらの表記のパターンは一意ではないので、結局のところ、「どういった方針で表記するか」を決めるべき、ということになる。

当館の現状の方針としては、パッケージと媒体とのうち「媒体」の記載を優先することにしている。なぜなら、当館は開封済みの資料も収集しているので、パッケージがそもそも欠落している資料が多く存在するからだ（NDLであれば、新品未開封のみを収集しているのでそのような事態は起こらない）。そのため当館では、確実に情報を入手可能な「媒体」の記載を優先としている。その上で、先行DBへの名寄せを、できる範囲で行う。具体的には、メディア芸術データベースやNDLのタイトル表記を参考にして、なるべくずれないように合わせる。この点、メディア芸術データベースでは、ゲームのタイトルが「別名」として数種類記載されていることがあるので、別名と一致するならば良し、という程度の、緩い基準での名寄せを行っている。将来的に他のデータベースと連携する際に、同じ体現形のもの同士を名寄せしやすくなるようにしたいが、現実を見ながらの作業になるので、今はこの程度しかできない。

ただし、表記の「原本」を最終的にどれに統一すれば良いかには迷いがある。書籍であれば例えば「版元ドットコム」の表記に合わせるというやり方がシンプルであり、某所ではそのやり方で作業をしていたのだが、ゲームの分野における「版元ドットコム」は何か、という所を1つに絞り切れていない。当館

の所蔵資料には、メディア芸術データベースには登録が無い資料も含まれる。この場合には、NDLを参考にすればよいか、それ以外の先行例の表記を参考にすればよいか、という点も悩ましい。例えばゲーム保存協会はNDLの所蔵を凌ぐほどのゲーム雑誌を収集なさっておられるので、ゲーム発売当時の雑誌を閲覧させて頂いて、雑誌に記載されている表記に合わせる、というやり方があるだろう（この辺りは、先方との要・ご相談事項である）。メディア芸術データベースも、各種のソースに基づいて情報を登録したとお伺いしているので、現時点においてはメディア芸術データベースの表記を参考にして名寄せを行うこととしている。

(6) コア資料とクラッド資料

　当館は、受け入れた資料を「コア資料」と「クラッド資料」とに分類している（コア／クラッド種別）。この分類に応じたカラムを設けることを考えている。単純に、コア資料であれば0、クラッド資料であれば1というようなフラグ情報にするか、それ以外の情報にするかは検討中である。コアクラッド種別の用途については、下記3-8にて後述する。

(7) ゆかり

　もう一つ追加を検討しているのが「ゆかり」カラムである。ゆかりとは、地域とのゆかりを意味する。

　当協会は目下、場所探しの旅をしている。なぜかというと、多くのアーカイブ機関やアーキビストから、場所が無くて困っている旨の「場所問題」をお伺いすることが多いからだ。国が場所探しをして下さる保証も現在はない。そこで当協会は草の根らしく、県、市町村などの自治体のあちこちに連絡を行い、例えば廃校や公民館などの「余っている空間」は無いかと尋ねて回っている。場所探しの旅は始まったばかりであるが、もし空間が見つかった場合、そこを汎用の「資料のプール用空間」として他のアーカイブ機関とも共用し、資料の「残念な」散逸を防げないかと考えている。なお、空き空間の共

用者はゲームアーカイブ機関に限るつもりはなく、MANGA（マンガ・アニメ・ゲーム）アーカイブの全体で共用したい。

　既にスタートしている場所探しの旅において、自治体のご担当者様から多く頂くコメントは、「うちの自治体にゆかりのある資料であれば考えるのですが……」というものだ。「ゆかり」というキーワードが出る事がとても多い。自治体ゆかりの資料であれば、郷土の文化と観念することもできるし、地域おこしにも資する可能性があるので、これは納得のコメントである。

　ならば、資料と地域との「ゆかり」を探して行けば、資料と、地域の空き空間との間のマッチング確率が上がるのではないか？　との仮説を筆者は持っている。その仮説を検証するためのカラムが「ゆかり」カラムだ。ゆかりカラムには、そのゲーム、ゲームのクリエイター、会社など諸々の属性を、例えばハッシュタグなどの形態で列挙したいと考えている。自治体の方がDBを検索する際に、ハッシュタグから、「うちとゆかりのある資料」を検索できるようにしたい。また、当館の図書館員が「ゆかり」を見つけてから、その地に実際にお伺いに行く、という使い方もできる。

　ただし上記は構想段階であり、まだ実装が進んでいない。作業量が間違いなく膨大なものとなるだろうから、資料数の少ない今のうちに試すか、フォークソノミー（利用者がタグ付け等を行うこと）の方向に持っていくかを考えながら進める必要がある。

3-8　MANGAアーカイブネットワークとコア／クラッド種別

　MANGA（マンガ・アニメ・ゲーム）は相互に親和性が高いジャンルではないだろうか。例えばマンガやアニメを原作としたゲームが開発されることがある。ゲームを題材としたマンガやアニメが作られることもある。そのため、マンガやアニメのアーカイブを支援すれば、回りまわってゲームのアーカイブにも有益であり、ゲームの後世継承確率が上がるのではないかと筆者は考えている。

　そのため当館では、マンガやアニメのアーカイブ機関との連携を進めてい

第4章　とある草の根ゲームアーカイブの現状｜松田 ──── 085

る。ありがたい事に、とあるマンガアーカイブ機関と、資料の相互融通についての話が進んだ（まだ公表段階ではないので、「とある」と表記しておく）。とあるマンガアーカイブ機関が収集した資料に、所蔵対象外であるゲーム関連資料が含まれることがあるそうだ。そのようなゲーム関連資料については当館でお預かりする。これとは逆に、当館が収集した資料の中に、当館が所蔵対象外とするマンガ資料があった場合は、先方にご連絡することとしている。つまり、「マンガ」「ゲーム」のジャンルをまたいだ資料の相互融通を行おうとしている。この相互融通は現状、2者間のものであるが、同様の連携を広げて行けば、MANGA全体のアーカイブ資料融通ネットワークになるのではないかと筆者は考えており、当館はそのようなネットワークの実現に向けて行動する。なお、MANGAに限られず、もっと広くジャンルをまたいだ方が良い可能性もある。本章をお読みになったアーカイブ機関の皆さま、ジャンルをまたいだアーカイブ機関間の資料融通にご興味おありの場合、当協会までご連絡を頂きたい。

　上記に関係して、当館は資料を「コア資料」と「クラッド資料」の2種類に分類している。光ファイバーの用語なのだが、光ファイバーは石英ガラスやプラスチックで形成される細い繊維状の物質であり、中心部のコアとその周囲を囲むクラッドの二層構造になっている。なお、クラッドのさらに周囲を被膜が囲んでいる。このような構造の光ファイバーに例えて、中心のコア資料とその周囲を囲むクラッド資料とを当館で扱うことにしている。

　当館は本質的にはゲームアーカイブ機関であるため、ゲームに関する資料がコア資料である。マンガやアニメなどに関する資料は、周囲を囲むクラッド資料である。コア資料だけでなくクラッド資料も受け入れた上で、コア／クラッドの別をホームページ等で明示する予定である。

　筆者自身の経験であるが、以前、セガサターンの本体をNDLに寄贈する旨の申し出を行ったことがあった。しかし残念ながら寄贈受入はお断りとなった。その際に思ったのが、「NDLの対象資料とならないのであれば、提携する他のアーカイブ機関に渡してくれれば、寄贈を希望する者はあちこち

の機関に打診して受入先を探しまわる手間も無くなり、効率的に収集と散逸防止とが進むのではないか？」というものであった。

そのため、草の根ではあるが自ら図書館を作った身としては、可能な限り、コア資料だけでなくクラッド資料も受け入れたいと考えている。また、受け入れた段ボール箱を開けると、中にクラッド資料が混ざっていることもある。

このような場合に、コア資料だけでなくクラッド資料についても目録を作って公開すれば、「当館におけるクラッド資料」をコア資料とする他館が見つかるかもしれない。つまり、ネットワークで相互接続されたジャンルをまたいだ各アーカイブ機関が、コア／クラッドの別も明示して所蔵目録を公開すれば、資料の流動性が促進され、その資料が「より適切な」アーカイブ機関に渡る確率が高くなり、結果的に後世継承確率が高くなるのではないか、と考えている。

4 草の根アーカイブで不足するもの

アーカイブにおいて慢性的に不足するものとして、人・物・お金・理解・権利（法律）などが挙げられることがある。草の根アーカイブもアーカイブであるため、これらは同様に不足する。

4-1 人

人は、活動を一緒に行ってくれるメンバーや、協力者などのことを指す。アーカイブは収集して終わりではなく、その後の維持・活用も考えていく必要があるので、地味だが多くの作業が発生する。寄贈協会の例でいえば、収集した中古ゲームを、専用液（カビの防止効果のあるもの）できれいに拭いて、中性紙封筒に個包装し、識別番号を書いたラベルを貼って組織化している。そのような組織化作業を、アーカイブ対象となる資料1つ1つに対して行うのだが、資料が500点あれば500回、その作業を行うことになる。資料が7,000点あれば7,000回、その作業を行うことになる。つまり、地味だがコ

ツコツと数をこなす必要がある。そのような「多数」を相手にする作業は、多くの人数で分担すれば早く終わる。お金があれば、人を雇うことができるのでメンバーを意図的に増やすことが可能であるが、草の根アーカイブにはお金が無いので、おいそれと雇用によって人を増やすわけには行かない。また当協会の場合、メンバーには本業があり、それぞれの業界において一線級で活躍している方が多い。つまり、メンバーは基本的に多忙であり、かつボランティアでもあるので、たくさんおまかせするわけにもいかない。そのため現状では、筆者が一人で夜な夜な、ゲームの組織化作業を進めている状態である。

4-2　物

　物は、アーカイブ対象である所蔵品(寄贈協会であればゲーム等)や、アーカイブ活動に必要な備品などである。当然のことであるが、活動を始めた初期は物が少ない。どうやって所蔵品を増やすか？　という問題もある。例えばゲームを買うにしてもお金が必要になるが、レトロゲームは現在、価格が高騰している。外国人観光客によるゲームの爆買いも発生しているようだ。浮世絵と同様に、日本で作られたゲームの球数が日本では減り、外国で増えるという現象がどうやら起こりつつあると思われる。寄贈を受け入れることによっても所蔵品を増やせるが、当協会の場合はそもそも認知度を上げるための行動をまだ取っていないため、寄贈をお受けする機会も今の所は限定的である。

　所蔵品が増えてくると、今度は、その所蔵品を管理するための物が多く必要になってくる。例えば、所蔵品が増えれば棚の増設が必要になる。所蔵品のお手入れの為の備品(当協会では、光ディスクをカビから防止するための専用液や、中性紙封筒など)が多く必要になる。

4-3　お金

　何を行うにしても、お金がかかるのが現実である。人を雇うにもお金がか

088 ──────　第2部　実践から学ぶ

かる。物を集めるのにもお金がかかる。物を保管する場所を維持するのにも
お金がかかる。寄贈協会に限らず、草の根アーカイブ機関はどこも、この金
策の部分に苦労しているものと思われる。特に非営利団体は利益を出すこと
ができないので、資金集めの手段は、自己資金、(企業などの賛助会員を含
む)会員から頂く会費、開催したイベントの参加者からいただく参加費、寄
付や寄贈、助成金などで賄うことが多いと思われる。寄贈協会の場合は、こ
の「お金周り」の算段が現状、十分ではない。特に寄贈協会は、利用者から利
用料金を頂くという手段を、目下「禁じ手」として封印しているため、他団体
よりも資金集めのための選択肢が少ない状態にある。

　非営利団体としては上記の通りだが、営利団体がアーカイブ事業を行うと
いう筋は当然に存在する。そしてその場合、非営利団体よりも多くのお金を
動かせるので、リッチなアーカイブが展開できる可能性がある。例えば、地
方自治体の図書館業務を、民間企業が指定管理事業者として肩代わりする事
例が多い。民間の指定管理事業者が運営する公立図書館をいくつか訪れたが、
建物も内装も立派であり、きれいで居心地が非常に良かった。非営利団体よ
りも多くのお金が動かせるだけでなく、営利事業としてお客様相手に培って
きたノウハウを発揮できるという利点が滲んだ結果だろうと思われる。

4-4　理解

　草の根アーカイブは、理解を得ることが極めて重要ではないかと考える。
上記のように、人も物もお金も不足しているのであるから、資本主義の世界
において何らかの目的を達成しようとした時に、「力で解決する」という事は、
基本的に出来ない。一般社団法人は「サービス」であるという言を、メンバー
の一人から先日教えて頂いたのだが、まさにその通りであり、皆さまに理解
してもらえること、喜んでもらえることをするのが良いと考える。そしてそ
うでなければ、草の根アーカイブは持続可能な態様で運営することができな
い。

　また、草の根アーカイブの運営においては、家族の理解もまた重要である

と筆者は考える。筆者の妻はゲームアーカイブ活動に対して極めて寛容であり、「自宅とは別に、図書館用の部屋を自腹で借りて図書館にする」といった行為まで許容してくれている。ゲームアーカイブ活動に使う時間を、本業である特許事務所の営業に当てれば、家の収入が増えることが自明であるにもかかわらず、である。一般的には、配偶者がここまで許容してくれるケースは稀かもしれない。つまりゲーム寄贈協会は、「家族の寛容さ」という協力によってなんとか成立している。

4-5　権利（法律）

アーカイブ機関は資料を後世継承できるように保存したい。しかし、保存のために違法行為を行うわけにはいかないので、法律の枠組みそのものが不足することがある。

アーカイブ対象となる資料は時間の経過と共に劣化するので、複製や媒体変換（マイグレーション）が必要になってくることがある。しかし、その資料が著作物である場合、原則として権利者の許諾無しには複製することが出来ない。すなわち、貴重な資料が滅失しつつあるとアーキビストには分かっていても、保存活動ができない場合がある。

もちろん、著作権が切れるまで待てば合法に複製が可能となるが、著作権は公表後70年や死後70年といった形で長い期間存続するので、権利が切れた頃には資料が完全に劣化または滅失していてどうしようもない、という事態も起こり得る。

つまり、資料の保存を行う際に、その行為が法に触れていないかを確認しながら進む必要があり、そもそも現行法ではその行為が出来ない場合もある。例えば図書館等は、図書館資料の保存のため必要がある場合ならば、その営利を目的としない事業として、図書館資料を用いて著作物を複製することができる（著作権法第31条第1項第2号）。しかし、図書館等ではない主体には、当該権利制限規定の適用は無い。そのため、他の権利制限規定の適用が無い限り、権利者の許諾無しでは複製を行うことはできない。

草の根アーカイブ機関もメンバーは必ずしも法の専門家ではないので、資料の後世継承のために必要な各種の行為のうち、どのような行為がセーフでどのような行為がアウトなのかがわからない（ので手を出せない）、という事態もあり得るだろう。アウト／セーフのラインが分からないので、資料を前にして保存の手が止まる可能性がある。

　逆に、アウト／セーフのラインが分かったとしても、現行法では合法に行うことができないと判明した場合は、資料を前にして確実に保存の手が止まる。この、法律に基づく限界線は、草の根アーカイブの組織運営にも影響を及ぼし得る。例えば、アナログゲームとデジタルゲームとでは、前者の方が組織を運営しやすい可能性がある。その理由は、合法の範囲内で出来る事が、アナログゲームとデジタルゲームでは大きく異なるからである。

　アナログゲームは、「映画の著作物」に該当しない可能性が非常に高い[14]。映画の著作物ではない公表済み著作物については、著作権法第38条第4項の権利制限規定の適用がある。

　　4　公表された著作物（映画の著作物を除く。）は、営利を目的とせず、かつ、その複製物の貸与を受ける者から料金を受けない場合には、その複製物（映画の著作物において複製されている著作物にあつては、当該映画の著作物の複製物を除く。）の貸与により公衆に提供することができる。

　つまり、非営利無料であれば、アナログゲームは貸与まで合法になっている。上記の規定を受けて、図書館等では実際にアナログゲームの館外貸出を行っている所もある。これを利用者の視点から見ると、実際にアナログゲームを借りて遊べるという「現世利益」を受けられるのである。「自分が利益を得られるのであれば……」と、アーカイブ活動に対する理解を利用者から広く得ることもできるだろう。

　一方、デジタルゲームは「映画の著作物」に該当し得ると考えられるが、著

作権法第38条第4項の権利制限規定は、映画の著作物については対象外である。映画の著作物についての権利制限規定は、著作権法第38条第5項になる。

5　映画フィルムその他の視聴覚資料を公衆の利用に供することを目的とする視聴覚教育施設その他の施設（営利を目的として設置されているものを除く。）で政令で定めるもの及び聴覚障害者等の福祉に関する事業を行う者で前条の政令で定めるもの（同条第二号に係るものに限り、営利を目的として当該事業を行うものを除く。）は、公表された映画の著作物を、その複製物の貸与を受ける者から料金を受けない場合には、その複製物の貸与により頒布することができる。この場合において、当該頒布を行う者は、当該映画の著作物又は当該映画の著作物において複製されている著作物につき第二十六条に規定する権利を有する者（第二十八条の規定により第二十六条に規定する権利と同一の権利を有する者を含む。）に相当な額の補償金を支払わなければならない。

　上記のように、所定の施設が、非営利無料であって、かつ「補償金を支払う」のであれば、公表された映画の著作物を、その複製物の貸与により頒布することができる。この権利制限規定を受けて、映画のDVD等が公共図書館で館外貸出可能になっていることがある。しかしビデオゲームについては、補償金を支払いたいと思っても、その補償金を「受け取る」団体が目下存在しないという状況にある。つまり、法においては補償金の支払いを前提に可能となっているはずのビデオゲームの館外貸出行為が、実際には出来ないということになる。制度的な裏付けがあるかのように見えて、実は実態が追い付いていない一例と言えるだろう。
　以上のように、アナログゲームとデジタルゲームとを比較すると、後者の方が、権利制限等に基づき合法に出来る行為の範囲が狭く、コレクションの活用についての制約が大きい状態だと言える。従って、活用に制約がある中で、コレクションの収集・維持のバランスを取る必要が出てくる。「ゲーム

をプレイアブルな状態で150年後の子孫まで後世継承する」という当協会の目的からすれば、現時点においてデジタルゲームを館外貸出できなくてもよく、150年後にゲームが届けば目的を達成できるのであるが、そのような状態について、「現世の利用者」はどうお考えになるだろうか。「現世利益を受けられない、自分達が利用できないもの」に、理解を示していただくことは果たしてできるだろうか。当協会は目下、この、「現世利益を最優先にできない」というジレンマを抱えた状態で、アーカイブ活動を進めている。子孫にギフトするよりも現世利益の方を優先とする考え方にシフトすれば、状況は変わるかもしれないが、果たしてその方針で、150年後の子孫まで本当に、ゲーム達はプレイアブルに届くだろうか。筆者の中で、いまだ明確な結論は出ていない。

4-6 時間

アーカイブ機関に不足しがちな要素として「時間」がある。人・物・お金・理解・権利(法律)に比べて、あまり言及されてきてはいないという印象であるが、実際に草の根のゲーム図書館を作った立場としては、「時間」こそ、最も不足する要素であると筆者は感じている。

コレクションの収集・維持には作業時間が必要であり、実際の作業において、時間との勝負になる局面がある。アーカイブ対象となる資料が単品や少数であれば「がんばる」だけで良い。しかし、アーカイブ対象となる資料が数百、数千という数になると、組織としてのシステム化が十分ではない草の根では「作業量の壁」が目の前に現れてくる。

ゲームギフト図書館では、所蔵するゲームの数はまだ数百本程度である。しかし、その数は増加傾向にある。組織化、目録作成等、何らかの作業をする場合、資料の数に比例して手数が増えるので、作業量が単純増加するのは極めて自然である。また、上記のように、非パッケージ系ゲームの収集などについての作業が進んでいないのも、時間の不足が根本的な原因である。

ここで上記の「人の不足」「お金の不足」が効いてくる。組織が進化すれば、

または、メンバーが多ければ、大量の資料も人海戦術で処理できるので、効率的に短時間で作業を終えることができる。しかし、草の根アーカイブは基本的に人が足りない。

　人が不足していても、お金が潤沢に使えるのならば、別途人を雇えば人海戦術を取ることが可能になる。AIやシステムを使ってなるべく作業を自動化することで、人間の作業量を減らすという工夫も当然考えられるだろう。しかし上述のように、草の根アーカイブはお金が潤沢であるともいえない。非営利型の組織の場合は特に、事業によって利益を生んでいるわけではないので、おいそれと人を雇う(つまり、ランニングコストを増大させる)わけにもいかない。システムについては、数千円〜数万円ぐらいの額のものであれば良いが、二桁万円のものにおいそれと手を伸ばすのははばかられる。

　人もお金も無いとなると、「自分でやってしまえばよい」という思考になる。つまりは力業、パワープレイである。草の根で力が無いのにパワープレイになる。ここで、生活をしながらどの程度の時間を捻出できるか、という時間の壁が出てくる。筆者には幼稚園と小学生の子供が居るが、2人の送り迎えや買い出しを行い、特許事務所を経営し、そして残った時間で図書館業務を行うことになるので、専業の司書と同等の作業時間を捻出することはできない。きわめて私的な論点で甚だ恐縮ではあるが、ボランティア、草の根での運営には、このような壁もある。

5　草の根アーカイブのメリット

　上記のように、草の根アーカイブは諸々の不足を抱えており、大きな事業を行う余力もない。その代わりに得られる大きなメリットは、なんといっても、「小さいが故の自由さ」だと筆者は考える。

　ゲーム寄贈協会の前身となる部活動である「寄託部」を始めるそもそものきっかけとなったのは、「NDLは新品未開封のゲームしか寄贈を受け入れない」という現状に対する不満であった。ゲーマーである筆者は、レトロゲー

ムが高騰化していることも知っていた。そのため、「ゲームはことごとく、アーカイブ機関としてのNDLに所蔵されている」という理想状態に到達するために、「これから新品未開封で集める」という手筋では、現状に沿わないだろうと考えた。

　コンサルタントであれば、現状をAs Isとして明確化し、理想の状態をTo Beとして明確化し、それらのギャップを課題として明確化した上で、課題を解決するためのアクションを考案する、というテンプレートで対応するかもしれない。弁護士であれば、上記のギャップに関して実際に生じた「お困りごと」を立法事実として把握し、その立法事実に基づいて、法律改正に繋げるかもしれない。政治家であれば、課題を議会などで周知し、立法や行政の枠組みで解決しようとするかもしれない。

　一方、筆者は民衆の一人に過ぎないのだが、「草の根アーカイブ」であれば民衆であっても始めることができる。しかも、上記のギャップを認識したその瞬間から、アーカイブ活動を始めることができる。ギャップを解決するための方策を、実際に地面で動き回りながら自由に模索できるし、0から1を生むための実験もできる。そのような活動の結果、ギャップが解消されるかどうかは、もちろん自身の努力にも依るだろうが、結局は社会がどう動くか次第だと思われる。繰り返して言及するが、草の根アーカイブが出来る事には限度があり、その限度は小さい。0を1にすることはもしかすると出来るかもしれないが、1を1,000や1万といった大きな数へとスケールさせることは出来ない。したがって、草の根が単体で地面に生えていても、それだけではアーカイブとして十分だとは言えない。他の草の根との間で横の繋がりを図ることも必要だと考える。草を生む土壌である皆さまの理解を得ることも必要だと考える。活動して見つかった知見(特に、成功体験、失敗体験)を汲んで国を采配して下さる、いわゆる「上の人たち」も必要である。

　そのような方々に向けて、今後も草の根アーカイブの1つとして必要なことを行いたい。また、ご指導ご鞭撻を賜りたい。

注

1) アナログゲームは形や大きさがバラバラなので棚に並べづらかったり、例えば将棋の駒が1つなくなるとゲームが出来なくなるのでコンポーネントの管理が必要になるなどの、固有の難しさはある。

2) 井上奈智・高倉暁大・日向良和(2018)『図書館とゲーム イベントから収集へ』日本図書館協会.

3) 例えば、著作権の存続期間を公表後70年ではなく死後70年(著作権法第51条第2項)で計算する場合を考える。ゲームクリエイターが20歳前後に個人でゲームに用いられる著作物(例えばシナリオ、絵、音楽など)を作り、長生きして90歳前後でお亡くなりになったと仮定すると、その著作物の創作時からおよそ70年後に死亡することになるから、死後70年である、創作時からおよそ140年後に著作権が切れることになる。実際にはもっと早く、小中学生の頃にゲームを作ることも当然あり得る。また、90歳より長生きすることもあり得る。そのため、暫定10年間のマージンを足して150年としている。なお、存続期間を「公表後70年」の方で計算する場合は、もっと前の段階で著作権が切れることになるが、長い方の期間で見積もっておくべきだと考えて、150年としている。また、「著作者又は実演家の死後における人格的利益の保護のための措置」を規定する著作権法第116条第1項があるが、差止請求や名誉回復等の措置の請求を行い得る主体である「その遺族」には、「孫」が含まれている。つまり、何らかの請求が可能な「クリエイターの孫」が死亡して、当該請求を行える者が存在しなくなる時期を見積もると、創作後150年後ぐらいではないかと想定している。しかし、実際には150年ではなく180年ぐらいかもしれない。

4) 図書館法第2条第2項。一般社団法人立の図書館は私立図書館に分類される。

5) 人間は神ではなく、またいわゆる「バタフライエフェクト」も発生し得るため、ある行為について、後世継承確率が確実に上がると断言することはできない。上がると「思しき」行為という認識までが、人間の能力の限界だと筆者は考える。

6) この対応は法律上の要請ではなく運用マターであると思われるので、変えることも可能ではないだろうか。

7) 漫画家 参議院 赤松健(2023)「プレイ可能な状態での「過去のゲームの合法的保存」について」(https://kenakamatsu.jp/articles/26197)(最終アクセス:2023年10月30日)

8) 段ボール16箱で受け入れた資料の中からは、9本ほどの新品未開封と思しきゲームが見つかった。次に手が空いたタイミングで、NDLへ寄贈する作業をすることになる。

9) ただし、実際に非パッケージ系ゲームに納本義務を課そうとする場合、要検討と
なる事項が数多くあると予想される。例えば、そのような制度はそもそも、ゲーム
会社に過度な負担をかけないだろうか。受け入れ側にゲームデータをセキュアに保
存管理する受け入れ環境が必要となるが、受け入れ環境を用意するための予算をそ
もそも取れるだろうか。また、ダウンロード系のゲームは頻繁にバージョンアップ
が行われたり、「クリスマス限定ミッション」等のような時期限定の更新も普通にあ
りえるので、収集する際のバージョン管理が、紙本における「版」の管理よりも複雑
になることが予想されるが、バージョン管理をどこまでの粒度で行うのか。……な
どの論点が予想される。

10) 「今後もやらない」という選択をすることは無いだろう。ただし、より後世継承
確率が高いと思われる方式が新たに編み出された場合は別である。

11) FANFARE「ゲームをアーカイブすることの大切さとは？「ナムコ開発資料アーカ
イブプロジェクト」」(https://funfare.bandainamcoent.co.jp/1115/)(最終アクセス：2023
年10月31日)

12) ファミ通.com「スクウェア・エニックスの開発資料保存計画"SAVE"が現在も進
行中。その方法や、記録メディアへの対策が語られた【CEDEC2022】」(https://www.
famitsu.com/news/202208/28273686.html)(最終アクセス：2023年10月31日)

13) Impress Watch「マンガアーカイブ機構が本格始動　原画収蔵に出版15社が協力」
(https://www.watch.impress.co.jp/docs/news/1526110.html)(最終アクセス：2023年10月
31日)

14) 映画の著作物に該当する可能性が無いとまで断定することはできない。例えば、
ボードゲームのギミックの一部として、液晶画面を用いて動画を流すもの等が、無
いとは言えないからである。

第5章

北米大学図書館におけるデジタルコンテンツのコレクション構築

カリフォルニア大学バークレー校の事例を中心にして

マルラ俊江

1　はじめに

　この章では、購入や購読契約を通して、あるいはそうでなくても、利用者にアクセスを提供することを意図して収集・管理するデジタルコンテンツを含む図書館のコレクション構築の活動を広く取り扱う。と言っても、筆者の勤務先はカリフォルニア大学バークレー校(University of California, Berkeley; UCB) C. V. スター東アジア図書館(C. V. Starr East Asian Library; EAL)であるため、フォーカスは専ら大学図書館であり、紹介する事例の多くは北米の大学図書館、とりわけUCあるいはUCBに関わるものが多いことをあらかじめ断っておく。

　また、この章では、「コレクション構築」(collection development)を「図書館が定めた優先事項とコミュニティや利用者のニーズ・関心に応じて図書館がコレクションを構築するプロセス」と定義し、「コレクション管理」(collection management)を「コレクションを構築した後にそれをどうするのか決定するプロセス」として両者を区別し、コレクション構築に重点を置くこととする。

2　図書館のコレクション構築——前提として

2-1　図書館が収集するデジタルコンテンツと物理的資料

　コレクション構築と管理に関する入門書の一つである*Fundamentals of Collection Development and Management*（第4版）の序章で、著者のペギー・ジョンソンは、21世紀に入ると専門職としてのコレクション構築の役割や価値に疑問が投げかけられるようになったとし、その要因として図書館がコレクション中心からサービス中心へとシフトしたことや、patron-driven acquisitions（PDA）、コンソーシアム購入、電子ジャーナルのビッグディール契約、電子書籍パッケージ、大規模デジタル化プロジェクト、デジタルコンテンツへの普遍的アクセス、オープンアクセスの成長等により、コレクション構築担当司書の責任内容がどのようになっていくのか不明瞭になってきているとしている[1]。ここに挙げられた近年の変化要因は多くはデジタルコンテンツに関わるものであるが、図書館でコレクションと言う際は、現在でも大半は図書館に所蔵される物理的資料、主に紙媒体資料である。

　具体的な例として、アメリカの研究図書館協会（Association for Research Libraries; ARL）発表の2021年度統計[2]にデータを公表している北米の大学図書館全117館の所蔵冊数データ（原文では「Volumes in Library」となっており、紙媒体資料と電子書籍を合わせた総数）に基づき、上位10位までを表1に示す。参考まで、北米の図書館としては最大の蔵書数を有する米国議会図書館（Library of Congress; LC）の統計は、表1の最下段に示した。電子書籍所蔵点数を所蔵冊数で割れば、全体に対する電子書籍の割合が算出できる（表1中、右端の列に示す）が、この表中最大のコロラド大学で29％となっている。この統計に含まれる電子書籍は、各図書館で購入ないしはリースしている資料でカタロギング済のものと定義されており、各館でデジタル化された資料及び修士・博士論文を含んでよいことになっているが、UCBの電子書籍点数については、所蔵資料でデジタル化されてHathiTrust[3]やUC Berkeley Library Digital Collections[4]において画像公開されている資料はこの数には含まれて

表1　2021年ARL統計：コレクション上位ランキング

ランク	機関名	所蔵冊数	電子書籍	電子書籍の割合
1	Harvard	20,258,361	3,039,176	15%
2	Toronto	16,666,855	3,156,403	19%
3	Michigan	16,134,583	4,080,038	25%
4	Yale	15,913,582	2,279,009	14%
5	Illinois, Urbana	15,564,902	1,828,886	12%
6	Columbia	15,221,165	3,432,863	23%
7	California, Los Angeles	14,166,096	3,203,324	23%
8	California, Berkeley	13,553,504	2,079,573	15%
9	Colorado	13,434,273	3,930,594	29%
10	Chicago	12,593,562	2,302,083	18%
	Library of Congress	155,506,903	2,396,563	2%

いない。つまり、電子書籍点数にデジタル化資料を含んでいるかどうかは、機関によってばらつきがあるのかもしれない。

　一方、北米の東アジア関連コレクションについては、アジア学会傘下の東アジア図書館協議会（Council on East Asian Libraries; CEAL）が同様に毎年統計情報を公表している。2021-2022年度CEAL統計に拠り、日本語の紙媒体資料所蔵冊数の上位10位までと、同じ機関の中国語及び韓国語資料の所蔵冊数、さらに米国議会図書館の東アジア言語資料所蔵冊数を表2に示す[5]。

　実は、CEAL統計でも電子書籍の所蔵点数は公表されているが、図書館によって統計データのばらつきが甚大であるため（報告されている電子書籍の所蔵点数は数百から数百万点におよぶ）、ここでは掲載しないことにした。このデータのばらつきこそが、北米の東アジア関連デジタルコレクション構築の現状を示唆しているように思える。数値を比較して見る限りにおいて、CEAL統計で報告されている電子書籍の所蔵点数は、ARL統計には必ずしも含まれていないように見えるし[6]、大量の電子書籍点数に含まれるのは主に中国語資料で、日本語資料は桁違いに少ない。さらに、LCを例外として、表1に挙げた各図書館の電子書籍所蔵点数は、表2に挙げた東アジア言語で書かれた紙媒体資料の総数より多いという事実を指摘しておく。

　物理的資料とデジタル資料との本質的な違いと優劣についてはいまだ議

表2　2021-2022年度CEAL統計：物理的資料所蔵冊数

ランク	機関名	中国語資料	日本語資料	韓国語資料
1	California, Berkeley	634,930	443,809	132,424
2	Harvard-Yenching	964,797	398,632	233,930
3	Columbia, Starr East	557,001	384,312	180,303
4	Michigan	512,502	358,440	92,694
5	Yale	n/a	n/a	n/a
6	Stanford	489,493	274,923	92,806
7	Chicago	563,246	262,905	98,564
8	Princeton	639,639	246,137	55,321
9	California, Los Angeles	396,632	219,222	78,008
10	Toronto	346,173	216,549	87,999
	Library of Congress	1,312,560	1,287,751	355,698

論が絶えないようだ[7]が、北米ではデジタルで利用できる資料が十分多いことを前提に、図書館の物理的コレクションの「適正規模化」(rightsizing)という考え方も広まってきている。*Rightsizing the Academic Library Collection*（第2版）の著者メアリー・E・ミラーとスーザン・M・ウォードは、「適正規模化」とは以下のような要因のバランスを取りながら、コレクションの最適な物理的サイズを維持する継続的なプロセスだとする[8]。

- 短期・中期で利用される可能性が高いカレントなコレクションを構築する
- 大半の新規購入で、紙資料でなく電子リソースを選択する
- その図書館固有の特徴あるコレクションを特定する
- 他機関が広く所蔵している利用頻度の低いタイトルを除籍する
- シェアードプリントのプログラム（主に大学図書館や研究図書館が協力して物理的コレクションを保持・構築・アクセス提供する）に参加して、コンソーシアムまたは地域内で利用が少な目のタイトルは減らし、その一方で時折の需要に対応するのに十分な利用可能点数を保持する
- 同一資料の、利用者が好む安定した電子アクセスに重複する物理的フォーマットのタイトルを除籍する

「適正規模化」の発想は、これまで何世紀にもわたって図書館が実施してきたjust-in-caseベース(「もし必要があった場合に備えて念のため」収集しておくというような意味)のコレクション構築戦略は、もはや持続可能ではなく、大半の大学図書館利用者にとって最善の利益にもなっていないという考えに基づく。今日、コレクション(紙資料とデジタルの両方をあわせて)は、研究支援、データリポジトリ及びデータ研究サービス、出版サービス、パフォーマンス・創造スペース等、大学図書館が提供する幅広いサービスの1つのコンポーネントに過ぎないと言うのである[9]。筆者は決してこの考え方に無条件に賛同するものではないが、大学図書館でもこのような考え方を耳にするようになってきたことをここで指摘しておく。

2-2　コレクション構築とコレクション管理

ここで一旦図書館が担う基本的な機能全体の中で、コレクション構築及びコレクション管理がどのように位置づけられるのかを考えてみる。図1は、UCB図書館が、利用者向けに紙媒体の本及びそれをデジタル化した本に焦点をあてて「本のライフサイクル」を大まかに示したものである[10]。図中にも書かれているように、各資料が辿る道筋はすべて同じとはいかないが、目標は知識を保存しそれを現在及び未来の研究者と共有することである。

まず図1の一番左は、様々な分野の専門司書が新刊本・古書を問わずコレクションに入れる紙媒体の本を選び、それを入手するプロセスである。これがコレクション構築の最初の作業であり、多くの司書は収書方針を示したコレクションポリシーに沿って選書する。このプロセスには寄贈本の受入れも含まれる。

次に、受け入れからOCLC Connexionを通したカタロギング作業へと本は移動する。この作業を経て、利用者は図書館のオンラインカタログ上で資料を検索できるようになる。

その次は、アクセス・ディスカバリー・シェアリング作業となり、ここで本は書架に配架されるか、デジタルであればオンラインでアクセス可能とな

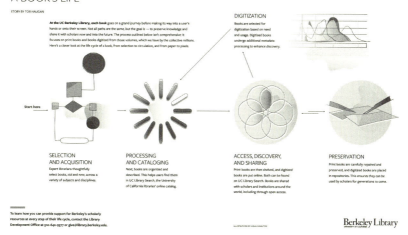

図1　A Book's Life (©2023 The Regents of the University of California, UC Berkeley Library. This work is made available under a Creative Commons Attribution-Noncommercial 4.0 license)

り、OPACを通して利用できるようになる。ここで、本は各利用者及び図書館ネットワークを介した図書館間貸出等のサービスを通じて世界中の機関に届けられるか、一部の資料についてはオープンアクセスで誰でも利用可能となる。また、利用を促進するためにガイド等が作成されたり、様々な教育セッションで取り上げられたりする。

　さらに、デジタル化というステップがある。ニーズに拠って一部デジタル化される本があり、デジタル化されればメタデータ作成等の作業がさらに加わるが、いずれまたアクセス・ディスカバリー・シェアリングへとつながっていく。デジタル化は館内のデジタル化チームの手で行われるとは限らない。GoogleやInternet Archive (IA) 等外部組織主導の大規模デジタル化プロジェクトや、小規模な特別プロジェクトでデジタル化を外注したりすることもある[11]。館蔵資料で館内でデジタル化されたもの、及び特別プロジェクトで外部のベンダー等に作製されたものは、UC Berkeley Library Digital Collectionsサイト

で公開される（一部著作権等の理由から公開できない資料については大学関係者のみ利用できる）。

　また、紙媒体資料については、資料によっては補修や保存のための処理を施す作業が必要なものもある。デジタル化された資料は、リポジトリで保存・活用される。いずれも長期にわたる利用を担保するために行う作業である。

　以上は、本の流れを追いながら同時に図書館職員の役割も大まかに示している。コレクション構築を担当する専門司書は、コレクション管理も担当することが多く、前述の様々な作業における個別資料の取り扱いに関して指示を決定する責任を負う。また、物理的・空間的制約を伴わないオンライン出版物については、利用者のリクエストから即座に購入に至る patron-driven acquisitions（PDA、ないしは demand-driven acquisitions とも言う）は例外にしても、電子書籍・電子ジャーナル・オンラインデータベースの購入やライセンス契約でも、オープンアクセスのコンテンツでも、コレクションに入れるか入れないかの決定は、概ねコレクション構築担当の専門司書が行う。ただし、UC には President Office に直属する California Digital Library（CDL）という組織があり、1997年の設立以来10キャンパスの図書館と協力して、利用者を UC 内外の膨大なデジタル及び紙媒体コレクションに結びつけるシステムを構築してきている。たとえば、3つ以上のキャンパスで共有する商用デジタルコンテンツについては、契約からカタロギング及びアクセス提供まで CDL とのコーディネーションが必要である。その場合は、各リソースについて UC ワイドのサブジェクトグループから司書が一人選ばれて、そのグループと CDL 及びキャンパス図書館の電子資料司書との間でリエゾンの役割を負う。また、CDL が扱うプロジェクトにはシェアードプリントもあり、UC の枠を超えたより広い地域での紙媒体資料の恒久的なコレクションの保存に貢献している。

　また、紙媒体資料のデジタル化からオンライン出版物の購入・ライセンス契約及びオープンアクセスの推進まで、デジタルコンテンツのコレクショ

104 ────── 第2部　実践から学ぶ

ン構築に関して合法的かどうか等の確認は、UCB図書館の場合はScholarly Communication & Information Policy（SCIP）という部署が行う。

3 デジタルコンテンツのコレクション構築

前節では、物理的資料（主に紙媒体資料）とデジタルコンテンツをあわせた図書館におけるコレクション、及びそれを支える各図書館職員の役割と図書館が提供する機能について大まかな全体像を示そうと試みた。ここからは、本書の主題であるデジタルコンテンツのコレクション構築と管理に焦点を置いて、様々な収集のアプローチと活動を紹介する。

デジタルコンテンツは、様々な経路で図書館が収集・管理するコレクションに統合されていく。デジタルコンテンツのコレクション構築と管理には、契約からアクセス提供まで多数の関係者の手を経るため、その手続きも複雑になる。ここでは、主な経路として、①商用デジタルコンテンツ、②オープンアクセス・オープンデータ、③館蔵紙媒体資料のデジタル化、④ウェブアーカイブ等ボーンデジタル資料の収集、を取り上げる。

3-1 商用デジタルコンテンツ
3-1-1 Eリソース優先ポリシー

商用デジタルコンテンツには、データベースやEジャーナルから電子書籍、さらにアーカイブ資料や各種データセットまで様々なリソースがあり、近年益々幅広くなってきている。北米の図書館では、紙とデジタルの両方で提供されるコンテンツの場合、以前から後者を優先させる傾向があったようだが、COVID-19パンデミックで紙媒体資料へのアクセスが著しく限定された時期を経て、その傾向は益々強まったように思われる。UCBでは、COVID-19で2020年3月17日にキャンパスがロックダウンとなった後、早くも同年4月にコレクション構築担当司書の間で、電子書籍の注文に関して基準が見直され、選書ツールGOBI Library Solutions[12]での注文に関して、紙媒体資料よ

り電子書籍の購入を優先させる新しいアプルーバルプランが実施されるように
なった。もちろん、書籍購入はすべてGOBIを通して行われるわけではな
い（一例として東アジア図書館ではほとんどGOBIは使わない）が、大部分は
そうである。さらに、電子書籍はPDAを含むパッケージに含まれているこ
とが多いので、個別の電子書籍を注文する際には、図書館が作成・管理して
いる電子書籍のパッケージリストで確認してからにするよう推奨されている
（2023年10月1日現在、UCB図書館では50を超える電子書籍パッケージを
利用している）。2022年度統計に拠れば、GOBIで購入した書籍18,373点の
32.5%（支出総額では約132万ドルの56.7%）が電子書籍だった。

　また、Eジャーナルについては、すでに2010年に新しくジャーナルを購読
する場合、あるいは継続中のジャーナルがオンライン版を発行するように
なった場合は、紙媒体で購読する必要があるのか様々な要因を考慮した上で、
特に必要が認められない場合は、Eジャーナルのみを注文するのが合理的と
されている[13]。

3-1-2　Just-in-time アプローチ

　前節でも触れたが、これまでの大学図書館による just-in-case ベースのコレ
クション構築戦略はもはや持続可能ではないという考え方が、図書館関係
者の間でよく聞かれるようになってきた。それに対して、just-in-time ベース
（「必要が起こった時に即座に提供する」というような意味）で図書館利用者の
ニーズに応える一方法として、北米の大学図書館では電子書籍について利用
者主導のPDAが広く採用されている。PDAは、北米では2000年代前半に実
験的に実施され、2000年代後半から注目を浴びるようになった[14]。この方
式では、通常図書館のOPACに未購入資料の書誌データが入っており、利用
者は購入済・未購入の区別なく必要な資料を検索の上、利用したい資料を見
つければ即座に利用でき、あらかじめベンダーと合意した条件を満たせば
自動的に購入になるというしくみである。UCでは、システムワイドで2013
年から複数の言語資料についてPDAのパイロットを実施しており、日本語

106　————　第2部　実践から学ぶ

資料については2014年から2017年までEBSCO社提供電子書籍から一時は2,800点を超える資料を選んで実施した[15]。現在は、丸善eBook Libraryで引き続き実施しているが、こちらでは丸善の所定プラットフォームでの利用となっている。紀伊國屋書店のKinoDenを合わせて、これら3社の電子書籍が海外の大学図書館ではよく使われている。

　最近では、PDAは電子書籍のみならず紙媒体資料のコレクションにも応用しようという事例もでてきている[16]。しかし、PDAには課題も多く、利用者主導のこのしくみではコレクションの質と多様性を担保するのは困難だし、図書館とベンダーとの関係や利用契約条件の変動等も起こり得ることから、継続的な管理が必要とされる。従って、PDAだけに依存したコレクション構築は現実的ではない。

　ところで、日本語の電子書籍については、早稲田大学図書館及び慶應義塾大学メディアセンターが立ち上げた「早慶和書電子化推進コンソーシアム」が、2022年10月から紀伊國屋書店をパートナーとして国内出版者5社提供の電子書籍1,200点を使った実証実験を実施するにあたって、以下のような課題を提示している[17]。

・大学図書館で購入可能なタイトルの少なさ
・冊子体と電子書籍出版のタイムラグ
・利用条件の制限(同時アクセス数、ダウンロード不可)
・メタデータの質と提供スピード
・購読モデルの選択肢の少なさ

とりわけ、利用条件の制限としてダウンロード不可というのは、図書館としては運用が困難と言わざるを得ない。UCで日本語電子書籍の利用が伸び悩んでいる所以の一つと考えている。また、メタデータの提供に関する問題は海外ではさらに状況が厳しく、日本のベンダーから提供されても基準が異なるためそのままでは使えない。北米では、数人のカタロガーが協働で、

NetAdvance社提供のJapanKnowledgeに含まれる1,000点を超える個別タイトルのメタデータを作成して、他の図書館の利用にも供した事例が報告されている[18]が、その後のメンテナンスも含めてこのようなプロジェクトの継続的な実施が望まれる。

3-1-3 ディスカバリーサービスの利用

UCでは、2021年夏から全キャンパス共通の図書館システム（UCではSystemwide ILS、略してSILSと呼ばれている）としてEx Libris社のAlmaとPrimo VEが導入され、その運営センターがCDLに置かれている[19]。ディスカバリーサービスは、OPACになるUC Library Search（UCLS）で提供され、各キャンパスでインターフェイスは少しづつ異なる。UCLSでは、複数キャンパスで同じ資料を所蔵している場合、その資料の書誌レコード上に全10キャンパス及び共同運営の遠隔保存図書館2館の所蔵データが一括表示されるようになっている。ジャーナル等でオンライン版が購入・購読されている場合、あるいはデジタル化してHathiTrust等から一部でも画像が公開されている場合には、紙版と同じ書誌レコードからオンライン版にアクセスが提供される。また、所属キャンパスで利用したい資料が所蔵されていない場合でも、利用者はUCLSで他のキャンパスやUC以外の図書館の所蔵を検索、そして利用したい資料を発見すればクリック一つで簡単にリクエストの手続きに進める。学外機関とのリソースシェアリングには、ベースとしてOCLCのVDXが使われている。さらに、書籍や雑誌のタイトルを超えたレベルでも、論文あるいは特殊コレクション及びアーカイブズ資料までを含む膨大なナレッジベースから利用者はキーワード検索ができる。

実は、UCBでアクセスがなくインターライブラリローン用リンクがついていた資料群の一つに、国立国会図書館（NDL）のインターネット公開済デジタルコレクションが入っていた。そこで、2023年7月に担当者に設定を変えてもらったところ、現在では「UC Berkeley Catalog」中にNDLデジタルコレクションが含まれるようになり、個々のレコードから容易にデジタル画像に

アクセスできるようになった。ただし、NDLデジタルコレクションのメタデータは日本語のみで、件名もついてないシンプルなものなので、UCB図書館作成の日本語資料の書誌データのようにタイトル等主要フィールドは日本語表記の他にローマ字表記があったり、米国議会図書館件名標目が付与されているのと比較して、利用者による発見可能性は低いと思われる。いずれにしても、上述のように、UCでのAlmaとPrimo VEの運用はまだ経験が浅いので、今後はナレッジベースの充実やディスカバリー機能の向上等様々な課題解決のために、日本及び世界で同システムを運用している機関との連携が重要になってくると考えている。

　こうした事例を考慮すると、ディスカバリーサービスでは、図書館のコレクションの捉え方がこれまでの考え方とは異なってきているように思われる。そこでは、紙媒体資料の「所蔵」コレクションよりは「アクセス」に重点が置かれ、シェアードプリントのようなコンソーシアムレベルでのコレクション管理や、オープンアクセスで自由に利用できる資料をも含めたコレクション構築が想定されていると言えるのではないだろうか。

3-2　オープンアクセス・オープンデータ

3-2-1　オープンアクセス(OA)の奨励と転換契約(Transformative Agreements)

　UCでは2013年7月に、雇用期間中に出版された教員の学術論文に関しては最終稿を機関リポジトリで公開するか、それができない場合は大学のAcademic Senateから承認を得なければならないとするオープンアクセス(OA)ポリシーが採用された[20]。さらに、2015年10月には上述のポリシーでは対象外であった大学院生・ポスドク・講師・司書を含む全職員を対象に、同様なOAポリシーが適用されるようになった[21]。このようなポリシーの根底には、UCの教職員は州立の大学システムの一員として、各々の学術成果をカリフォルニア州民及び世界の人々に自由に利用してもらえるよう提供すべきであるという考え方がある。かくして、UCB図書館でもコレクショ

第5章　北米大学図書館におけるデジタルコンテンツのコレクション構築｜マルラ ──── 109

ン構築担当者のためのマニュアルの一節に、コレクション担当者は「オープンアクセス事業、オープン教育リソース、オープンソースのパートナーシップ、及びデジタル化イニシアチブの推進に尽力する」と明記している[22]。

　実際、UCB図書館ではOA支援の方策として、2008年から図書購入費の一部を充当して教職員のOAジャーナルでの出版を助成してきた。このプログラムは、Berkeley Research Impact Initiative（BRII）[23]と呼ばれ、2023年度には研究者一人につき1年に1度、学術論文は2,500ドルまで、書籍は10,000ドルまでを上限にOAで出版するための資金援助を行っている。他に、査読システムを伴わない電子書籍の出版支援方策として、Pressbooksというプラットフォームを提供している。教員等が授業で使う自著の教科書をこのプラットフォームで公開している例もあり、こうすることで学生は無料で教科書を入手できる。

　さらに、UCでは教職員のOA出版の容易化及びコスト削減を目指して、図書館がシステムワイドで出版社との契約交渉にあたっている。いわゆる転換契約（Transformative Agreements）である[24]。契約内容は出版社によってまちまちだが、重要なポイントとして転換契約はジャーナルの購読とOA出版助成の両方を実現させるものであり、図書館にとってはこれによって費用が余計にかかることはないことを前提としている。大半のケースで図書館は教職員のOA料ないしは論文処理費用（article processing charge）として自動的に1,000ドルを支払う。さらに、教職員がOA出版のために利用できる研究費を有していない場合は、図書館はOA料ないしは論文処理費用を全額負担する。2023年10月現在、UCシステムワイドでそのようなOA出版契約を締結している出版社は24件にのぼる[25]。

3-2-2　データセットを取り巻く環境

　UCBキャンパスには、データ管理や収集、統計分析や計算ソフトウェアを含むデータ集約型のコースワークや研究等の学際的支援を提供する部署・プログラムが図書館を含んで、少なくとも5つ存在する。これらが、相互に

図2　UC Berkeley Library. Data Services Referral Guide（©2023 The Regents of the University of California, UC Berkeley Library. This work is made available under a Creative Commons Attribution-Noncommercial 4.0 license）から一部分[26]

協力しながらキャンパスのデジタルスカラーシップを支援している。図2は、それらの部署・プログラムが提供するデータサービスの内容を簡単にまとめたポスターの一部である。

　このような環境の中で、図書館は特に研究者が必要とするデータの探索と入手、データ管理や組織化、データリテラシー・データ出版や再利用、またデジタルヒューマニティーズ（DH）を支援する。データセットの入手には、購入という手段もあるが、研究者が自ら作成するデータセットもある。UCではCDLを通して、学術論文等の執筆に際して得られたデータセット等を保存活用する目的で、UCの教職員等にDryad[27]と呼ばれるデータリポジトリを提供している。その背景には、National Institute of Health（NIH）等の研究助成団体が、助成するプロジェクトに対しデータ管理計画と研究過程で得ら

れた科学的データの公開を義務付けていることがある。

　また、UCB図書館では、IAとの協働プロジェクトで、米国のDHの研究者たちがテキストデータマイニングを実践する際、国境を越えて直面する法的・倫理的問題について調査研究を行った。想定できるシナリオとして、国外の機関に所蔵される資料や外国のベンダーとのライセンス契約を通してアクセスできるリソース等をテキストデータマイニングに利用したり、そうでなくても外国の研究者と協働で研究をしたりというような事例は起こり得るのであるが、これはそのような場合にどのように対処できるのか、米国の研究者たちにガイダンスを提供しようとするプロジェクトで、その成果として白書とケーススタディが提示された[28]。学術研究や交流が益々グローバルに行われる現在、このような国境を越えた法的・倫理的環境の整備は資料を提供する側にとっても利用する側にとっても重要な問題であり、避けては通れなくなってきている。世界規模での理解と協力が必要であり、商用デジタルコンテンツについてはライセンス契約の内容の見直しも必要になるかもしれない。

3-3　館蔵紙媒体資料のデジタル化

3-3-1　特殊コレクションのデジタル化とその利用

　図書館が所蔵している主に紙媒体資料のデジタル化については、前述のようにUCではGoogleやIA等外部組織主導の大規模デジタル化プロジェクトもあり、これはCDLがコーディネートしているが、各キャンパス図書館が独自に行っているのは主に特殊コレクションのデジタル化である。ここで対象となる資料は、大半は著作権のない、ある程度古い資料群である。UCBの日本語所蔵資料の内、特に古典籍の収集については以前『書物学18　蔵書はめぐる——海外図書館の日本古典籍コレクション』に書いた[29]のでここでは詳細には触れないが、近年一部の北米の図書館で日本関連の特殊コレクションの収集が活発化している[30]のは、デジタル化によってその図書館固有のコレクションを公開し、グローバルに利用してもらえる可能性が高まっ

112 ——— 第2部　実践から学ぶ

たことと無縁ではないと思われる。

　UCB図書館では、特殊コレクションからデジタル化された資料については、Alma/Primo VEとは別のデータベースで管理し、デジタル画像へのアクセスはUC Berkeley Library Digital Collectionsサイトから提供している。一例として、Council on Library and Information Resourcesからの助成支援で外部機関によりデジタル化された日本古地図コレクションは、このサイトで公開されている[31]。特殊コレクションの一部は、他にもHathiTrustやDigital Public Library of America（https://dp.la/）、またカリフォルニア州にある図書館・文書館・美術館等の所蔵コレクションをメタデータのハーベストモデルで収集しアクセスを提供しているCalisphere（https://calisphere.org/）で公開されているものもある。これらのポータルでの公開及びUCシステム図書館が所有するデジタル画像データの長期保存は、CDLがコーディネートしている。

　さらに、日本語資料については立命館大学アート・リサーチセンター（ARC）提供のプラットフォーム上で、「カリフォルニア大学バークレー校C. V. スター東アジア図書館所蔵日本関連特殊コレクション」ポータル[32]を提供している。このポータルで公開されているデジタル画像は、ARCの学生や教員が撮影したもの、国文学研究資料館がマイクロフィルムからデジタル変換して国書データベースから公開しているもの、UCB図書館が北米日本研究資料調整協議会（NCC）からの助成金でデジタル化した写本『家伝集』146冊[33]を含む。また、このポータルでは、AI技術を活用した翻刻支援システムが登載されており、翻字テキストを作成したり、それを画像とともに表示することができる。COVID-19パンデミックで図書館が休館となっていた16ヶ月間の間には、このポータルから公開されていた画像資料を清泉女子大学の教員等が授業で活用して下さり、その成果として作成された翻字テキストもこのポータル上で公開している[34]。さらに、ARCが撮影したUCB所蔵資料の画像は、NDLがシステムを運用しているJapan SearchやCultural Japanでも一部検索できるようになっている。Cultural Japanで取り込まれているのは、「銅版画コレクション」から2,487点の画像だが、現物は1枚物や冊子体

やら472点で構成され、図書館のOPACでは一つのレコードとしてカタログされてしまっているものである。これは、従来コレクションレベルで整理されてきた資料が、そのコレクションの中に含まれる個々のアイテムレベルでメタデータを作成することによって発見可能性を高めることができるようになった一例である。このように、日本だけでなく海外を含めた所蔵機関の日本関連コレクションのデジタルアーカイブが、様々な経路で世界中の研究者に利用してもらえるインフラストラクチャーが整ってきてきている現状は、長年図書館で勤務してきた筆者には大きな励みであり、世界に散在する大勢の関係者等と共に所蔵資料のデジタル化をさらに推進していかなければならないと思う。

3-3-2　著作権保護下の資料のデジタル化とController Digital Lending

図書館で独自にデジタル化する資料には、教育支援が目的で著作権保護下の資料が対象となるものある。UCBでは、授業等で必要とされる資料で、商用デジタルコンテンツやオープンアクセスで入手できない場合、館蔵資料をデジタル化して「コースEリザーブ」として提供している。コースEリザーブは、COVID-19パンデミックで図書館が休館した時期にパイロットとして始まった取り組みだが、Controlled Digital Lending（CoDiLe）[35]の原則に基づいて、図書館が購入ないしは寄贈により合法的に入手した資料について、所蔵点数分だけ同時アクセスを利用者に提供し、その学期中は現物資料は誰も利用できないよう書架から取り出される。Eリザーブ資料へのアクセスは、オープンソースのコードを一部利用してUCB図書館が内部で開発したUC BEARSプラットフォームで提供し、デジタル化された資料のダウンロードと印刷は不可だが、利用者は一旦借りると2時間アクセスできる[36]。2021年から2023年までの夏学期を除く6タームの約1,700コースで、コースEリザーブが使われたとされる。

著作権保護下の資料のデジタル化のもう一つの事例として、UCB図書館では資料保存課とデジタル化チームが協働でBrittle Book（壊れそうに脆い

本)パイロットというプロジェクトを実施している。これは、よく使われる紙資料で劣化がひどく修復が困難なものについて、UCシステムで他に所蔵がなく、HathiTrustでまだデジタル化されていない場合に、資料の原装は壊しても中身だけは複製して利用可能な形に補強表紙をつけてバインドし、さらにデジタル化してHathiTrustに画像をデポジットするものである。頻繁な利用が見込まれる場合は、別のオプションとして、デジタル画像をCoDiLeで提供することも可能だと考えられているが、実際的なワークフローは現在調整中である。

3-4　ウェブアーカイブ

ウェブアーカイブと言えば、日本国内だとNDLのインターネット資料収集保存事業WARP（https://warp.da.ndl.go.jp/）、米国だとIAのWayback Machine（https://archive.org/web/）がよく知られているが、これらの事業が始まったのはそれぞれ20年以上前に遡る。その後、2003年にオーストラリア・カナダ・デンマーク・フィンランド・フランス・アイスランド・イタリア・ノルウェー・スウェーデンの国立図書館、大英図書館・米国議会図書館及びIAをメンバーとしてInternational Internet Preservation Consortium（IIPC）が結成された。今では、NDLも含めて、35ヶ国から50を超える国立図書館や大学図書館及び文書館等がIIPCに参加している[37]。IIPCの最近の成果の一つとして、IA提供のArchive-itでNovel Coronavirus（COVID-19）コレクションが公開されているが、ここでは2020年2月以降世界各国から16,000を超えるウェブサイトがアーカイブされている[38]。COVID-19については、IAもアメリカ救済計画（American Rescue Plan）の一環として博物館・図書館サービス機構（Institute of Museum and Library Services）から支援を得て、COVID-19 Web Archive[39]を公開している。ここでは、130機関から165コレクションが集められ、収集されたウェブサイトは80,000を超えると言われている。

上記のような国家レベル・世界レベルでなくても、個別の図書館やコンソーシアムレベルでのウェブアーカイブが大量に存在する。北米の日本

関連プロジェクトでは、ハーバード大学ライシャワー日本研究所のJapan Disasters Digital Archive[40]及びアイビープラス図書館連合(Ivy Plus Libraries Confederation)のQueer Japan Web Archive[41]が注目に値する。後者は、2019年2月以降、Archive-itで200のウェブサイトをアーカイブしている。カリフォルニア大学が関わっているプロジェクトの一つに、CA.GOV Web Archiveがあるが、これはカリフォルニア州立図書館・カリフォルニア州公文書館・スタンフォード大学とのパートナーシップで、カリフォルニア州立機関の1,300を超えるウェブサイトを2015年4月以降Archive-itでアーカイブするものである[42]。

4　おわりに

　以上、北米の大学図書館の事例を中心に、デジタルコンテンツのコレクション構築に重点を置いて、従来の紙媒体資料のそれとも関連づけながら、主な収集のアプローチと活動について簡単にまとめた。あらゆるレベルでOA化・デジタル化が進み、デジタルアーカイブがグローバルに普及した現代において、図書館が扱うデジタルコンテンツは一部は所蔵機関に縛られることなく利用が大いに容易化されたが、もう一方では所属機関によって、あるいは分野によって、利用者の特定の資料に対するアクセスの格差は広がっているように思う。日本の商用デジタルコンテンツは、前述のように特に大学図書館で購入可能なタイトルが少ない上、図書館間貸出が不可だったり、同時アクセス制限やダウンロード不可のものがあったりと利用条件が欧米のそれと比較して課題も多く、日本研究に関わる利用者の資料へのアクセス状況は他分野の研究者のそれとかなり違ってきている。著作権保護下にある資料のアクセス提供という意味で画期的なNDLの図書館向けデジタル化資料送信サービスでさえ、利用できる環境にある日本研究者は海外では非常に限られている[43]。

　そのような中でも、各図書館が館蔵資料、特に特殊コレクションのデジタ

ル化をさらに推進していけば、グローバルに利用できる日本研究資料コレクションを協働で構築していくことができるのだろうが、近年それを推進してきた国文学研究資料館の「日本語の歴史的典籍の国際共同研究ネットワーク構築計画」プロジェクトには、まだ海外の図書館はあまり参加できていない。海外の図書館では、予算や人材の確保等の問題もあって、自館で日本語資料のデジタル化を推進するのは必ずしも容易ではなく、ここでも所蔵機関による格差が生まれている。DH・デジタルスカラーシップの支援等を実施できるような専門知識を持つ図書館員はさらに少なく、北米の日本研究司書の多くはDH等に関する特殊な利用者のニーズに応えるのが困難な状況にある[44]。さらに、DHプロジェクトの支援については、成果等への恒久的なアクセスは維持できるのかという課題もあるだろう。日本研究資料へのグローバルなアクセスと日本研究の長期的発展を支援するために、私たちは所属機関の枠を超えた世界規模での協働を益々推進していく必要がある。

注
1) Johnson, P. (2018) *Fundamentals of Collection Development and Management*, 4th ed., ALA Editions, xi.
2) Association for Research Libraries (2023) *ARL Statistics: 2021*, ARL.
3) HathiTrustは、2008年に学術利用のための共同リポジトリとして設立され、200を超えるメンバー機関が所蔵資料の画像をここに集約してデジタル化コンテンツを保存活用している。カリフォルニア大学のCalifornia Digital Library (CDL) 及び各キャンパス図書館は、HathiTrust設立以来のメンバー機関である。2023年8月21日更新のCDL提供データに拠れば、HathiTrustに蓄積された1,800万点の画像データの内460万点はUCBを含むカリフォルニア大学所蔵資料である。CDL, "About CDL" (https://cdlib.org/about/); CDL, "Where to find our books" (https://cdlib.org/services/pad/massdig/where-to-find-our-books/) (最終アクセス：2023年10月24日)
4) University of California (UC), Berkeley Library, "Digital Collections" (https://www.lib.berkeley.edu/find/digital-collections) (最終アクセス：2023年10月24日)
5) Ni, D., Ito, M., Kim, E., Yang, A., & Doll, V. (2023) "Council on East Asian Libraries Statistics 2021-2022 for North American Institutions," *Journal on East Asian Libraries*, 176, Article 4, 36-63. (https://scholarsarchive.byu.edu/jeal/vol2023/iss176/4) (最終アクセス：

2023年10月24日）。表2のデータは、上記統計に掲載された以下の表に拠る。Table 2: Holdings of East Asian Materials of North American Institutions as of June 30, 2022. 尚、Yaleについてはこの年の情報は欠如しているものの、その前年のCEAL統計では日本語資料所蔵冊数は305,003と報告されていることから5位と推定した。

6)　前掲注5)のTable 5: Total East Asian Collections of North American Institutions as of June 30, 2022中 "Total Electronic Books Held" 欄に記載された数値は、最大8,772,472となっているが、同じ大学図書館のARL統計では電子書籍数は3,203,324となっている。

7)　以下はこの主題について最近刊行された一論文で、参考文献に海外での多くの論考が挙げられている。Sieben, J. & Pei, W. (2023) "Physical or Digital: The Fundamental Challenge of Modern Collection Development," *Contemporary Issues in Collection Management*, Open Education Alberta, 7-42. (https://openeducationalberta.ca/ciicm/chapter/physical-or-digital-the-fundamental-challenge-of-modern-collection-development/) (最終アクセス：2023年10月24日)

8)　Miller, M. E. & Ward, S. M. (2022) "Rightsizing Your Collection," *American Libraries Magazine*, 53 (5), 42. (https://americanlibrariesmagazine.org/2022/05/02/rightsizing-your-collection/) (最終アクセス：2023年10月24日)。尚、この小論文は、以下からの抄出とされる。Miller, M. & Ward, S. (2021) *Rightsizing the Academic Library Collection*, 2nd ed., ALA Editions.

9)　Miller, M. & Ward, S. (2022) 前掲, 40.

10)　UC Berkeley Library, "A Book's Life" (https://www.lib.berkeley.edu/sites/default/files/BookLifecycleGraphic.pdf) (最終アクセス：2023年10月24日)

11)　前掲注3)の同ウェブサイトによれば、2023年8月21日更新のCDL提供データでUCBを含むUC所蔵資料の430万点がGoogleにより、20万点がInternet Archive (IA) によりデジタル化されている。

12)　EBSCO, "Build the Best E-book Collection with GOBI" (https://www.ebsco.com/sites/g/files/nabnos191/files/acquiadam-assets/E-Books-in-GOBI-Product-Guide.pdf) (最終アクセス：2023年10月24日)

13)　UC Berkeley Library, "Journals: Digital Preferred and Purchasing Print" (内部資料)

14)　Ramsey, M. (2023) ""Just in Time" Collection Development: Background and Current Challenges," *Contemporary Issues in Collection Management*, Open Education Alberta, 222. (https://openeducationalberta.ca/ciicm/chapter/just-in-time-collection-development-background-and-current-challenges/) (最終アクセス：2023年10月24日)

15)　マルラ俊江 (2018)「カリフォルニア大学における日本語電子書籍DDAの取組み

――2014年から2017年までの経過報告」『情報の科学と技術』68(1), 31-37.

16)　以下の論文でBrigham Young University の事例が紹介されている。Walton, R., Maudlin, J. & Bunderson, J.(2022)"Patron Drivers, Patron Impacts: Investigating Potential Patron Impacts of Moving to a Patron Driven Acquisition Model for Print Books," *Collection Management*, 47(4), 272-285.

17)　酒見佳世・竹澤紀子(2023)「早慶和書電子化推進コンソーシアム――早慶の新たな取り組み」『カレントアウェアネス-E』no. 451(E2575)(https://current.ndl.go.jp/e2575)(最終アクセス：2023年10月24日)

18)　Sugiyama, Y., van Ballegooie, M., & Rocha, F. T.(2016)"Harnessing the Power of the Cooperative: Improving Access to the JapanKnowledge E-Resource Collection," *Journal of East Asian Libraries*, 163, Article 4.(https://scholarsarchive.byu.edu/jeal/vol2016/iss163/4)(最終アクセス：2023年10月24日)

19)　CDL, "Systemwide ILS(SILS)"(https://cdlib.org/services/d2d/sils/)(最終アクセス：2023年10月24日)

20)　UC Academic Senate, "Open Access Policy for the Academic Senate of the University of California Adopted 7/23/2023"(https://osc.universityofcalifornia.edu/wp-content/uploads/2013/09/OpenAccess_adopted_072413.pdf)(最終アクセス：2023年10月24日)

21)　UC, "Policy Open Access"(https://osc.universityofcalifornia.edu/wp-content/uploads/2015/11/UC-AP-15-0275_Open-Access.pdf)(最終アクセス：2023年10月24日)

22)　UC Berkeley Library, "Core Role and Responsibilities of All Selectors"(Selector Liaison Manual)(内部資料)

23)　UC Berkeley Library. "Berkeley Research Impact Initiative(BRII)：Program Description"(https://guides.lib.berkeley.edu/brii/description)(最終アクセス：2023年10月24日)

24)　尾城孝一は以下の論文中、転換契約を「大学図書館あるいは大学図書館コンソーシアムによる、学術雑誌に係る出版社への支払いを購読料からオープンアクセス出版料に移行させることを意図」するものと定義づけている。尾城孝一(2020)「学術雑誌の転換契約の動向」『カレントアウェアネス』(344), 10.(https://current.ndl.go.jp/ca1977)(最終アクセス：2023年10月24日)

25)　UC Office of Scholarly Communication, "OA Publishing Agreements and Discounts"(https://osc.universityofcalifornia.edu/for-authors/publishing-discounts/)(最終アクセス：2023年10月24日)

26)　UC Berkeley Library Data + Digital Scholarship Services, "Data Services Referral Guide"(https://drive.google.com/file/d/16j5SYSCx7479S_0dPIApoTv8XiXkgTEv/view)

（最終アクセス：2023年10月24日）

27）CDL, "Dryad"（https://cdlib.org/services/uc3/dryad/）（最終アクセス：2023年10月24日）

28）Samberg, R., Vollmer, T., & Padilla, T.（2023）"Legal Literacies for Text Data Mining – Cross-Border（"LLTDM-X"）: White Paper"（https://escholarship.org/uc/item/5k91r1s1）; Samberg, R., Vollmer, T., & Padilla, T.（2023）"Legal Literacies for Text Data Mining – Cross-Border（"LLTDM-X"）: Case Study"（https://escholarship.org/uc/item/1w03f9r2）（最終アクセス：2023年10月24日）

29）マルラ俊江（2020）「太平洋を渡った日本古典籍」『書物学』18, 36-43. 尚、この特集号では、他にハワイ大学・ホノルル美術館・米国議会図書館・オックスフォード大学・ケンブリッジ大学のコレクションがハイライトされている。

30）その一例としてペンシルベニア大学の事例を紹介する以下の論文がある。Des Jardin, M. & Williams, M. P.（2019）"Leveraging Local Networks and International Partnerships in Japanese Collection Development." In *The Globalized Library: American Academic Libraries and International Students, Collections, and Practices*, ed. Y. Luckert & L. I. Carpenter, 199-210, Chicago: ACRL. 尚、北米の東アジア図書館のコレクション構築については以下の著作が参考になる。Zhou, P. X., ed.（2010）*Collecting Asia: East Asian Libraries in North America, 1868-2008*, AAS, Inc.; Yang, J., ed.（2022）*Beyond the Book: Unique and Rare Primary Sources for East Asian Studies Collected in North America*, AAS, Inc.

31）"Japanese Historical Maps"（https://digicoll.lib.berkeley.edu/search?ln=en&cc=Japanese+Historical+Maps）（最終アクセス：2023年10月24日）

32）カリフォルニア大学バークレー校C. V. スター東アジア図書館所蔵日本関連特殊コレクション（https://www.arc.ritsumei.ac.jp/lib/vm/UCB/）（最終アクセス：2023年10月24日）

33）North American Coordinating Council on Japanese Library Resources, Comprehensive Digitization and Discoverability Program, "Pilot Case 3: *Kadenshū* 家伝集"（https://guides.nccjapan.org/cddp/pilot-cases）（最終アクセス：2023年10月24日）

34）前掲注32）中、「清泉女子大学担当翻刻プロジェクト」（https://www.arc.ritsumei.ac.jp/lib/vm/UCB/C/C2/）（最終アクセス：2023年10月24日）

35）図書館のCoDiLeの考え方については以下が詳しい。Hansen, D. R. & Courtney, K. K.（2018）"A White Paper on Controlled Digital Lending of Library Books"（https://controlleddigitallending.org/whitepaper）（最終アクセス：2023年10月24日）

36）UCBのEリザーブについては以下に詳述した。マルラ俊江（2022）「海外機関にお

ける図書館送信サービスの利用とControlled Digital Lending——カリフォルニア大学バークレー校の事例」『専門図書館』308, 29-35.

37）International Internet Preservation Consortium, "About IIPC"（https://netpreserve.org/about-us/）（最終アクセス：2023年10月24日）

38）"Novel Coronavirus（COVID-19）"（https://archive-it.org/collections/13529）（最終アクセス：2023年10月24日）

39）"COVID-19 Web Archive"（https://covid19.archive-it.org/）（最終アクセス：2023年10月24日）

40）Japan Digital Research Center at Harvard University, "Japan Disasters Digital Archive"（https://jdarchive.org/en）（最終アクセス：2023年10月24日）

41）Ivy Plus Libraries Confederation, "Queer Japan"（https://archive-it.org/collections/11854）（最終アクセス：2023年10月24日）。関連記事に以下がある。中村治子（2019）「米・アイビー・プラス図書館連合のQueer Japan Web Archive」『カレントアウェアネス-E』（376）.（https://current.ndl.go.jp/e2177）（最終アクセス：2023年10月24日）

42）"Archive of the California Government Domain, CA.gov"（https://archive-it.org/collections/5763）（最終アクセス：2023年10月24日）

43）マルラ俊江・原田剛志（2023）「図書館向けデジタル化資料送信サービスへの北米からの参加の現状と今後への期待」『カレントアウェアネス』（355）, 8-10.

44）ポーラR. カーティス（後藤真・川邉咲子翻訳）（2023）「北米におけるデジタル・ヒューマニティーズと日本研究の現状——発展、協働、そして課題」『カレントアウェアネス』（356）, 6-10.（https://current.ndl.go.jp/ca2042）（最終アクセス：2023年10月24日）

第6章

収蔵品情報の集約と展開を
目指す際のデジタルアーカイブ
編成

阿児雄之

1　はじめに

1-1　博物館の収蔵品情報とデジタルアーカイブ

　博物館におけるデジタルアーカイブは、各機関が収蔵する資料ならびにその資料に含有される情報をデジタルコンテンツとして整備し、学術研究や商業利用・個人利用など数多くの利用目的に応えられるよう公開・提供しているものと捉えられている。本章では、博物館の収蔵品情報が、どのような活動を経て整備され、ウェブにデジタルアーカイブとして公開されるのか、そして、どのようにしてインターネットを介しデジタルアーカイブ間で流通されるのかに着目する。併せて、東京国立博物館の収蔵品情報を具体的事例として取り扱い、収蔵品情報がデジタルアーカイブシステムを含む複数の業務システムならびにウェブサービスと連携し集約・展開しているのかという仕組みを紹介し、その中で抱えている課題を述べる。これら現状の課題整理と解決への検討が、デジタルアーカイブのコレクション論について議論を進める起点のひとつになるであろう。

122 ————　第2部　実践から学ぶ

1-2　博物館のデジタルアーカイブにおける用語の定義

　まず、本章で用いる語句について整理したい。本書は、学術分野(図書館情報学やアーカイブズ学)・資料種別(文字資料や映像資料)・運用機関(図書館や個人)という点において、多様な視点からの論考で構成されている。これらは近隣領域にあると言えど、同じ用語であっても、それが用いられる文脈・背景が異なるため、用語が持つ意味に差異が生じてしまう。この差異を念頭におくことが大事であり、最初に博物館の視点から本章における各用語の意味を整理する。

　〈デジタルアーカイブ〉について、福島はこれまでに関連分野研究者らによって発表されてきた定義を整理し、「社会が遺すことを選択した／すべき知識情報基盤としてのデジタルデータとそれにまつわる仕組みの総体」と定義している[1]。本章においても、広くはこの定義に従い、博物館に限って見た場合において、デジタルデータの対象を「収蔵品ならびに博物館諸活動にまつわる情報」としたい。

　次に、重要な用語は〈コレクション〉である。博物館におけるコレクションは、一般的に博物館が収蔵する資料全般を指すが、時には、資料収集過程や調査研究時において、ある一定のまとまりをもった資料群をコレクションと称する場合もある[2]。また、博物館に存在する資料は、その所有状態によっても区別される。本章では、博物館自らが購入や寄贈によって取得し所有権を有しているものを「所蔵品」、寄託行為を経て博物館が管理・活用しているものを「寄託品」と称し、これら「所蔵品」と「寄託品」をあわせて、「収蔵品」としたい[3]。しかし、そうすると、博物館が収蔵する資料に対して、〈コレクション〉という言葉が指し示す対象が、収蔵品・所蔵品・寄託品のいずれであるのかを定義することは難しい。よって、本書全体を通じて極めて重要な用語であるのだが、本章において〈コレクション〉という表現を使用する場合は、その都度、コレクションが指し示す対象範囲を示しながら述べることとする。

　さらに、定義の必要な用語が〈目録〉と〈カタログ〉である。博物館における

第6章　収蔵品情報の集約と展開を目指す際のデジタルアーカイブ編成｜阿児 ──── 123

目録とカタログについては、田窪・水嶋・田良島らによって詳細に解説されているが統一的な定義はなされておらず、一部解釈の相違も見られる[4]。田窪は博物館(情報学)と図書館(情報学)の比較を論じるにあたり、所蔵品に関する情報を記したものを〈目録〉とし、展覧会出陳品や、ある作家やある資料分野・分類で括られた資料群に関するものを便宜的に〈カタログ〉としている。水嶋は図書館情報学においてcatalogueを「目録」、cataloguingを「目録作成」や「目録作業」という日本語に対応させているとした上で、catalogue(仏)とinventaire(仏)という語の発生や、1950年代の日本における棚橋源太郎や鶴田総一郎らの著書にあたり、歴史的経緯を整理しつつ博物館における〈目録〉の意味を位置付けている。そして、田良島は日本近代初期以降の博物館における〈目録〉の歴史をたどり、台帳の整備から目録の刊行に至る過程ならびに目録に記載される項目の構成を整理している。

　これらの論考に共通する点は、博物館資料の登録を経て、資料調査の成果記述として整備された公開物が〈目録〉であるということである(図1)。この〈目録〉に〈カタログ〉という語をあてることも間違いではない。しかし、博物館を話題とした場合、田窪が述べているとおり、〈カタログ〉=展覧会カタログ・展覧会図録のみを示すという印象が強いため、本章では〈カタログ〉という言葉を極力用いず、〈目録〉を使用する。すなわち、目録の種類によって、収蔵品目録、寄贈品目録、図版目録(図録)、出陳目録、展覧会図録などの表現を用いる。一方、資料の取得登録時に作成される、目録の基礎となる記録帳簿(原簿)を〈台帳〉と称する。これは、水嶋の論考にもあるinventaire(仏)・inventory(英)である。

　さらに、川口は、改正博物館法で新設された事業への理解にあたって、デジタルアーカイブと、これら〈目録:カタログ Catalogue〉と〈台帳:インベントリー inventory〉についての意味整理を交えた報告をおこなっている[5]。着目している新設項目は、(博物館の事業)第3条第1項第3号「三　博物館資料に係る電磁的記録を作成し、公開すること。」である[6]。この事業内容について、報告では「博物館法の一部を改正する法律の公布について(通知)」[7]と

図1 東京国立博物館発行の図版目録類

「博物館法施行規則」[8]を参照しつつ整理している。

『博物館法の一部を改正する法律の公布について(通知)』において、「電磁的記録を作成し、公開すること」が「デジタル・アーカイブ化」と言い換えられたことにより、博物館資料の記録という側面が薄まってしまっているという川口の指摘は、注視すべき点である。「電磁的記録の作成」を「デジタル・アーカイブの構築(ウェブでの情報公開)」とするのではなく、川口が述べているように、博物館における電磁的記録は、展示や貸出、修理などの博物館事業に伴って、継続的に記録・更新されている動的なものであるという点を忘れてはならない。加えて、「博物館法施行規則」における、第19条第1項「博物館資料に係る電磁的記録」と第3項「博物館資料の目録」との関連性が見えにくくなっているとも述べている。第3項における「目録」は、カタログ(catalogue)ではなく、インベントリー(inventory＝資料台帳、登録原簿)の意味で用いられていると理解すべきとしている。

（博物館の体制に関する基準を定めるに当たり参酌すべき基準）

第十九条　法第十三条第二項の文部科学省令で定める基準であつて、同条第一項第三号に規定する博物館資料の収集、保管及び展示並びに博物館資料に関する調査研究を行う体制に係るものは、次の各号に掲げる事項とする。

一　博物館資料の収集、保管及び展示(インターネットの利用その他の方法により<u>博物館資料に係る電磁的記録を公開する</u>ことを含む。第四号、第二十一条第一号及び第二十四条第一項第二号において同じ。)並びに博物館資料に関する調査研究の実施に関する基本的運営方針を策定し当該方針を公表するとともに、当該方針に基づき、相当の公益性をもつて博物館を運営する体制を整備していること。

二　前号の基本的運営方針に基づく博物館資料の収集及び管理の方針を定め、当該方針に基づき、博物館資料を体系的に収集する体制を整備していること。

三　前号に規定する博物館資料の収集及び管理の方針に基づき、所蔵する<u>博物館資料の目録</u>を作成し、当該博物館資料を適切に管理し、及び活用する体制を整備していること。

（引用：「博物館法施行規則」　著者一部下線加筆）

　ここまで本章に関わる用語が意味することについて各種論考を紹介してきたが、それら用語を整理すると次のとおりである。以降、これらの用語定義にて話を進める。

・デジタルアーカイブ Digital Archive：社会が遺すことを選択した／すべき知識情報基盤としてのデジタルデータとそれにまつわる仕組みの総体。特に収蔵品ならびに博物館諸活動にまつわる情報が中心となる。
・コレクション Collection：所蔵品と寄託品などで構成される収蔵品全

般を指す。また、それらの内、一定のまとまりをもった資料群を指す場合もある。

・目録 Catalogue：博物館資料としての登録を経て、資料調査の成果記述として整備された公開物。収蔵品目録、寄贈品目録、図版目録(図録)、出陳目録、展覧会図録などの種類がある。

・台帳 Inventory：資料の取得登録時に作成される、目録の基礎となる記録帳簿(原簿)。

2　東京国立博物館における収蔵品情報の集約と展開

2-1　学芸業務支援システム：protoDB

東京国立博物館の収蔵品情報が、学芸業務と関連して、どのように生成・集約され、各種ウェブサービスへと展開しているか概観する。また、情報展開の各段階におけるサービスやシステムが、どのような役割を担っているかについても紹介する。この収蔵品情報の流通過程を知ることによって、博物館におけるデジタルアーカイブの特性を垣間見ることができるであろう。

東京国立博物館の収蔵品情報は、最も基礎となる「列品台帳」や「寄託品台帳類」を列品管理課に在籍する研究員・職員が整備をおこなっている[9]。この列品台帳を管理するシステムとは別に、日々の学芸業務にまつわる諸情報を集約する学芸業務支援システム〈protoDB〉(プロトディービーと呼んでいる)が存在する。東京国立博物館の研究員・職員は、普段、このprotoDB上にて学芸業務を進めている。

protoDBは、ミュージアム資料情報構造化モデル[10]をベースとして、設計開発されたシステムである[11]。所蔵品と寄託品はもちろん、購入・寄贈受入等を検討している段階の作品についても、その基本情報を格納している。あわせて、複製品や関連資料類についての情報も格納している。ミュージアム資料情報構造化モデルは、資料自身にまつわる情報項目と、資料に発生するイベント情報項目から構成される。取得、貸借、修理、展示などの学芸業

第6章　収蔵品情報の集約と展開を目指す際のデジタルアーカイブ編成｜阿児 ————— 127

務の記録(イベント情報項目)を取り扱う点において、列品台帳とは異なる情報群を取り扱っていることがわかるであろう。また、学芸業務で取り扱う資料は所蔵品に限らないため、先に述べたように、将来的に収蔵品として取得する可能性がある作品や、展示に供する複製品の情報も含まれている。

そして、業務記録を取り扱うといっても、業務結果を単に保存するというだけではなく、業務担当者が取得・展示・修理などの内容を協議する会議資料作成をprotoDB上にておこなうため、現用記録を保持していく方針をとっている。そのため、protoDBにて管理されている情報は、学芸業務の進行に伴って日々更新されている。さらに、このprotoDBを軸として館内外の各種サービス・システムへと収蔵品情報が展開していく仕組みを東京国立博物館では構築している(展開の仕組みについては後述)。

なお、このような機能を有するシステムは、一般的に、「収蔵品管理システム」と呼ばれているが、protoDBで更新・保存されていく情報は、主として収蔵品(時に、収蔵品以外も含む)に関わる学芸業務の記録が中心であるため、本章ではあえて「学芸業務支援システム」と称した。

2-2　国立文化財機構所蔵品統合検索システム：ColBase

ColBaseは、国立文化財機構に属する4つの国立博物館(東京、京都、奈良、九州)と2つの研究所(東京、奈良)の所蔵品、および皇居三の丸尚蔵館の収蔵品を横断的に検索できるシステムである[12]。各施設の収蔵品管理システムもしくは収蔵品データベースと連携し、所蔵品情報を集約している。なお、所蔵品情報のみを収録しているため、寄託品に関する情報は存在しない。ColBaseでは、所蔵品について統一的な情報項目を設定しており、各施設独自の収蔵品情報項目とColBase項目のマッピングを実施している。また現在では、各館のシステムにおける情報が、ColBaseへ定期的に共有され更新されるようになっている。東京国立博物館の所蔵品についても、protoDBから公開可能な情報をColBaseへ提供している。

このColBaseをどのようなデジタルアーカイブとして位置付けるかが、本

128 ──────── 第2部　実践から学ぶ

書における重要な論点となろう。前述の定義に従えば、博物館所蔵品に関するデジタルデータ(所蔵品基本情報、解説文、撮影画像ほか)を複数施設と連携して提供している仕組み(制度設計面と情報システム面において)であるので、国立文化財機構が運営する〈デジタルアーカイブ〉と言える。一方、博物館の視点で見ると、これはデジタルの所蔵品目録(図版目録)の一種とも言える。東京国立博物館では、これまでに列品目録や図版目録を刊行してきた(図1)。図版目録は、特定の分野などを対象として調査整理された成果をまとめたものである。これまでは、これらの目録を紙の書籍というかたちで刊行してきたため、一定の作品調査成果整備が完了した後に、書籍というかたちでの編集作業を経てからしか、公表することができなかった。しかし、デジタル情報であれば、日々の調査研究成果を学芸業務支援システム(protoDB)に記載し、システム連携先のColBaseで公表することが可能となる。現状では、所蔵品ごとに情報内容の粗密があったり、撮影画像がモノクロフィルム撮影／カラーフィルム撮影／デジタル撮影とばらばらであったり、そもそも画像が掲載されていない所蔵品があったりするので、従来の図版目録と同じ精度での情報提供は困難であるが、情報の充実に従って、将来的にはデジタルの図版目録としての意味合いが増してくるであろう。実際に、ColBaseでは、掲載項目として「分野」「分類」を有しているので、これを上手く活用すれば、これまでに刊行された分野ごとの図版目録に相当するようなデジタル図版目録を作成することも可能である。このような視点で見ると、ColBaseはデジタルアーカイブの中でも、目録的意味合いが強いデジタルアーカイブ、もしくはデジタル収蔵品目録とみなせる。

2-3　ジャパンサーチ

　ColBaseに集約された所蔵品情報は、さらに各種サービス／システムへと連携し展開していく。展開先の代表例が、ジャパンサーチである[13]。ジャパンサーチとは試験段階から連携実験を重ねてきており、国立文化財機構は文化財分野の連携先として参画し、ColBaseが「つなぎ役」としての役割を

第6章　収蔵品情報の集約と展開を目指す際のデジタルアーカイブ編成｜阿児 —————— 129

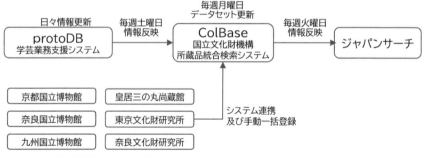

図2　国立文化財機構における所蔵品情報の展開経路

担っている。

　連携技術に目を向けると、当初、ColBaseとジャパンサーチはOAI—PMH[14]によって情報のやり取りをしていた。連携開始当時（2018年3月）、ColBaseは国立国会図書館サーチ（NDLサーチ）[15]と既にOAI—PMHにてデータ連携を確立しており、NDLサーチにおける横断検索先のひとつともなっていた[16]。この実績もあり、ジャパンサーチとの連携においても本手法を採用し所蔵品情報の更新をはかっていた。

　その後、ColBaseは2023年2月より、所蔵品情報をデータセット（TSVファイル）としてまとめたかたちでの公開と提供を開始した。これを機に2023年4月以降は、ジャパンサーチがこのデータセットを定期的に収集し、所蔵品情報の更新をおこなう方法へと変更している。この機能更新により、ColBaseは、個人利用者に向けても、ジャパンサーチに向けても、同じ手法にて掲載情報を提供することができるようになった。

　ここまでの所蔵品情報の展開の流れを整理すると次の様になる（図2）。この流れにおける情報更新の頻度は、protoDBからColBaseへの情報反映は毎週土曜日、ColBaseのデータセット更新は毎週月曜日、ジャパンサーチのファイル収集は毎週火曜日としている。つまり、調査研究等によって更新された列品情報は、翌週にはジャパンサーチにも反映されているという状況である。

3 戦略課題その1──公開情報と非公開(機関内利用)情報の区別

ここまで東京国立博物館を例にして、収蔵品情報の流れを紹介してきた。一見すると、円滑な情報流通が確立されているように見えるが、実際には多くの課題を抱えている。ここからは、収蔵品情報の集約と展開を目指す際に表出してきた課題を取り上げ、それに対してどのような戦略を立てていくべきなのか検討していきたい。

まずひとつめの戦略課題は、「公開情報と非公開(機関内利用)情報の区別」である。これは、いずれの博物館においても、検討課題となるものであろう。公開し展開できる情報、つまり目録にどのような項目を掲載するかを検討しなければならない。一般的に目録に記載される情報は、収蔵品情報全体からすれば、極々限られたものである。目録に記載される情報だけで、博物館の諸活動をおこなっていくことは到底できない。前述のとおり、収蔵品管理システムにおいて管理される情報は、収蔵品の目録的な情報だけではなく、博物館活動を行なっていく上で必要となる収蔵品に関わる多様な情報を含む。そのため、収蔵品管理システムの多くでは、それら博物館内(機関内)で活用する情報の中から、外部に公開するか否かを選択することができる機能が搭載されている。この機能を有している収蔵品管理システムでは、博物館ウェブサイトの収蔵品紹介ページや、収蔵品検索システムと連携している場合も多い。もし、公開／非公開の選択機能がない場合は、収蔵品管理システムの登録情報全体を出力し、そこから目録へ掲載する情報項目群を取り出す作業をおこなうことになる。

東京国立博物館で言えば、protoDBが博物館活動(学芸業務)を支える収蔵品管理システムであり、そこから所蔵品目録の意味合いをもった公開できる情報をColBaseに出力している。protoDBでは、博物館活動を支えるのに必要な情報を取り扱えるようミュージアム資料構造化モデルに準拠した多くの項目が設定されているが、ColBaseでは目録的な側面を重視し機構内各施設の所蔵情報を統一的に取り扱えるよう項目が設定されているため、

表1　ミュージアム資料構造化モデル項目とColBase項目のマッピング

ミュージアム資料構造化モデル項目	ColBase項目
―	JPS_ID
―	URL
資料番号	機関管理番号
受賞・指定	文化財指定
分類	分類
名称	作品名
名称	作品名かな
員数	員数
制作―制作者	作者
制作―場所	制作地
出土・発見―場所	出土地
制作―時期	時代世紀
品質形状	品質形状
計測値	法量
印章・銘記	銘文等
取得―取得元	寄贈者
―	所蔵者
記述ノート	解説
―	代表画像URL
"tnm"	機関識別子
―	コレクションキー
―	コレクション内ID
―	ID
―	親コレクション内ID
―	時代範囲開始
―	時代範囲終了
―	コンテンツの公開状況
―	コンテンツの権利区分
―	種別

protoDBからの出力時にはColBaseの項目構成へマッピングした項目だけ出力している（表1）。同様に、各施設の収蔵品管理システムでも、施設で設定している項目をColBase項目構成に対応させて出力する機能を有している。

　具体的な公開情報項目をどれにするか決定するのは各機関の判断に委ねられるが、複数施設の収蔵品情報を効率良く取り扱えるよう考えていく場合、共通的な情報項目を協議し、各施設内での情報項目を維持しつつ、共通的な情報項目への移行を可能とする戦略をとるのが一つの解である。複数のデジタルファイルやシステムを用いて博物館活動を実施することが一般的ある現

在においては、収蔵品情報を利用場面に応じて適切に情報の公開／非公開の別を定め、管理運用していかねばならない上、利用場面ごとに情報の再生成が発生しないような情報流通の確立を目指すことが大事である。

4　戦略課題その2——情報の権利ならびに利用制限明示

次に課題となってくるのは、取り扱っている「情報の権利ならびに利用制限の明示」である。先の公開／非公開の判断において、情報の機密性に加えて、情報自身の権利や利用制限が明確になっていなければ適切な公開／非公開の判断をおこなうことができない。これらデジタルアーカイブにまつわる諸権利の把握と対応は、本シリーズの第1巻が『権利処理と法の実務』[17]であることからもわかるように、デジタルアーカイブを構築していく上で避けては通れない課題である。詳しい権利範囲や権利処理事例等については、そちらを参照していただきたく、本章では収蔵品情報の集約と展開過程における、権利ならびに利用制限表示の役割について述べたい。

コンテンツの種別によって権利や利用制限が異なる多様なデータベースが連携しているジャパンサーチでは、メタデータ、サムネイル画像、デジタルコンテンツのそれぞれについて二次利用条件を設定することになっており、国際的に普及しているライセンス及びマークを用いた15種類の権利表示（権利区分）を準備している[18]。もちろん、この範囲では設定できない細かな権利があるため、利用者に向けては収録元のデータベースを参照するようサイト内で案内をおこなっている。ジャパンサーチ以前のポータルサイトや統合データベースでは、データ提供元は統合先の利用規約に沿うことに同意してデータを提供していることが多く、横断検索システムではコンテンツの権利や利用制限を検索項目として有しているものはほぼなかった。この権利表示が柔軟に設定できるという点は利点であるが、その一方、利用者にとっては、それら権利表示の意味と、その権利表示に基づく利用制限内容を把握しなければならないという欠点でもある。この欠点に対し、ジャパンサーチでは、各収録資料ページにおいて「どうやったらこの資料の画像／動画を使

図3　ジャパンサーチの利用条件表示

えるの?」という問いかけと一文での回答を提示している(図3)。あわせて、「著作権」有無と、「教育」「非商用」「商用」の利用可否、「資料固有の条件」も○×のマークを用いて提示することで、利用者視点での理解を助けている。

　それでは、ジャパンサーチへ連携しているデータベースにおける権利ならびに利用制限の扱いはどのようになっているだろうか。複数施設の情報を取りまとめるジャパンサーチの「つなぎ役」であっても、これほど多くの権利表示を受け入れて管理しているところはほぼ無く、可能な限り統一的な権利表示を設けているのが実際であろう。ColBaseでは、メタデータ(作品情報テキスト)とデジタルコンテンツ(撮影画像、音声解説)は全て「政府標準利用規約(第2.0版)」[19]のもと提供している。掲載する所蔵品の基本情報項目を統一するだけではなく、利用規約も統一する方針で運用している。ジャパンサーチと同じく複数施設からデータを取得するものの、取得データに関する利用規約の自由度を上げず、統一的な方針を定めるという逆の姿勢をとっている。繰り返しとなるがColBaseでは、統一的な項目と利用規約での運用をおこなっているため、項目については前述のとおり各施設の収蔵品管理システムにおける項目とのマッピングをおこない、画像等の収録デジタルコンテンツは「政府標準利用規約(第2.0版)」で提供できるものだけに絞っている。そのため、各施設が預かる「寄託品」に関する情報は、ColBaseに掲載されていない。また、画像も各施設の撮影技師(カメラマン)が撮影したものや著作権の一部譲渡手続きが完了しているものだけを収録している。このように

ColBaseは明確な利用規約の下、運用がなされているため、ジャパンサーチとの連携に際しても権利表示面での障壁はなく、円滑に進めることができた。

　今度は、ColBaseとデータ連携している施設での権利ならびに利用制限の扱いへと情報の流れを遡ってみたい。東京国立博物館では、所蔵品の基本情報については、既出のとおり、protoDBにおいてColBase公開設定がなされたものが定期的にColBaseへ反映されるシステム連携が確立している。protoDBとColBaseの項目照合は事前に設定されているため、protoDBの公開設定は、項目単位ではなく、分野担当研究員により列品単位でおこなわれる。しかし、解説文に限っては解説文単位での公開設定が可能であり、ColBaseでの掲載に適した解説文を選択することができる。そして、ColBaseで公開されているという状態を示すバッジがprotoDBに提示される（図4）。これら公開すると定められた基本情報項目は、当館研究員が作成入力した情報群であるため、特に権利ならびに利用制限について明記はしていない。

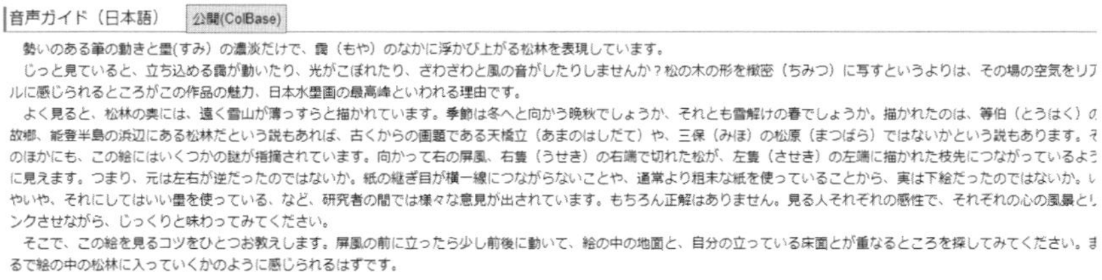

図4　protoDBでのColBase公開状態バッジ

　そして、画像については、protoDBとは別システムである「画像管理システム」にて、管理運用をおこなっている。この「画像管理システム」では、作品撮影画像1点ごとに画像管理番号を付して管理している。撮影画像データはTIFFとJPEG型式を保存管理し、その画像メタデータとして撮影作品情報や撮影状況情報、そして、利用制限などの情報を管理している（表2）。

　表2で示したとおり、画像管理システムでは、撮影者名・利用制限（閲覧）・利用制限（複写）等の画像に関する権利ならびに利用制限項目が存在し

第6章　収蔵品情報の集約と展開を目指す際のデジタルアーカイブ編成｜阿児 ——— 135

表2　画像管理システムにおけるメタデータ項目

作品情報	
列品番号	品名
部分	作者
時代	出土・発見地
国	品質形状
法量	員数
文化財指定：国宝／重文／重美	寄贈者
著作権期限	作品に関する備考
所蔵者名	所蔵者名秘匿：表示／匿名扱い
都道府県	外国名
撮影情報	
撮影目的区分：修理前／修理後／修理／寄贈／購入／列品貸与／資料／展覧会図録／その他刊行物／新指定品／その他	
撮影目的	撮影日
撮影者	立合者
担当室	撮影メモ
焼付枚数	
画像情報	
画像番号	撮影部位
画像著作権	利用制限（閲覧）：閲覧可／閲覧不可
利用制限（複写）：許諾不要／許諾必要／禁止	利用制限の詳細
フィルムに関する備考	画像作成日
画像に関する備考	画像寄贈者
フィルムサイズ	カラー／モノクロ／デジタル
保管場所	フィルム登録日
フィルム登録者	焼付作成者
予備フィルム	ボリューム名
ファイル名	デジタル画像登録者
カラーチャート	元画像名
承認区分	承認日

ている。これらの情報項目が設定され、情報が記載されていることにより、適切な画像利用管理をおこなうことができている。ColBaseに掲載する画像は、「政府標準利用規約（第2.0版）」に従うことになるので、画像管理システムにおいて、

　　・撮影者が、当館の撮影技師であること
　　・利用制限（閲覧）が、閲覧可であること

・利用制限(複写)が、複写可であること

を満たすものとしている。画像管理システムは、もちろんColBaseに掲載する画像を管理するために作成されたものではなく、博物館で取り扱う画像資料全般の管理運用をおこなうために作成されたものである。撮影対象が寄託品であったり、撮影者が外部カメラマンであったり、館内であっても閲覧を制限する必要があるもの(機微情報を含む)など、画像自身からは読み取ることが難しい情報を取り扱わねばならない。このような取り扱いを想定した権利ならびに利用制限情報の整備は、後発であるデジタルアーカイブ構築にも大きな力を発揮している。

　ここまでジャパンサーチ→ColBase→protoDB・画像管理システムという流れを辿ってきたが、内部システムである収蔵品管理システムや画像管理システムの段階から、情報が有する権利ならびに利用制限をしっかりと記述していくことが重要であるとわかっていただけたであろう。公開／非公開の区別とともに、なぜ公開できるのか、なぜ非公開とするのかという判断には、情報の権利ならびに利用制限を博物館の活動過程全般で意識するのが大事である。

5　戦略課題その3——ウェブ上にて流通拡散する収蔵品情報の紐づけ

　内部システムから公開デジタルアーカイブにわたって「公開／非公開の区別」と「権利ならびに利用制限の明示」が意識され設計されれば、効率的かつ信頼性・有用性の高い情報を取り扱うことができる。しかし、これらはあくまでも博物館の目が行き届き、対処できる範囲における戦略課題である。ウェブ上では、複数のデジタルアーカイブが相互に連携しあい融合していく。それらの全体像を捉えることは困難であり、情報を探索する利用者は、全体像を見ることなく個別の検索結果のみを通じて情報の存在を捉えていく。例えば、東京国立博物館所蔵　国宝　長谷川等伯筆「松林図屏風」についてウェ

表3 「松林図屏風」でのGoogleキーワード検索結果

順位	サイト名称
1位	東京国立博物館名品ギャラリー
2位	Wikipedia
3位	文化遺産オンライン
4位	東京国立博物館創立150周年記念事業サイト
5位	Canon 綴プロジェクト
6位	紡ぐギャラリー
7位	e国宝
8位	JBPress
9位	Amazon 書籍ページ
10位	京都便利堂オンラインショップ

ブ上の情報を調べてみる。現在最も一般的な検索方法は、Googleなどの検索エンジンに「松林図屏風」というキーワードを与えて検索する方法であろう。検索時期や利用環境によって異なるが、Googleでのキーワード検索結果をみると、上位10件は次の通りである（表3）。

　東京国立博物館が運営しているウェブサイトや、文化遺産オンライン等のポータルサイトを中心に、Wikipediaや書籍・製品などが並ぶ。いずれの検索結果も、松林図屏風について知ることができるサイトである。ここで少し興味深いのは、ColBaseとジャパンサーチに収録されている松林図屏風が入っていないことである。原因としては、クローラー（この場合Googlebot）とサイト構造の相性などもあるかも知れないが、大規模な集約ポータルサイトであるにも関わらず、検索上位に入ってきていない。別課題となるが、文化財を知るための入り口として使用していただきたいジャパンサーチやColBaseの認知度を上げていく方策の検討が今後必要である。さて、このようにひとつの作品の情報が複数のデジタルアーカイブ／ポータルサイトに収録されていることが分かる。それぞれサイトに異なる運用目的があり、掲載されている情報がそれぞれに特徴を有するのはとても良いことであるが、利用者にとっては、その違いを検索結果から推し量ることは難しい。さらに、各デジタルアーカイブ／ポータルサイトが相互に連携しネットワークを構築しているため、情報の流通過程を利用者が把握するのは、ほぼ不可能である。

そのため、サイトが違っても同じような情報ばかりを目にすることになってしまう。繰り返しになるが、東京国立博物館の所蔵品情報は、内部システムであるprotoDBからColBaseにて公開され、ColBase収録情報がジャパンサーチに反映される。よって、ColBaseとジャパンサーチには同一の情報が収録されている。検索1位で出てきた「名品ギャラリー」の掲載内容もprotoDBから取得しているので、ColBaseと同様の情報となるのである。

また、この範囲でのシステム連携は、東京国立博物館側で情報流通過程を制御できているが、東京国立博物館での情報流通制御が及ばない連携では、適切な情報整備がおこなわれず、情報提供元が想定していなかった問題が生じてしまう。その一例が、デジタルアーカイブ／ポータルサイトにおける作品の名寄せ問題である。

文化遺産オンライン[20]は、文化庁が運営する文化遺産についてのポータルサイトであり、複数機関から情報が寄せられている。ここで「松林図屏風」でキーワード検索すると、3件の結果が表示され、その内の1件が東京国立博物館所蔵の長谷川等伯筆「松林図屏風」である。この作品情報は、東京国立

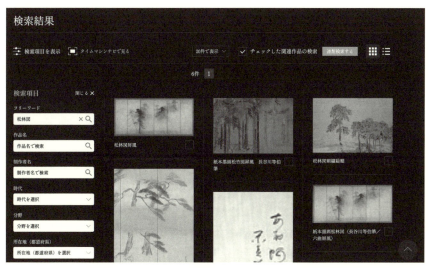

図5　文化遺産オンラインにおける「松林図」検索結果

博物館から提供されているものであり、法量や解説文もColBase等と同じである。しかし、「松林図」というキーワードで検索すると6件の結果が表示され、東京国立博物館所蔵のものが2件存在する(図5)。ひとつは先程と同じ「松林図屏風」という名称のものであり、もう一方は、「紙本墨画松林図〈長谷川等伯筆／六曲屏風〉」という名称のものである。後者も所蔵が東京国立博物館所蔵となっている。もちろん両者は同一の作品であり、作品が2つ存在する訳ではない。後者のデータ提供元は、「国指定文化財等データベース」[21]であり、その名称は国宝指定にあたってつけられた指定名称である。本来なら名寄せをおこない、同一作品の情報を整えることが望ましいが、情報流通経路が異なるため調整がはかられていない状況である。同様の現象はジャパンサーチでも発生してしまっている。

ジャパンサーチで「大谷　鬼次」と検索すると、東洲斎写楽が描いた浮世絵「三代目大谷鬼次の江戸兵衛」を含む多くの結果が表示される(図6)。東京国立博物館所蔵の作品としては、つなぎ役ColBaseがデータ提供元である「三代目大谷鬼次の江戸兵衛」の情報が最も適切である。しかし、この作品はこれまでに数多く撮影され、その画像データは、「立命館大学アート・リサーチセンター ARC浮世絵データベース」[22]に収録されている。このARC浮世絵データベースがジャパンサーチと連携しているため、検索結果にARC浮世絵データベースの画像群8件が含まれている。松林図屏風に比べてこの検索結果の解釈が悩ましいのは、浮世絵は複数枚存在しうるということである。単純に、所蔵館は一緒で作品名称だけが違うであろうという判断をくだせない。なお、この作品は、列品番号A-10569-471が付されており、ARC浮世絵データベースにも幸い「所蔵先管理No.」という項目が設定されているため、同一作品であると判断が可能である。

このようにデジタルアーカイブ／ポータルサイトでの連携が進むにつれて、存在目的が異なる情報群が入り混じることとなる。ColBaseは所蔵品情報の公開を目的としており、国指定文化財等データベースは指定品としての情報整備を目的としている。それが、広く文化遺産に関する情報を集約すること

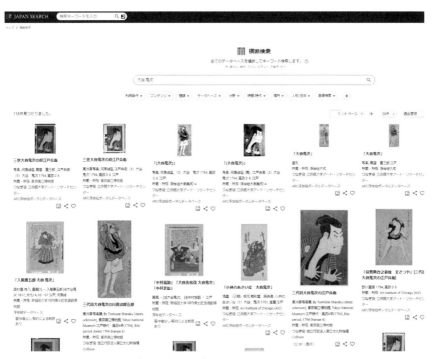

図6 ジャパンサーチにおける「大谷 鬼次」検索結果

を目的とした文化遺産オンラインで競合してしまう。文化遺産オンラインよりもさらに広い分野を対象としたジャパンサーチでは、さらに競合が強まってしまうというかたちである。この課題に対しては、ひとつの情報項目体系に名寄せするのではなく、データ提供元の特徴を活かしたまま、お互いのデータを紐づけていくことが望ましいと考える。しかし、まだ有効な戦略を立てることができておらず、今後の検討が必要である。

6 これからのデジタルアーカイブ編成

ここまで博物館・美術館等の収蔵品情報を収録するデジタルアーカイブに

ついて、東京国立博物館での例を交えつつ述べてきた。全ての資料所蔵機関に適するものではないかもしれないが、これからのデジタルアーカイブ編成で重視されるのは、「コレクションカタログとしてのデジタルアーカイブ」を意識することであろう。そして、戦略課題に挙げた「公開／非公開情報の区別」「権利情報ならびに利用制限の表示」「収蔵品情報の紐づけ」を解決していくような編成整備を進めていくことである。

　もちろん、これらを考慮しながらデジタルアーカイブ編成を考えていくのは容易ではない。『令和元年度 日本の博物館総合調査報告書』[23]をみれば、台帳と目録の作成、その公開は多くの博物館にとって、まだまだ困難であることが分かる。

　　"資料台帳に資料の「ほとんどすべて」を記載している館が44.8％ "
　　"データ・ベース化された「資料台帳」への収録状況に関しては、「ほとんどすべて」の資料を収録している館が48.4％ "
　　"「資料目録」を作成している館は全体の6割弱（56.9％）に及んでいる "
　　"「目録情報をホームページで公開している」館の割合は1割を少し上回る程度（12.0％）である "
　　"「外部のデータベースシステムに提供している」館となるとその割合は1割を切っている（8.1％）。目録情報の公開は、まだ、始まったばかりと言ってよい。"
　　"4分の1の館が資料の画像をデジタル化により公開 "

　だが、着実に本章でも取り上げた戦略課題に取り組む姿もみられる。

　　"デジタル化が進むなかで、博物館も資料を「モノ」として収集・保存、調査研究、展示・提供する機関から、「情報」として収集・保存、調査研究、提供する機関へと大きく変貌しつつある。博物館は膨大なデジタル情報を抱えつつあり、その保護が課題化している。「収蔵資料のデー

タ・ベース等、館が保有する『資料のデジタル情報』についての保護の方針、取り扱いに関する諸規定」を定めているかどうかを尋ねたところ、「定めている」館の割合は、知的財産権に関わる諸規定とほぼ同程度であった（17.2％）。諸規定があればよい、というものではないが、知的財産権やデジタル情報の保護の問題は各館の問題、更には博物館界の問題として前向きに取り組む必要があり、諸規定の策定も望まれる"

　資料台帳、資料目録、情報のデジタル公開、適切な権利処理と積み上げていけばキリがないが、それら総体でのデジタルへの転換を図ることによって、技術的に解決できることもある。その一例として、国立西洋美術館が刊行した『松方コレクション　西洋美術全作品』[24]を紹介したい。この編纂事業は、来歴・展覧歴・文献歴といった複雑な履歴情報を、収蔵品管理システムでの情報整備を通じ制作されたものである。紙媒体での刊行を目的としつつ、目録刊行にかかる調査の中で収集・生成されていく情報を収蔵品管理システムに蓄積し、それら情報群を源にして、目録ページの組版データをシステムから自動生成している。テンプレートを介してレイアウトすることによって、膨大な量の掲載作品についての作業が自動化・省力化されている。また、その過程で蓄積された情報群は、美術館活動の根幹をなす事業にも活用できる充実したものとなっている[25]。過去に刊行された目録のデジタル化は各地で行われているが、それと同時にこれからの資料目録制作の方法を考えていく必要がある。この例は、機関内で使用されている収蔵品管理システムから、紙媒体のコレクションカタログを制作したものであるが、その出力先をウェブサイト等にすれば、コレクションカタログとしてのデジタルアーカイブとなりえるのは言うまでもない。博物館・美術館における諸活動がデジタルシステムを用いることによって、より有機的に接続し一体化していることがわかる。
　デジタルアーカイブという一場面だけを取り上げるのではなく、情報の流れや再利用性を考慮して、デジタルアーカイブを関連システムをも含んだか

たちで編成していくことが、これからの収蔵品情報を扱う際の指針であると提案したい。そうなれば、これからのデジタルアーカイブは、博物館・美術館の諸活動によって充実していく収蔵品情報と深く連動して、成長していくものになるであろう。

注・参考文献

1) 福島幸宏(2021)「デジタルアーカイブの現状と課題」『紀要　アート・リサーチ』22-1.

2) 個人が収集した資料群を、個人名を付したコレクションと称する場合がある。東京国立博物館の「横河民輔コレクション」は、明治から昭和初期にかけて建築家・実業家として活躍し、東洋陶磁の収集家でもあった横河民輔(1864～1945)氏から寄贈された作品群である。本コレクションを中心に構成された展覧会の成果は、東京国立博物館、九州国立博物館編(2012)『横河民輔コレクション』として刊行されている。

3) 河合は、「資料を物理的に持っている＝所蔵」「資料の所有権がある＝所有」とし、「所蔵資料」には「所有資料」と「寄託資料」があるとしている。河合将彦(2017)「デジタルアーカイブの工程」『入門　デジタルアーカイブ』柳与志夫責任編集, 勉誠出版, 13-16.

4) 水嶋英治・田窪直規編著(2017)『ミュージアムの情報資源と目録・カタログ』樹村房.

5) 川口雅子(2023)「「電磁的記録の作成・公開」は「デジタル・アーカイブ化」と同義か?」『第71回全国博物館大会資料Ⅱ』, 12-13.

6) 博物館法(https://elaws.e-gov.go.jp/document?lawid=326AC1000000285)(最終アクセス：2023年10月29日)

7) 博物館法の一部を改正する法律の公布について(通知)(https://www.bunka.go.jp/seisaku/bijutsukan_hakubutsukan/shinko/kankei_horei/pdf/93697301_04.pdf)(最終アクセス：2023年10月29日)

8) 博物館施行規則(https://elaws.e-gov.go.jp/document?lawid=330M50000080024)(最終アクセス：2023年10月29日)

9) 東京国立博物館では、所蔵品を「列品」と称しており、いわゆる所蔵品台帳(Inventory)にあたるものを「列品台帳」と称している。そして、列品管理課では、作品の購入・寄贈・寄託や貸借に関わる業務、外部研究者等による作品観覧への対応などをおこなっている。これら東京国立博物館の組織については、独立行政法人国立文化財機構編(2023)『令和3年度　独立行政法人文化財機構年報』に掲載されている組織図を参照していただきたい。

10) ミュージアム資料情報構造化モデル（https://webarchives.tnm.jp/docs/informatics/smmoi/）（最終アクセス：2023年10月29日）

11) 村田良二（2016）「文化財情報の構造と組織化について――データベース化の実践をもとに」『東京国立博物館紀要』52, 5-107.

12) 国立文化財機構所蔵品統合検索システム：ColBase（https://colbase.nich.go.jp/）（最終アクセス：2023年10月29日）

13) ジャパンサーチ（https://jpsearch.go.jp）（最終アクセス：2023年10月29日）

14) OAI―PMH：Open Archives Initiative Protocol for Metadata Harvesting は、リポジトリ間でメタデータを収集・共有するためのプロトコルであり、多くの学術情報流通で使用されている。

15) 村田良二（2020）「ColBase とジャパンサーチの連携」『デジタルアーカイブ学会誌』4(4), 338-341.

16) ColBase と NDL サーチの連携は2022年10月31日に終了した。

17) 福井健策監修，数藤雅彦責任編集（2019）『権利処理と法の実務』勉誠出版.

18) ジャパンサーチ内の「デジタルコンテンツの二次利用条件表示について」（https://jpsearch.go.jp/policy/available-rights-statements）ページにて各種ライセンスの説明がある。また、『デジタルアーカイブにおける望ましい二次利用条件表示のあり方について』（https://www.kantei.go.jp/jp/singi/titeki2/digitalarchive_suisiniinkai/jitumusya/2018/nijiriyou2019.pdf）の10ページには参考ツールとして「二次利用条件表示の検討に当たってのフローチャート」が掲載されている。

19) 「政府標準利用規約（第2.0版）」の解説（https://www.digital.go.jp/assets/contents/node/basic_page/field_ref_resources/f7fde41d-ffca-4b2a-9b25-94b8a701a037/a0f187e6/20220706_resources_data_betten_01.pdf）（最終アクセス：2023年10月29日）

20) 文化遺産オンライン（https://bunka.nii.ac.jp）（最終アクセス：2023年10月29日）

21) 国指定文化財等データベース（https://kunishitei.bunka.go.jp）（最終アクセス：2023年10月29日）

22) 立命館大学アート・リサーチセンター ARC浮世絵データベース（https://www.dh-jac.net/db/nishikie/search_portal.php）（最終アクセス：2023年10月29日）

23) 日本博物館協会編（2020）『令和元年度 日本の博物館総合調査報告書』

24) 馬渕明子・川口雅子・陳岡めぐみ編著（2018-2019）『松方コレクション 西洋美術全作品』平凡社.

25) 川口雅子（2020）「カタログ・レゾネ編纂と美術作品のドキュメンテーション――『松方コレクション 西洋美術全作品』を事例として」『アート・ドキュメンテーション研究』(27・28), 3-17.

第7章

ジャパンサーチを使った
コレクションの新たな活用法

国立国会図書館　電子情報部電子情報企画課連携協力係

1　はじめに

1-1　ジャパンサーチとは

　2020年8月25日に正式公開したジャパンサーチ[1]は、デジタルアーカイブの分野横断プラットフォームとして、書籍、文化財、メディア芸術等の幅広い分野のデジタルアーカイブと連携し、我が国の多様なデジタル情報資源のメタデータを集約している。個別のデジタルアーカイブをジャパンサーチに連携することで、一元的な検索が可能となり、コンテンツへのアクセスとその発見可能性を向上させるとともに、様々な分野・地域をカバーする知識基盤としての役割を果たすことが期待されている。

　ジャパンサーチは、大きく分けて3つの機能を提供している。第一に、コンテンツを調べるための横断的な検索や画像検索といった「探す」機能である。特に画像検索機能はアップデートを重ね、資料のサムネイル画像やアップロードした画像に類似した画像を検索できるほか、「馬に乗った人」などのフレーズ（テキスト）でも画像を検索できる。第二に、ジャパンサーチと連携しているデジタルコンテンツを「楽しむ」機能である。ジャパンサーチの連携機関（以下「連携機関」という。）が作成し、ジャパンサーチに公開できるギャラリーは、作成する連携機関にとっては所蔵コレクションを紹介するための活用機能であるが、ジャパンサーチを閲覧する一般ユーザにとっては、「楽し

む」機能であると同時に、コンテンツ探索をサポートする「探す」機能でもある。第三に、連携機関や一般ユーザがデジタルコンテンツを活用する、「活かす」機能である。

本章では、この「活かす機能」を用いて、図書館、博物館・美術館、文書館等のアーカイブ機関[2]や教育関係者等が、どのように自館の所蔵コレクション又はアーカイブ機関が提供するデジタルコンテンツを活用しているか、様々な事例を交えて紹介する。また、キュレーション[3]機能を用いた様々な活動の展開が、単にコンテンツをつなげるだけにとどまらず、コンテンツに関わる人と人をつなぎ、新たな価値を創り出す可能性についても言及する。

1-2　連携データベースの概要

初めにジャパンサーチがどのようなデータベースと連携しているか確認しておきたい。ジャパンサーチは2024年1月時点で、222のデータベースと連携し、2,900万件の資料の情報(メタデータ)を収録している。その分野は、書籍、自然史・理工学、人文学、公文書、地域、美術、文化財、アニメ・ゲーム・メディアアート、映画、舞台芸術、放送番組、地図など、多岐にわたっている。また、都道府県や市町村が保有する様々な地域資料を収録したデータベースと連携している(表1)。

ジャパンサーチが様々な分野・地域のデータベースと連携していることで、連携機関や一般ユーザは、分野や所蔵機関の枠にとらわれない自由な発想でコンテンツを活用することができる。

近年、ジャパンサーチは、地域アーカイブ(都道府県や市町村に関連する資料が収録されたデータベース)との連携拡充を進めており、地域に関する資料のメタデータ件数は100万件を超え、正式公開日(2020年8月25日)の約38万件[4]に比べて3倍近くまで増加している。地域アーカイブには、古写真などの地域の過去・風習を伝える貴重な資料が多く含まれており、地域の調べ学習や地域活性化との関わりでのコンテンツ活用が期待されている。

また、ジャパンサーチは、収録資料のメタデータに紐づくデジタルコンテ

表1　ジャパンサーチの連携データベースの内訳（2024年1月12日時点）

分野	主なデータベース名	メタデータ件数
書籍等	「国立国会図書館サーチ（NDLサーチ）」から「全国書誌」、「国立国会図書館デジタルコレクション」、「青森県立図書館デジタルアーカイブ」、「デジタルアーカイブ福井」、「佐賀県立図書館データベース」、「神戸大学附属図書館デジタルアーカイブ 新聞記事文庫」等	13,314,845
自然史・理工学	「サイエンスミュージアムネット（S-Net）」、「魚類写真資料データベース」、「南方熊楠邸資料：蔵書、標本、文書」、「蟲類蟲絵コレクション」、「動物行動の映像データベース」、「生糸標本資料」、「地質標本データベース」	6,721,723
人文学	「人間文化研究機構統合検索システム nihuBridge」提供のデータベース、「ARC古典籍ポータルデータベース」、「渋沢栄一関連会社名・団体名変遷図」、「東京大学学術資産等アーカイブズポータル」、「京都大学研究資源アーカイブ」から2件のデータベース、「國學院大學デジタルミュージアム」から2件のデータベース等	5,610,373
公文書	「国立公文書館デジタルアーカイブ」、「埼玉県立文書館収蔵資料検索システム」、「和歌山県歴史資料アーカイブ」等	4,304,557
地域	「三重の歴史・文化デジタルアーカイブ」から19件のデータベース、「にいがた 地域映像アーカイブデータベース」、「埼玉県立の博物館施設収蔵資料データベース」、「信州デジタルコモンズ」から3件のデータベース、「とっとりデジタルコレクション」、「なんじょうデジタルアーカイブ」、「Tokyo Museum Collection」、「広島平和記念資料館 平和データベース」、「北海道デジタルミュージアム」、「上田市立博物館収蔵品」等	1,015,345
文化財	「文化遺産オンライン」、「文化財デジタルコンテンツダウンロード機能」、「ColBase 国立博物館所蔵品統合検索システム」、「JOMON ARCHIVES」「Keio Object Hub」等	820,811
美術	「国立美術館所蔵作品総合目録検索システム」、「写真原板データベース」、「愛知県美術館コレクション」、「大阪市立東洋陶磁美術館収蔵品画像オープンデータ」等	693,732
アニメ・ゲーム・メディアアート	「日本アニメーション映画クラシックス」、「Japan Content Catalog」から「JACCクリエイター検索」、「メディア芸術データベース」等	281,638
舞台芸術	「演劇情報総合データベース」から7件のデータベース、「EPAD（緊急舞台芸術アーカイブ＋デジタルシアター化支援事業）」等	249,324
映画	「国立映画アーカイブ所蔵映画フィルム検索システム」、「映像でみる明治の日本」、「関東大震災映像デジタルアーカイブ」等	185,556
放送番組	「放送ライブラリー公開番組データベース（ドラマ）」、「動画で見るニッポンみちしる」等	83,104
地図	「古地図コレクション」、「海図アーカイブ」	57,422
データセット	「データカタログサイト」等	22,944

ンツ（資料の画像又はそのサムネイル画像）の活用を促すため、デジタルコンテンツの二次利用条件を分かりやすく表示するとともに、デジタルコンテンツのオープン化を推進している。2024年1月時点で、オープンな利用条件といわれる（CC0、PDM、CC BY、CC BY-SA[5]）のコンテンツは、153万件となっている。コンテンツにオープンな利用条件が付与されているかどうかは、活用における資料の選択において重要な因子であり、例えば、学校の授業など教育実践の場では、オープンでない利用条件の資料は、活用できない資料と判断され、学習対象から除外される傾向があるとの報告もある[6]。このようにオープンな利用条件のコンテンツは、より一層の活用が期待できるため、ジャパンサーチは、引き続きデジタルコンテンツのオープン化を推進していくこととしている[7]。

2　ギャラリー及びマイギャラリーを使った活用法

2-1　ギャラリーとは

　ギャラリーは、連携機関がジャパンサーチ上で自由に作成・公開できる電子展覧機能のことを指す。連携機関はジャパンサーチのこうした活用機能を使ってデジタルコンテンツをキュレーションし、その成果を広く発信することができる。一般ユーザは、ギャラリーを通じて、検索をせずとも、それぞれの関心に応じたジャパンサーチのデジタルコンテンツを楽しむことができる。ギャラリーは、特定のテーマに沿って関連する資料が編集されているため、そのテーマに関するある種のパスファインダー(調べ方案内)として、一般ユーザの情報探索をサポートする役割も果たしている。連携機関は、ギャラリーを作成する際に、後述するテーマ別検索(3-1)と組み合わせることで、より情報探索サポートの側面を押し出したページを作成することも可能であり、用途に応じて幅広く活用できる点がギャラリーの魅力でもある。

　2024年1月時点で、ジャパンサーチには481件のギャラリーが公開されており、近年、図書館、美術館、地方自治体など様々な連携機関が所蔵コレクションの紹介などに活用している。

2-2　ギャラリーの活用例

　ギャラリーは、所蔵するコレクションを広く紹介するツールとして、連携機関が様々な用途で活用している。ここでは、ギャラリーを使った活用事例を紹介する。

2-2-1　実物展示と連動した活用

　はじめに紹介するのは、実物資料の展示と連動した電子展示の企画事例である。東京大学附属図書館は、森鷗外没後100年記念の特別展示と連動した電子展示サイトを、図1のとおり、ジャパンサーチのギャラリーを使って構築した(図1)[8]。電子展示サイト構築の検討時に複数の選択肢があった中、

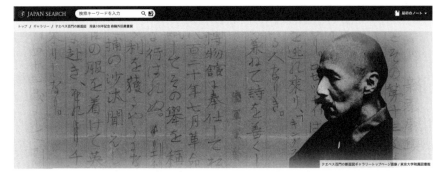

図1　テエベス百門の断面図　歿後100年記念 森鷗外旧蔵書展（東京大学附属図書館）（https://jpsearch.go.jp/gallery/utokyo-ogai2022）

最終的にジャパンサーチのギャラリーで構築するという企画が通ったが、その決め手は、ギャラリーに電子展示サイトとして必要な編集機能があること、複数の人が同時に共同編集できるワークスペース機能[9]が備わっていること、さらに費用負担なく利用できることにあったと紹介されている[10]。この企画では、同図書館は、ジャパンサーチならではの特徴を十分に生かしてギャラリーを作成しており、例えば、共同編集の過程で発見したジャパンサーチ内の関連資料をギャラリーに加えることで、会場での実物展示の内容を電子展示サイトによって補完し、さらに充実させている。ジャパンサーチのギャラリー機能の特徴をうまく生かした事例であると言えるだろう。

図2　おうちミュージアムポスター（東京富士美術館）

2-2-2　過去の展示会の活用

　東京富士美術館は、過去の展示会の題材を生かしたギャラリーを作成している[11]。同美術館がオンラインによる収蔵品の活用を検討したきっかけは、同美術館が設備改修工事による長期休館を控えていたことであった。長期休館に伴う展示室の閉鎖に対応するため、ジャパンサーチのギャラリーを活用し、オンラインの電子展覧会を企画することとなった。

　新型コロナウイルスの流行により、全国の学校や幼稚園が長期間休校・休園したことを契機に、北海道博物館の提唱で「おうちミュージアム[12]」というオンラインプログラムが全国的な広がりを見せていた。東京富士美術館は、「おうちミュージアム」参加プログラムの一環として、ジャパンサーチのギャラリーを活用したオンライン展覧会を企画し、ポスターに加え、公式SNSや新聞にQRコードを掲載し、情報発信した（図2）。こうしたアナログとデジタルを組み合わせた情報発信により、東京富士美術館が作成したギャラリーは飛躍的にアクセス数を伸ばし、所蔵コレクションのオンライン活用に成功している。

図3　久高島の歴史と文化（なんじょうデジタルアーカイブ）(https://jpsearch.go.jp/gallery/okinawa_nanjo-O12QoVzMvrd)

2-2-3　地域資料の発信

　沖縄県南城市教育委員会は、地域の歴史や文化に広く関心をもってもらうため、収録資料をジャパンサーチのギャラリーで紹介している（図3）[13]。同アーカイブの取組のユニークな点は、ジャパンサーチ専用のギャラリーを一から作成することはせず、既に同アーカイブで掲載している特集や解説記事を、沖縄県のことをあまり知らない人にも読みやすいよう再構成し、ジャパンサーチで紹介している点である。このように既存のリソースを活用した取組は、限られた人員で運営を行っている、他のアーカイブ機関にとっても持続可能な取組として参考になると思われる。さらに、南城市教育委員会の

作成したギャラリーには、同じ地域にある他機関の所蔵資料が掲載されており、デジタルアーカイブ活用の地域連携を考える上で興味深い取組といえる。

2-2-4　他機関との協力

分野・地域を超えた新たなコミュニティネットワークの構築を目的に、ジャパンサーチと連携していない機関と協力して作成したギャラリーもある。国立国会図書館が作成したギャラリー「自然」(Nature)は、海外の主要なデジタルアーカイブ・プラットフォームであるEuropeana及びDigitalNZの協力を得て作成したものであり、それぞれのプラットフォームのデジタルコンテンツが楽しめる[14]。テーマに沿ってコンテンツを並べた、解説なしの簡単なギャラリーであるが、このギャラリーは、ジャパンサーチのキュレーション機能を使えば、連携機関のコンテンツだけでなく、外部のコンテンツを使って簡単にキュレーションできることを示す具体例でもある。

2-3　マイノート／マイギャラリーとは

キュレーションというと、学芸員や司書などアーカイブ機関の職員が行うものとのイメージをお持ちの人もいるかもしれない。ここで紹介するマイノートやマイギャラリーは誰もが簡単にデジタルコンテンツを使い、キュレーターになれる、一般ユーザ向けの機能である。

2-3-1　マイノート

マイノートは、ジャパンサーチで見つけたお気に入りのコンテンツのブックマークを作成できる機能である(図4)。ブラウザに保存されるので登録なしに誰でも利用できる。ジャパンサーチの♡アイコンをクリックすることで、お気に入りのメタデータ、ギャラリー、テーマ別検索(3-1)をマイノートに登録することができる。お気に入りのコンテンツを見つけたタイミングでブックマークを付け、マイノートに登録しておくことができるので、膨大なメタデータの中から改めてコンテンツを探す手間が省ける。キュレーション

図4　マイノート

でコンテンツを探すときにも活用できる便利な機能である。

2-3-2　マイギャラリー

　マイギャラリーは、ジャパンサーチや外部のコンテンツを使って、自分だけの電子展示を作成できる一般ユーザ向け機能である(図5)。ジャパンサーチのウェブサイトで公開できない点がギャラリーと異なるが、ギャラリーとほぼ同等の編集機能が備わっている。

　マイギャラリーが便利なところは、登録なしに誰でも気軽に利用できることに加え、共同編集できる点である。共有時間が使用日翌日の23：59までという制限はあるが、それ以外は連携機関向けのワークスペースとほぼ同等の機能を持つ。展覧会の企画・制作や学校の授業など様々な用途に利用されている。なお、マイギャラリーで作成した電子展示は、JSONファイルやhtml形式でエクスポートが可能なため、外部サイトに貼り付けて公開できる[15]。

2-3-3　活用例

　マイギャラリーは、小学校の地域学習、中学・高校の歴史の授業、大学の学芸員や司書課程での演習など、幅広い教育課程で活用されている。

図5　マイギャラリーの編集画面

　ここでは、まず「慶應義塾高等学校プロジェクト」を紹介する[16]。同プロジェクトは、高校3年生の日本史の授業でジャパンサーチのマイギャラリーを活用した取組である。授業の目的を「歴史叙述は史料に基づいてなされることを生徒が身をもって学ぶこと」と設定し、生徒は、自分でテーマを設定した上で、テーマに沿ったコンテンツを探し、選び、レイアウトを整え、最後にギャラリーを閲覧した人へのメッセージを書くことが求められる。この授業は、マイギャラリーをはじめとするジャパンサーチの諸機能を生かした取組であり、これらの作業を通して、生徒は検索のスキルを磨き、引用情報の書き方を覚え、さらには著作権に対する理解を深めることができるよう工夫されている。

　この取組の注目すべき点は、生徒が順を追ってギャラリーを作成できるよ

う丁寧な解説ページが作成されていることに加え、同様の取組を行いたい人が誰でも参照できるようになっている点である[17]。これから授業にマイギャラリーを活用される方はぜひ参考にしていただきたい。

次に、マイギャラリーを使ったコンテストの実践例を紹介したい。「デジタル資料を活用した防災教材・学習コンクール―未来へつなげる―」である[18]。東京大学大学院情報学環渡邉英徳研究室とS×UKILAM連携[19]が主催するイベントで、関東大震災100年の節目に当たる2023年に開催され、小学生、中学生、高校生、フリースクールなどに在校中の児童生徒を対象に応募作品を募集し、30点の応募があった。このイベントの探求学習部門では、ジャパンサーチのマイギャラリーを使うことが要件として設定されており、参加者は探求学習の成果を作品として提出する。入賞した作品は、ジャパンサーチの利活用事例のページにも掲載されている[20]。

3　テーマ別検索及びマイサーチを使った活用法

3-1　テーマ別検索とは

テーマ別検索は、特定のテーマをあらかじめ検索範囲とし、その範囲内で検索結果を表示させる機能である。連携機関が利用できる機能で、連携機関は、あらかじめ指定した条件で検索対象を絞り込んだ検索窓を作成し、それをジャパンサーチのウェブサイトで提供することができる。

ジャパンサーチの横断検索における項目別の串刺し検索は、デフォルトでは共通項目ラベル（分野横断で共通となるメタデータ項目）が付与されたものに対してだけ行われる。これに対し、テーマ別検索では、一般ユーザ自らが検索したいデータベースとメタデータ項目を独自にマッピングすることにより、思いどおりの検索結果を得ることができる。例えば、「刀剣について調べる」というテーマ別検索では、刀剣に該当する図書分類を持つ文献資料と、メタデータ項目に刀剣の分類を持つデータベースの集合を作り、刀剣の名称や種類の検索窓を用意することにより、刀剣に関する精緻な検索が可能と

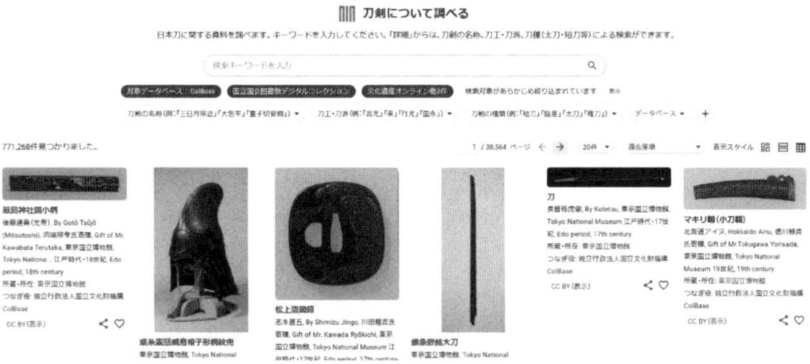

図6 テーマ別検索「刀剣について調べる」(https://jpsearch.go.jp/csearch/ndl-46KaOzRRn7z?csid=ndl-46KaOzRRn7z)

なっている(図6)。

　テーマ別検索の機能の一部は、2023年8月22日から、次に紹介する「マイサーチ」として、一般ユーザも作成できるようになった。

3-2　マイサーチとは

　マイサーチは、一般ユーザが検索条件をカスタマイズし、検索窓として保存できる機能である。マイサーチで作成した検索窓は、ジャパンサーチのウェブサイトで公開はできないが、それ以外の基本的な機能は連携機関向けの「テーマ別検索」と同じである。検索条件を保存して繰り返し使ったり、検索条件のエクスポート・インポートを行い、ユーザ同士で共有したりすることが可能である。例えば、学校の授業で扱うテーマに沿って、あらかじめ特定地域のデータベースに絞った検索窓を共有することで、地域の調べ学習などにマイサーチを活用することもできる(図7)。

3-3　活用例

　ジャパンサーチに公開されているものから、テーマ別検索の活用例ｶする。

第7章　ジャパンサーチを使ったコレクションの新たな活用法｜国立国会図書館 ―

図7 マイサーチ活用例

　最初に挙げる事例は、特定のテーマに関する集合を作成した事例である。「国宝・重文を探す」というテーマ別検索は、文化財分野の複数のデータベースから「国宝」と「重要文化財」に指定されているコンテンツだけの集合を作ったもので、これにより一般ユーザは、容易に自分が見つけたい国宝や文化財を探すことができる[21]。

　次に紹介する事例は、同一地域内にあるアーカイブ機関のデータベースを束ねて作成した事例である。連携機関である上田市は、「上田市デジタルアーカイブ横断検索」というテーマ別検索を作成し公開することで、ジャパンサーチ上で上田市のデジタルアーカイブを串刺し検索できる仕組みを実現している（図8）[22]。連携機関が自前でデータベースを統合したポータルサイトを構築したり、横断検索の機能を実装したりする場合、相応のシステム費用の負担が生じるが、ジャパンサーチでは、連携しているデータベースから、任意のデータベースに検索対象を絞り込んだ検索窓を作成することができる。それにより、費用負担なくポータルと同等の機能を提供することができている。

図8　上田市デジタルアーカイブ横断検索（https://jpsearch.go.jp/organization/UedaUMIC）

　3つ目の事例は、複数の美術館の収蔵品データベースを束ねた事例である。連携機関である全国美術館会議は、ジャパンサーチのつなぎ役（分野・地域においてジャパンサーチとの連携を取りまとめるハブとなる機関）として、同会議加盟館とジャパンサーチとの連携や加盟館間の連携促進等の役割を果たしているが、自らはデータベースポータルを持たない機関である。テーマ別検索の機能を用いることで、全国美術館会議の加盟館のうち、ジャパンサーチに連携している複数の美術館の収蔵品データベースを検索対象とする検索窓を公開している[23]。

4　コンテンツをつなぎ、人もつなぐ

　ジャパンサーチは、コンテンツをつなぐだけでなく、人をつなぐプラットフォームでもある。
　これまで様々な活用事例で見てきたとおり、ジャパンサーチによるコレクション活用の特徴の一つは、異なる所蔵機関の様々な資料種別の多様な地域・分野のデジタルコンテンツをつなぎ、組み合わせることで、特定の分野やテーマに関する新たなコレクション群を作成できることである。さらに、これらの新たなコレクション群に対し、付加価値をつけること、つまり、

キュレーションができる点にある。ユーザは、同一の分野や地域の情報を様々なデータベースから集めたり、分野横断的に複数の情報を結び付けたりすることで、自分の発見や考えを表現することが可能となる。こうした取組を通じて、新たな事実やアイデアの発見、さらには価値の創造が促進されることを、ジャパンサーチは目指している。

しかし、ジャパンサーチの目標は、それだけではない。政府の知的財産分野における総合的な政策をまとめた『知的財産推進計画2023』[24]では、キュレーション活動を通じて「地域・分野のコミュニティに新しいコミュニケーションを生み出し、アーカイブ活用基盤の構築を図るとともに、地域・分野横断の人的ネットワークの形成を目指す」ことが掲げられた。

このような目標の実現に向けて、ジャパンサーチは、コンテンツだけでなく、人を結び付けるコミュニケーションツールとしての機能も整えている。例えば、マイギャラリーは、オンラインでの共同編集機能を備えており、コミュニケーションツールとしても活用できるキュレーションツールとして設計されている。実際に、マイギャラリーやワークスペースを使って電子展示を企画するなど、組織内のコミュニーケーション活性化につながる取組が行われている。さらには、異なる分野の関係者が参加するワークショップでマイギャラリーを使い、キュレーションを通じて、異なる分野・地域の新しい交流を醸成する取組が既に始まっている。

本章で紹介したジャパンサーチを使ったコレクションの新たな活用法とは、誰もが、地域・分野を超えて様々なコンテンツにアクセスし、独自のコレクション群を作成したり、それらを基盤としてキュレーションすることである。また、幅広い分野のコンテンツを介して新たなコミュニティに出会い、そこから新しいアイデアを得ることでもある。

このようにデジタルアーカイブの様々なコンテンツとそれに関わる人やコミュニティをつなぐ、有機的な活動を実現するためには、デジタルアーカイブに関わる人やコミュニティのさらなる拡大が求められる。令和5年9月に実務者検討委員会が策定した『「デジタルアーカイブ活動」のためのガイドラ

160 ———— 第2部　実践から学ぶ

イン』は、ジャパンサーチの役割を整理しつつ、より幅広く「デジタルアーカイブに関心をもつ全ての機関や個人が「デジタルアーカイブ活動」への一歩を踏み出」すことを目指したものとなっている。ジャパンサーチが、デジタルアーカイブのコレクション活用に新しい風を吹き込み、日常生活における創造的な活動を広げていく、「デジタルアーカイブ活動」に取り組む契機となれば幸甚である。

注

1) ジャパンサーチ（https://jpsearch.go.jp/）（最終アクセス：2023年10月31日）

2) アーカイブ／アーカイブズは、公文書館等を指す言葉として一般的に用いられてきたが、ここでは広い意味での記録機関全般を指す。

3) 本章でいう「キュレーション」とは、コンテンツ等を特定の主題に沿って収集、選別、整理し、新たな価値を持たせて発信するという意味である。

4) 向井紀子・髙橋良平・中川紗央里（2020）「ジャパンサーチの連携コンテンツの概況及び連携拡充に向けて」『デジタルアーカイブ学会誌』4（4），333-337.（https://www.jstage.jst.go.jp/article/jsda/4/4/4_333/_pdf/-char/ja）（最終アクセス：2023年10月31日）

5) CC0：著作権法上認められる、全ての権利を法令上認められる最大限の範囲で放棄し、パブリック・ドメインに提供すること、PDM：著作権による制限がなく、自由に利用可能であること、CC BY：原作者のクレジットを表示することを主な条件として、改変はもちろん、営利目的での二次利用も許可されるライセンス、CC BY-SA：原作者のクレジットを表示し、改変した場合には元の作品と同じライセンスで公開することを主な条件に、営利目的での二次利用も許可されるライセンス。

6) 大井将生・渡邉英徳（2023）「デジタルアーカイブ資料の活用を促進する二次利用条件のあり方」『デジタルアーカイブ学会誌』7（3），e27.（https://www.jstage.jst.go.jp/article/jsda/7/3/7_e24/_pdf/-char/ja）（最終アクセス：2023年10月31日）

7) ジャパンサーチ・アクションプラン2021-2025（デジタルアーカイブジャパン推進委員会・実務者検討委員会決定，令和4年4月6日）（https://jpsearch.go.jp/about/actionplan2021-2025）（最終アクセス：2023年10月31日）

8) 令和4年度東京大学附属図書館特別展示電子展示サイト「テエベス百門の断面図 歿後100年記念 森鷗外旧蔵書展」（https://jpsearch.go.jp/gallery/utokyo-ogai2022）（最終アクセス：2023年10月31日）

9) ワークスペースは、連携機関が利用できる機能であり、この機能を使うと、複数

のユーザが同時にギャラリーを共同編集できます。

10) 中村美里「令和4年度東京大学附属図書館特別展示「テエベス百門の断面図 歿後100年記念森鷗外旧蔵書展」でのギャラリー構築について」(連携機関向けギャラリー作成ワークショップ)(https://jpsearch.go.jp/static/pdf/event/galleryws2022/todaitoshokan_20221212.pdf)(最終アクセス：2023年10月31日)

11) 鴨木年泰「全国美術館会議/東京富士美術館資料「東京富士美術館収蔵品データベースほか"デジタルアーカイブを日常にする"試み―」(デジタルアーカイブフェス2022―ジャパンサーチ・デイ)(https://www.kantei.go.jp/jp/singi/titeki2/forum/2022/2_03.pdf)(最終アクセス：2023年10月31日)上のスライド資料の32頁の説明時に過去の企画展を題材にギャラリーを作成した旨の報告があった。

12) 2020年に、コロナウイルスが広まり全国の学校や幼稚園が長期間、休校・休園になったことをきっかけに、北海道博物館が提唱し、240以上のミュージアムが参加したオンラインプログラムである(https://www.hm.pref.hokkaido.lg.jp/ouchi-museum/)(最終アクセス：2023年10月31日)。

13) 田村卓也「地域資料の利活用とジャパンサーチ―沖縄県南城市の取り組み―」(ジャパンサーチで地域のコンテンツをつなぎ、人をつなぐ)(https://jpsearch.go.jp/static/pdf/event/cooperation202303/01_nanjoshi.pdf)(最終アクセス：2023年10月31日)

14) 国立国会図書館(編集協力)Europeana/DigitalNZ「自然」(https://jpsearch.go.jp/gallery/ndl-qWNqbdO3mbA)(最終アクセス：2023年10月31日)

15) ただし、外部サイトに貼り付ける際は、コンテンツの二次利用条件に従って公開することが求められる。

16) 慶應義塾高等学校プロジェクト(https://jpsearch.go.jp/project/hs_keio)(最終アクセス：2023年10月31日)

17) 髙橋壌「自分の博物館をつくってみよう(2022年度)」(https://sites.google.com/keio.jp/jhistory/%E3%83%9B%E3%83%BC%E3%83%A0/%E8%87%AA%E5%88%86%E3%81%AE%E5%8D%9A%E7%89%A9%E9%A4%A8%E3%82%92%E3%81%A4%E3%81%8F%E3%81%A3%E3%81%A6%E3%81%BF%E3%82%88%E3%81%86?authuser=0)(最終アクセス：2023年10月31日)

18) 「デジタル資料を活用した防災教材・学習コンクール―未来へつなげる―」実施要項(https://www.iii.u-tokyo.ac.jp/news/2023071118924)(最終アクセス：2023年10月31日)

19) S×UKILAM(スキラム)連携とは、小中高の教員や教育委員会などの学校関係者(S)、大学・研究機関(U)、公民館など地域の施設(K)、企業(I)、図書館(L)、文書館(A)、博物館・美術館(M)などの関係者が、属性を超えてあらゆる文化資源を

子どもたちの学びに資するために協働するコミュニティ及びその一連の取組である。ジャパンサーチは、資料探索サポーターとしてS×UKILAMに参加している（https://adeac.jp/adeac-lab/top/SxUKILAM/index.html）（最終アクセス：2023年10月31日）。

20）「デジタル資料を活用した防災教材・学習コンクール」（https://jpsearch.go.jp/gallery/jpsutilization-PQb91KXB6lp）（最終アクセス：2024年8月28日）

21）テーマ別検索「国宝・重文を探す」（https://jpsearch.go.jp/csearch/ndl-rNAJzKOb8qfR1xp?csid=ndl-rNAJzKOb8qfR1xp）（最終アクセス：2023年10月31日）

22）テーマ別検索「上田市デジタルアーカイブ横断検索」（https://jpsearch.go.jp/csearch/UedaUMIC-Search?csid=UedaUMIC-Search）（最終アクセス：2023年10月31日）

23）テーマ別検索「全国美術館会議横断検索」（https://jpsearch.go.jp/csearch/ndl-Q2kDP4dWAzg?csid=ndl-Q2kDP4dWAzg）（最終アクセス：2023年10月31日）

24）知的財産推進計画2023（知的財戦略本部, 2023年6月9日）（https://www.kantei.go.jp/jp/singi/titeki2/kettei/chizaikeikaku_kouteihyo2023.pdf）（最終アクセス：2023年10月31日）

第 **3** 部

さらなる活用にむけて

第8章

デジタル・ヒストリーの視点からみるデジタル情報資源構築

断片的な「知識」の蓄積と接続をいかに実現するか

小川　潤

1　はじめに

　本章では、デジタル技術を活用した歴史研究を取り巻く諸問題を研究するデジタル・ヒストリーの観点から、歴史研究に資する情報資源構築の動向と展望を論じる。

　歴史データの構築をめぐっては長らく、資料の検索性と発見性を高めるためのメタデータや目録情報の記述に重点をおいた研究や実践が行われており、その成果としてのデータベースやデータポータルの整備も、ジャパンサーチをはじめとして進められてきた[1]。また、人物や場所といった歴史研究の基盤となる情報を扱う典拠データ整備も着実に進んできている。これらのメタデータや典拠データ整備の文脈においては近年、リンクトデータの利用が一般的になりつつある。リンクトデータとは、ウェブ上のさまざまなデータを機械可読な形式でリンクし、データの広範なネットワークを作り出すための仕組み、および、そうした仕組みに則って構築されたデータそのものを指す言葉である[2]。こうしたリンクトデータを利用することで、資料のメタデータや典拠データを相互に接続したり、多様な関連情報と紐付けたりして、より高度な検索を実現することも可能になる。

その一方で、資料検索を超えて、そこに記された具体的な「知識」にまで踏み込んだデータ駆動型研究を実現するようなデータ構築に関する本格的な議論は端緒についたばかりであり、議論の余地が多分に残されている。そもそも、資料中の「知識」にまで踏み込むような歴史データの構築に際しては、個々の資料コンテクストに依存する具体的な情報を厳密に記述しつつ、同時に個別のコンテクストを超えた普遍的な知識としての情報にも接続する必要があるが、これは言うまでもなく、きわめて困難な課題である。

　とはいえ近年では、歴史データ構造化に際しての普遍的な参照点となる種々の典拠データの整備が進むと同時に、一次資料構造化に関する技術や手法も発展してきていることから、こうした困難な課題に取り組むための下地は整いつつある。歴史データ構造化に関する研究においては今後、従来の資料レベルでの構造化に加えて、その中に含まれるよりミクロな情報・知識レベルにおいてデータをいかに構造化し、蓄積・共有していくかが重要な論点になるだろう。それゆえ本章は、このようなミクロな歴史知識記述に関わる技術や研究の動向を概観しつつ、現状での課題や今後の発展の方向性について考察することとする。

　以下、第2節では普遍的な参照点としてあらゆる歴史情報記述の基盤となる典拠データの整備状況について概観し、第3節では一次資料の構造化、とくにそこに含まれる個別の描写や記述に関するミクロな情報をいかに構造化するかについて、マイクロコンテンツという概念も援用しつつ論じる。第4節以降では、第2・3節での議論を踏まえて、資料の内外で蓄積が進むデータを活用して歴史「知識」を構造化しようとする動きについて論じ、これからの歴史情報構造化とデジタル・ヒストリー研究に資する情報資源蓄積の可能性を示したい。

2　歴史情報基盤としての典拠データ整備

　歴史情報のデータ構造化を進めるにあたって不可欠なのが、人名や地名と

いった基礎的な情報に関する典拠データの整備である。個々の研究・プロジェクトごとに作成されるデータは、共通の典拠データ、すなわち識別子を参照することで統合され、共通のキーワードに基づくデータ検索やエンティティの同定が可能になる。それゆえこうした典拠データの整備は、歴史情報記述にあたっての基盤というべき事業である。以下では、地名、人名、時間、コンセプト等の基本的な情報項目のそれぞれにおいて取り組まれている典拠データ構築事例をいくつか取り上げることで、歴史情報基盤の整備状況と課題を示すこととしたい。

2-1　地名典拠

　地名に関する典拠データの整備は、種々の典拠データの中でももっとも研究が進んでいる分野であり、地域別およびグローバルに大規模なデータセットが整備されている。

　たとえば国内では、人間文化研究機構が、古記録等の資料に記された歴史地名のジオコーディングを可能にするためのデータセットとして「歴史地名辞書データ（歴史地名データ）」を提供しており[3]、ROIS-DS人文学オープンデータ共同利用センター（以下、CODH）も、地名情報を固有識別子に基づいて統合処理するためのGeoLODや[4]、行政区画の時代的変遷を含めた歴史地名データを含む「『日本歴史地名体系』地名項目データセット」を公開している[5]。これらのデータを活用することで、現在の日本には存在しない地名や、存在はするものの領域が変化しているような地名についても、その地理情報を含めて参照することが可能になる。

　他方、国際的な動向に目を移すと、注目すべき地名データ構築事業として、古代地中海世界における歴史地名データを集約するPleiadesがある[6]。Pleiadesはいわゆる地名のみならず、著名な建造物や空間といった情報も含めた地名データを収録し、操作性の高いインターフェイスを通じて情報の検索・閲覧・取得が可能な環境を提供している。またPleiadesは人間のユーザによるデータ閲覧のみならず、データ解析やアプリケーション利用といった

機械的な処理に適したデータの提供を旨とし、精緻に構造化されたリンクトデータとして地名情報を提供している。これにより外部からのデータ参照や関連情報取得が非常に容易になり、地名を軸とした歴史知識表現に大いに資する情報基盤として機能しうる。現にPleiadesの地名データは、西洋古代に関する各種データベースにおける地名情報の参照点となっており、古代地中海に関する広範な情報空間構築の基盤となっている。

　そのほか、時間的にも空間的にもより大規模な地名データ集約システムとして近年、World Historical Gazetteer（以下、WHG）というプロジェクトが注目されている[7]。WHGは、さまざまな地域・時代を対象に整備されてきた歴史地名データセットを統合し、まさに世界規模での統合地名典拠を整備しようとする壮大なビジョンを有するプロジェクトである。現在のところは近代以降の地名データが中心となっているようであるが、今後、時間・空間双方のベクトルでの拡張が見込まれる。またWHGは、歴史地名リンクトデータを基盤とする研究インフラ整備を推進する国際的研究コミュニティであるPelagios Network（以下、PN）のパートナーに名を連ねており、国際的な協働に基づく大規模地名データ整備は今後さらに加速していくものと思われる。

　このように歴史地名典拠については、すでに大規模なデータ整備が各所で進んでいる。もちろん、膨大な歴史地名を網羅的に集約するにはなお時がかかるであろうし、場所にまつわる時間的コンテクストをどのように精緻に構造化するか、といった課題はあるが、歴史知識表現にあたっての利用環境は比較的整っているといえよう。

2-2　人名・人物典拠

　歴史上の人物に関する典拠データの整備は、地名と比べると進んでいないとの印象を拭えない。この要因は何よりも、地名情報と比した場合の人物情報の複雑性とスケールにあると思われる。まず人物には寿命があるため変化のスパンが短く、50年ほどで世代が入れ替わるごとに膨大な量の新たなエンティティが常に生成され続ける。また、同じ人物であっても生涯の中で名

170 ──────　第3部　さらなる活用にむけて

を変えたり、居住地を変えたりするため、そうした時間的コンテクストに依拠する情報をいかに表現するかが大きな問題となる。

現に国内では、先に述べた「歴史地名辞書データ」や「『日本歴史地名体系』地名項目データセット」に匹敵するような人物に関する統合情報基盤は整備されておらず、歴史資料の構造化にあたって共通の典拠データを参照することはなお困難である。もちろん、WikidataやVIAFといった歴史人物に限定されない一般的な典拠データを参照することは可能であるが、当然、歴史人物情報の網羅性や表現性という点でこれらのデータセットには課題が残る。

一方、国外をみると、歴史学の伝統的な手法であるバイオグラフィやプロソポグラフィの延長線上で構築された人物情報データベースが一定数存在する。いくつか例をあげれば、共和政ローマの人物を収録するDigital Prosopography of the Roman Republicや[8]、ヘレニズム・ローマ期エジプトの人物情報を中心に扱うTrismegistos People[9]、シリア地域に特化したSyriac Persons, Events, and Relations（SPEAR）や[10]、マムルーク朝期の人物を対象としたMamluk Prosopography[11]、7世紀から19世紀を中心に中国史上の人物情報を集約したChinese Biographical Database（CBDB）などがあり[12]、これらはいずれも人物に一意のウェブ識別子、すなわちURI（Uniform Resource Identifier）を付与しているため、当該分野においては人物典拠として利用することも可能である。

しかし、これらのデータベースはそれぞれ異なるデータモデルに基づいて人物情報を構造化しているため、時代や地域を跨いだ統合的な参照を行うことは難しい。もちろん、個々の時代や地域、あるいは分野に応じて必要な情報の具体的な内容が異なる可能性がある以上、まったく同一の形式でデータを構築することは困難であるが、他方で、分野横断的な研究や時代・地域を跨いだ比較研究を進める際には、ある程度、相互運用性のあるデータを整備する必要がある。そのため今後は、こうした既存の人物データセットを互いに接続し、統合的に処理するための手法や標準規格の設定に関する議論が国際的なレベルで進むことになるだろう。現に、先に言及したPNにおいては

最近、歴史人物情報を集約的に扱うための基盤整備を目指すワーキンググループが設立され、上述の課題解決に向けた国際的な共同研究が始動しようとしている[13]。

歴史人物典拠については今後、各分野における歴史人物データそのものの整備および拡充と、それらのデータを接続し、統合的な処理を可能にするための技術やシステムの研究が同時並行的に行われていくことになるだろう。将来的には、WHGの人物版といえるような大規模データ統合が進むことを期待したいところである。

2-3 時間情報典拠

歴史研究は過去の時間を扱う学問であり、歴史情報をデータとして構造化しようとする際にも当然、時間情報をいかに表現するかが大きな問題となる。時間情報のデータ表現については、W3CのTime Ontologyが国際標準のスキーマを提供しており、多くの時間情報基盤はこのスキーマに基づいて構築されているが、歴史資料における時間情報は常にW3C標準が規定するような明確な数値として表現されているとは限らず、資料の文言やコンテクストに依存する曖昧な情報であることが多い。そのため、そうした曖昧性や不明確性をどのように扱うかが、歴史時間情報の記述においては喫緊の課題となる。

こうした歴史時間情報の整備という文脈において国際的にも重要な研究が、国際日本文化研究センターの関野樹が進めるHuTimeプロジェクトである[14]。HuTimeは、地理情報基盤GISの時間情報版を志向する研究であり、基本年表や時間名辞書に基づきつつ、時間情報の推論や計算、さらには暦変換などを実現する。またHuTimeでは個々の時間情報、たとえば「ある暦法における年月日」ごとにURIを付与しリンクデータとして扱うシステムを提供しているため、これをグローバルに参照可能な時間典拠データと位置付けることができる。近年では、開始点や終了点が明確でない「曖昧な期間」に関する情報をリンクデータとして表現する手法についての提案もなされており、

172 ———— 第3部　さらなる活用にむけて

さらに精緻な時間情報データの構築・共有が可能になってきている[15]。

そのほか、国外の研究をみると、「ローマ共和政期」といった時代名称ごとにURIを与えてリンクトデータを生成し、それら同士の時間的な関係性や階層関係を記述したデータセットを提供するChronOntology[16]や、資料における時間情報への言及ごとにリンクトデータを生成し、時期や典拠等の関連情報と紐付けて収集するPeriodO[17]など、数多くの取り組みがなされており、時間情報表現への関心が国際的にもきわめて高いことが窺われる。とくにPeriodOはPNのパートナーともなっており、歴史地名や人物に関するデータとも交差しつつ、歴史知識表現における時間情報記述の基盤として発展していくものと思われる。またPN本体においても、時間情報を扱うワーキンググループが設立され活動していることから[18]、今後、欧米のDH学界において時間情報基盤の整備が急速に進展する可能性はきわめて高い。

2-4　歴史情報に関わるその他の典拠データ

これまでにみた地名、人名・人物、時間情報についての典拠データは歴史知識表現に際しては不可欠な基盤情報であるが、もちろんこれら以外にも、さまざまな典拠データが存在する。たとえば、資料の記述を構成する無数の語彙について、LiLa: Linking Latinプロジェクトは、あらゆるラテン語資料の中に現れる個々のラテン語単語をリンクトデータとして構造化し、言語学的情報や文法情報、さらにはWordNetとも接続することで、膨大なラテン語語彙知識ネットワークを構築している[19]。また、美術・建築を中心とする美術史・文化史関連の語彙としてThe Getty Research Instituteが提供するArts & Architecture Thesaurus®Online[20]があり、その中では、美術品や建築の来歴に関連する出来事、社会・親族関係の種別を表現するための典拠データが提供されている。このように、さまざまな領域においてグローバルに参照可能な典拠データが整備されることで、より緻密な歴史知識表現が可能になっていくのである。

第8章　デジタル・ヒストリーの視点からみるデジタル情報資源構築｜小川 ──── 173

3　歴史資料のデータ構造化とマイクロコンテンツの蓄積

　第2節では、歴史知識表現の基盤となる種々の典拠データの整備状況や課題について触れた。第3節では少し視点を変えて、歴史資料そのものから、その内容に関わる特定の情報をデータとして取り出すこと、すなわち資料のアノテーションやマークアップを通したデータ構造化について論じてみたい。「はじめに」で述べたように本章は、歴史資料の読解や内容分析に活用できるようなデータ構造化を扱うため、ここでも資料自体の来歴や性質についてのメタな情報のマークアップではなく、資料に含まれる個別の描写や記述をいかに抽出し、データとして利用可能にするかという観点から論を進めることとする。

3-1　図像資料のアノテーションとマイクロコンテンツ化

　人文学が扱う資料にはさまざまな種類があるが、DHの発展とともにその利用可能性がとくに高まっているのが図像資料である。歴史研究における図像資料の利用それ自体は、文化史研究の興隆と軌を一にして行われてきたものの、その解釈については人間の鑑賞者の主観による部分がどうしても大きかった。しかし、機械学習による画像処理など、画像データへのデジタル技術の応用が進んだことで、画像の特徴を数値化し分析・比較するなど、新たな研究手法が提唱され、図像資料を用いた歴史研究の可能性は大きく広がってきている。そうした背景もありDHでは、図像資料の有効利用に向けたアノテーションやデータ構造化のための技術基盤整備や方法論の研究が活発になされている。アノテーションは端的には「注釈」を表す語であり、ここでは構造化の対象となる画像データにタグやメタデータ等の情報を付与していく作業を指す。例えば、画像に何が写っているのかを記述したり、特定の領域を切り出して位置情報を付与したり、といった作業である[21]。

　こうした図像資料構造化に関する国内の研究で特筆に値するのは、鈴木親彦が提唱する「人文学資料マイクロコンテンツ」であろう。「人文学資料マイ

174 ──────　第3部　さらなる活用にむけて

クロコンテンツ」は非文字資料を対象に、特定のテーマに沿ってデジタル化
された画像資料の一部分を切り取り、資料横断的に収集・整理する仕組みで
ある。鈴木らは、『遊行上人縁起絵』等の資料に描かれた顔貌を切り取り、そ
こに性別や身分等のメタデータを付与することで顔貌コレクション(顔コレ)
を構築した。顔貌コレクションによって、特定のテーマや属性に着目した資
料横断的な画像比較が可能になり、様式分析等の美術史研究に新たな展開を
もたらしたという[22]。むろん、「人文学資料マイクロコンテンツ」は顔貌以
外のあらゆる非文字資料に応用することができ、現に文字や風景を対象とし
たマイクロコンテンツ化も行われている[23]。さらに近年では、作成された
マイクロコンテンツを外部の典拠データと接続することで、マイクロコンテ
ンツが表現する「文書空間」の情報と、その外部にある「実体空間」の情報を接
続し、現実世界の観点に基づくコンテンツ探索を可能にしようとする試みが
進められている[24]。このように、特定のテーマに沿って資料をよりミクロ
な情報資源に分割し、個々のデータ単位でのアノテーションや整理、アクセ
スを可能にする「人文学資料マイクロコンテンツ」に関する研究は、まさに本
稿がいうところのマイクロコンテンツ化の、画像資料を対象とした顕著な一
例といえる。

　技術的な側面に視点を移すと、「人文学資料マイクロコンテンツ」の技術
的基盤はCODHが開発したIIIF Curation Platform(以下、ICP)である。ICP
は、DHにおける画像データ共有の標準となりつつあるIIIFに準拠しながら
も、Curation APIという独自拡張に基づく「キュレーション」機能を備えてお
り、ある特定のテーマに沿って部分画像を切り取り、収集してメタデータを
与えることで、それらの画像の並べ替えやグルーピングが可能になり、元の
資料とは異なる価値を持つ新たなコレクションを創出することができる(図
1)。CODHはこれを「デジタル時代の『はさみとノリ』」機能と表現しており[25]、
ユーザ側の関心に沿った資料活用に焦点を当てたシステムといえるだろう。

第8章　デジタル・ヒストリーの視点からみるデジタル情報資源構築｜小川 ———— 175

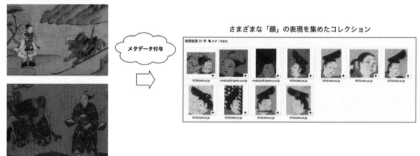

図1　ICPによるキュレーション例【CODHウェブサイトの顔貌コレクション（顔コレ）ページ（http://codh.rois.ac.jp/face/）より】

　「人文学資料マイクロコンテンツ」は、マイクロコンテンツという概念を明示的な形で人文学資料に適用し、特定の資料全体ではなくその「部分」をデータ構造化の対象にする手法の道筋を示したという点で国際的にみても画期的な研究である。とはいえ、「人文学資料マイクロコンテンツ」はこうした試みの唯一の事例というわけではなく、明確にマイクロコンテンツという語を用いているわけではないにせよ、同様の理念に基づいたデータ構造化を志向する研究や技術開発は、国内外で行われてきている。

　まず国内でいえば、ICPに先立ってSAT大蔵経図像データベースが、仏尊の図像資料を対象とした画像アノテーションとその公開を実現しており、そこでは画像の一部分を切り抜き、その特定の箇所にさまざまな関連情報を注釈していくためのシステムが実装されている[26]。切り抜いた画像部分の共有にはIIIF Presentation APIが利用されており、マイクロコンテンツという語を用いてはいないものの、これと同等の理念に基づいた実装を行なっていることは明らかである。そういう意味でこのデータベースは、日本における図像資料マイクロコンテンツ構築・公開の先駆的な事例ということもできる。

　他方、国外の例をあげれば、2022年3月にIIIF ConsortiumからIIIF Content State APIの正式公開が発表された[27]。発表によれば、このAPIは「ある角度で回転された特定のページ上の特定領域といった情報を参照可能にする」と

いうものであり、これを用いると、IIIFに則って構造化された資料の「部分」を個別のデータとして表現することもできる。このAPIは、少し前に話題になったゲティ美術館の「どうぶつの森アートジェネレーター」等でも利用されているということで、すでに画像資料の「部分」構造化のための国際標準の1つとなっているといってよい。ところで、「どうぶつの森アートジェネレーター」はゲティ美術館が所蔵する美術作品を中心に、そのIIIFデータをゲーム内に取り込んで絵画作品として、あるいは壁紙や洋服として利用するという機能であり、そこでは「キュレーションによる新たな価値の創出」という、CODHのICPが目指すものと同様の目的が追求されていることがわかる。すなわちIIIF Content State APIとICPは、資料の特定箇所を指定するデータ構造を提供するという技術的な側面のみならず、その理念においても軌を一にするといえるだろう。

　そのほか、必ずしもIIIFに依拠するわけではないツールとして、Recogitoが提供する画像アノテーション機能がある。Recogitoは、先述のPNがアンドリュー・メロン財団の助成を受けて開発したオープンソースのアノテーションツールである[28]。ユーザは、手持ちの画像データをシステムにアップロードするだけで、画像の特定部分を矩形領域として切り出し、「人物」「場所」「出来事」といった種別情報、コメント、タグ等を付与することができる。つまりここでも、画像データ全体ではなく、その特定の「部分」に対して新たな注釈を与えることができるのである。さらに、場所情報については、GeoNamesやPleiadesなど外部の地名典拠データへの参照をインターフェイス上で行うことができ、典拠データが持つ座標情報に基づいて、可視化ページのマップ上に切り取った画像部分が表示される。このようなインタラクティブな可視化は、資料の特定の「部分」と地理座標情報が高い粒度で接続されるがゆえに可能になる。

　「人文学資料マイクロコンテンツ」をはじめ、これまでに取り上げた図像資料構造化の事例をみると、それぞれ、用いられている技術や規格、名称は異なるものの、いずれも図像資料の特定部分を、元の資料全体からは独立した

新たなデータとして扱い、資料横断的な収集や展示、さらには外部データとの接続に活用しようとする試みであることがわかる。その意味で、これらの事例はいずれも図像資料のマイクロコンテンツ化を志向する研究とみなすができ、こうした形での資料細部へのデータアクセス手法の確立が、より精緻かつ高粒度の歴史知識表現の実現へとつながることになる。

3-2　テクスト資料のマークアップとマイクロコンテンツ化

　上述のような、資料の特定部分を切り取り、細部へのアクセスを可能にするようなデータ構造化、すなわちマイクロコンテンツ化の意義は、図像資料のみならずテクスト資料においても同様である。その場合には、テクストにおける人物や場所、出来事、モノといったエンティティへの言及を資料全体から抽出し、個別に処理可能なデータとして利用することになるが、そのためには、先立ってテクストへのマークアップを施すことが必要になる。マークアップとは、テクストの文書構造や視覚表現に関する情報を機械可読なものとするために、タイトルや見出し、あるいは人名や地名への言及といった、何らかの「意味」を持つテクスト要素に対して機械可読な目印をつけ、意味付けを行なっていく作業を指す。テクストのどの「部分」が、どのような情報を含んでいるのかをデータとして記述していくことで、そうした「部分」を対象とした情報検索やデータの集約が可能になる。

　このようなマークアップを実際に行う際に用いるマークアップ言語にはHTMLやSGML、あるいは広義ではマークダウン言語など、いくつかの選択肢があるが、DHにおいてもっとも一般的に用いられているのはXMLである。XMLの利点の一つは必要に応じてタグを独自に設定できる点であり、多様な情報を包含する人文資料のマークアップに耐えうる柔軟性を備えていることがその理由であろう。また、入れ子構造に基づく厳密な構造表現が可能な点も、XMLを用いる利点の一つである。とはいえ、XMLが柔軟であるからといって各自が自由なタグを用いてデータを構築したのでは、相互運用性を著しく欠くデータが大量に生み出され、横断的なデータ利用は不可

能になってしまう。そこで、人文学資料のマークアップにおいて用いられるべきタグについて一定の共通ルールを定めているのがTEI(Text Encoding Initiative)というコミュニティであり、このコミュニティが策定するTEIガイドラインである[29]。TEIは現在ではきわめて広く普及した国際標準となっており、多くの歴史資料もこのガイドラインに従って構造化されている。

　実際のテクスト構造化に際しては、たとえば、人物に言及する特定の「部分」をマークアップするならば<persName>タグ、場所をマークアップするならば<placeName>タグを用いるといった具合でテクストの構造化を進める。このような構造化を行うことで、人物や場所に関する情報を、当該箇所における具体的な表記等も含めて資料全体から個別に抽出することができる。こうしたテクスト構造化と、それに基づく情報抽出の良い例が、TEI-C東アジア／日本語分科会において開発されたTEI Multi Viewerである[30]。このビューアでは、<persName>を用いてそれぞれの登場人物への言及箇所をマークアップすることで、特定の人物が資料の中でどのように言及されているかを集約し、可視化することが可能になる。また人物のみならず、たとえば人物の「発話」部分を<said>を用いてマークアップすることで、図2のようにそれぞれの人物の発話内容のみをまとめて表示して読むこともできる。

　ここからわかるように、テクストをマークアップすることはすなわち、テクストの中から特定の情報を抽出し、それに意味を付与していくということであり、その意味では、先に触れた図像資料のマイクロコンテンツ化と本質的には同じ作業である。しかし、ただテクストにタグを付けるだけでは、個々のデータに対してグローバルに参照可能なIDが自動的に付与されるわけではないため、それを資料横断的に利用したり、資料外部の知識空間と接続したりすることは困難である。

　こうした課題に対して近年では、TEI/XMLでマークアップしたデータをリンクトデータとして利用するためのさまざまな手法が、TEIコミュニティを中心に活発に議論されている[31]。先のビューアの例で言えば、マークアップされた登場人物や発話のそれぞれにURIを与え、ウェブ空間でグロー

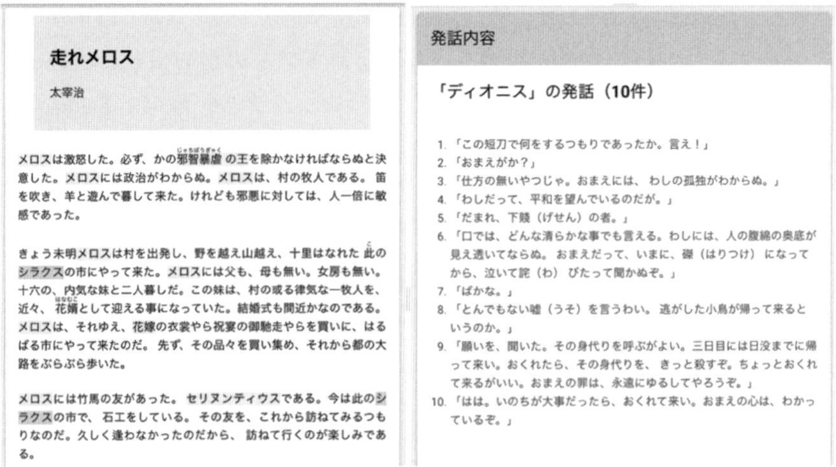

走れメロス

太宰治

メロスは激怒した。必ず、かの邪智暴虐の王を除かなければならぬと決意した。メロスには政治がわからぬ。メロスは、村の牧人である。笛を吹き、羊と遊んで暮して来た。けれども邪悪に対しては、人一倍に敏感であった。

きょう未明メロスは村を出発し、野を越え山越え、十里はなれた此のシラクスの市にやって来た。メロスには父も、母も無い。女房も無い。十六の、内気な妹と二人暮しだ。この妹は、村の或る律気な一牧人を、近々、花婿として迎える事になっていた。結婚式も間近かなのである。メロスは、それゆえ、花嫁の衣裳やら祝宴の御馳走やらを買いに、はるばる市にやって来たのだ。先ず、その品々を買い集め、それから都の大路をぶらぶら歩いた。

メロスには竹馬の友があった。セリヌンティウスである。今は此のシラクスの市で、石工をしている。その友を、これから訪ねてみるつもりなのだ。久しく逢わなかったのだから、訪ねて行くのが楽しみである。

発話内容

「ディオニス」の発話（10件）

1. 「この短刀で何をするつもりであったか。言え！」
2. 「おまえがか？」
3. 「仕方の無いやつじゃ。おまえには、わしの孤独がわからぬ。」
4. 「わしだって、平和を望んでいるのだが。」
5. 「だまれ、下賤（げせん）の者。」
6. 「口では、どんな清らかな事でも言える。わしには、人の腹綿の奥底が見え透いてならぬ。おまえだって、いまに、磔（はりつけ）になってから、泣いて詫（わ）びたって聞かぬぞ。」
7. 「ばかな。」
8. 「とんでもない嘘（うそ）を言うわい。逃がした小鳥が帰って来るというのか。」
9. 「願いを、聞いた。その身代りを呼ぶがよい。三日目には日没までに帰って来い。おくれたら、その身代りを、きっと殺すぞ。ちょっとおくれて来るがいい。おまえの罪は、永遠にゆるしてやろうぞ。」
10. 「はは。いのちが大事だったら、おくれて来い。おまえの心は、わかっているぞ。」

図2　TEI Multi Viewerによる太宰治『走れメロス』の可視化

バルに参照可能なデータにするということである。テクストについても図像資料のマイクロコンテンツ化と同様、特定の「部分」を元資料から独立して扱いうるデータリソースとして記述することで、資料横断的なデータのキュレーションや資料外部の典拠データとの接続が可能になる。DHの文脈でみれば、これまでにもテクストデータのマークアップは活発に行われてきたものの、マークアップされた個別の「部分」それ自体を新たなデータリソースとみなし、元資料の文脈から切り離して利用するという意識は必ずしも明確ではなかったように思う。このように個々の「部分」を独立したデータとして記述し、利用していくということは、従来は暗黙的にひとまとまりのものとみなされてきたテクストを、無数の情報の「集合体」として構造化するということであり、テクストという媒体の捉え方そのものの再検討にもつながる実践ということができるだろう[32]。

　加えて、TEI/XMLによるテクストマークアップの実践にあたっては近年、テクストインターフェイス上での直感的な操作によってXMLデータを作成できるエディタの開発も進んできており[33]、XMLの仕様や記法に必ずしも

精通していなくともデータ作成に着手できる環境が整ってきている。そうした状況の中で今後、テクストに含まれるミクロな情報を精緻かつ大規模にマークアップし、個別に利用可能なデータリソースとして構造化する動きがさらに進んでいけば、テクストを対象とした人文学マイクロコンテンツの蓄積とその利用可能性は大いに拡大することになるだろう。

4　「データ」の集積から「知識」の記述へ

　第2・3節においては、それぞれ典拠データと一次資料のマイクロコンテンツ化に着目することで、歴史研究に資するデータ資源の構築と蓄積について論じた。それを踏まえて本節では、これらのデータ資源同士をセマンティックに接続することで、資料の記述内容や、そこで描写・言及される歴史事象の詳細といった歴史「知識」を表現しようとする研究をいくつか取り上げ、論じることとする。

　本章冒頭で述べたように、これからのデジタル・ヒストリー研究において探究されるべき課題の一つは、資料レベルでの検索を超えて、そこに含まれる具体的な歴史「知識」にアプローチできるようなデータ構造化をいかに進めるかという問題である。そして、そうした「知識」とは、これまでに論じてきた典拠データや一次資料から抽出されるミクロな情報間の「意味的なネットワーク」として表現されるものと考えられる。それゆえ本節では、この「意味的なネットワーク」の構築を実現し、歴史事象の再構築や解釈にまで活用されうるデータ構造化の手法についての検討を進める。

4-1　一次資料の「言及そのもの」を構造化するFactoidモデル

　歴史資料に含まれる歴史「知識」のデータ構造化を論じるにあたって重要な研究として、Factoid Prosopography Ontology（以下、Factoidモデル）がある。FactoidモデルはKing's College Londonの研究チームが提唱するデータ構造化モデルで、歴史研究における伝統的な手法であるプロソポグラフィを対象と

し、歴史人物に関わる情報をデジタルデータとして構造化・共有するための標準規格を提供する。ただし、典拠情報としての人物データ整備とは異なり、一次資料の記述をきわめて重視するモデルであり、このモデルにおいて定義されるFactoidとは「人や、人の集団に関して何らかの言及をする資料の特定の箇所[34]」を意味する概念である。より具体的にいえば、Factoidは「資料Sにおける箇所Lは人物Pに関してFと述べている」といった情報を表すものであり、一次資料における具体的な記述に強く依拠した構造化モデルであることがわかる。Factoidモデルはもっぱら人物に関わる情報を扱うモデルであるが、当然、人物情報の記述に関わる限りでの場所や時間、組織といった情報は構造化の対象となるため、一次資料において言及されるこれらの情報を統合し、その意味連関を記述していくことになる。

　図3は、Factoidモデルのウェブサイトにおいて掲示されている、きわめて簡略化された概念図である。

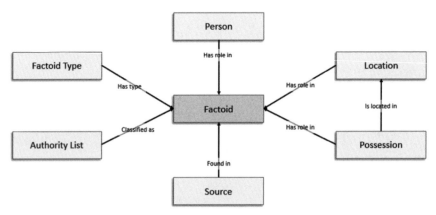

図3　Factoidモデルによる歴史情報構造化の簡略図【Factoid Prosopography Ontologyウェブサイト（https://www.kcl.ac.uk/factoid-prosopography/about）より】

　図からわかるように、「人に関わる資料中での何らかの言及」を表すFactoidを中心に、そのFactoidが出来事や関係性、身分など、どのような内容の情報（Factoid Type）を伝えているのか、どの資料（Source）にその記述が

存在するのか、そして、どのような人(Person)や場所(Location)が関与者として言及されているかが記述される。また、人や場所とFactoidの間が「Has role in」という矢印で結ばれていることからわかるように、Factoidモデルでは、特定のFactoidにおいてそれぞれの人や場所がどのような役割、すなわちコンテクストで言及されているのかも記述する。たとえば、「人物Aが人物Bを殺害した」というFactoidを記述する場合、人物Aには「加害者」、人物Bには「被害者」というコンテクストが付与されることになる[35]。

　Factoidの記述に含まれる人や場所のエンティティ情報は、それぞれを個別にみれば、前節において論じたような、マークアップによって生成されるマイクロコンテンツである。しかし、そうしたエンティティ同士を、資料記述に基づくコンテクストを含めて接続していくFactoidモデルは、もはや単なるマークアップにとどまるものではなく、マイクロコンテンツ化によるデータの集積を基盤としつつ、先に述べた「意味的なネットワーク」としての知識を歴史資料から抽出する試みであるといえる。

　Factoidモデルそのものは、あくまでもプロソポグラフィデータ構造化のための基盤的なコンセプトを示すものであり、実際のデータベース構築にあたっては個々のプロジェクトが必要に応じてこれを拡張・変更したりして実装を行うことになる。とはいえ、一次資料の記述に基づきつつ、そのコンテクストを含めて人物に関する歴史知識を構造化するというFactoidモデルの基本的な理念そのものは広く共有され、さまざまなデジタル・プロソポグラフィプロジェクトにおけるデータ構造化の基盤となってきた[36]。また、明確にFactoidという概念を用いているわけではないものの、近しい理念に基づいて歴史「知識」を構造化しようとするプロジェクトも国際的にいくつか進められている。

　たとえば、歴史会計資料の構造化を対象とするDEPCHAというプロジェクトは、帳簿資料に記述されている「商取引」に関わる情報、すなわち取引者や物品、その数量、取引時期などを、互いに意味的に接続された「知識」として、RDFを用いた知識グラフで記述するためのモデルを提唱している[37]。

DEPCHA も、「商取引」という出来事に関する言及、いわばFactoidをデータ構造化の基盤としている点で、Factoidモデルに通ずる部分があるといえるだろう。このモデルについては国内でも小風が種々の帳簿資料への適用を進めており[38]、国内のデジタル・ヒストリー研究においても一次資料に含まれる歴史「知識」をデータとして蓄積・利用する動きは部分的に進みつつある。

　また、会計・財務資料に限られない、より普遍的な方法論の探究も進んでおり、たとえば先述のTEIコミュニティにおいては、関係性を表す<relation>というタグを用いて歴史的な出来事や事象、そこで言及されるエンティティ間の「意味的なネットワーク」を構造化しようとする提案がなされている[39]。この、TEIに準拠した歴史知識の構造化については、上述のFactoidモデルやDEPCHAもTEIマークアップに基づく知識グラフの構築手法を提示しており[40]、今後、有力な手法として確立されていく可能性がある。

4-2　より粒度の細かい知識表現へ

　上述のように、資料記述の内容に基づいて「知識」を構造化しようとする動きに加えて、近年では、そうした知識構造化の粒度をさらに高めようとする動きもある。そうした試みの中でとくに興味深いのが、チェコやオランドの西洋中世史研究者からなる Dissident Networks Project が提唱する Source Criticism 2.0 というコンセプトである。

　Source Criticism 2.0 は、「まず資料をモデル化せよ Model the source first!」をスローガンに、資料から抽出された抽象的な知識としての出来事や現象の記述にとどまらず、資料におけるテクストの統辞構造や語彙・言語表現までもデータとして構造化しようとするプロジェクトである[41]。すなわち Source Criticism 2.0 とは、資料において人物や場所、あるいは概念がどのような語彙で表現されているか、何らかの歴史事象を記述する述語が何であるか、そうした事象の生じた背景状況を表す副詞句にはどのような語が用いられているか、といったきわめて微細な情報までをデータとして表現するということであり、自然言語としてのテクストそれ自体をグラフデータ空間に再構築し

184 ──────　第3部　さらなる活用にむけて

ようとする試みである。資料で言及される人や場所といったエンティティの
みでなく、そうしたエンティティ同士を接続する語彙や言語表現までを含め
た「意味的なネットワーク」をグラフデータベースによって記述し、それを
データとして蓄積・利用可能にしようとする点でSource Criticism 2.0という
コンセプトは、Factoidなどの既存モデルよりもさらに一段深いレベルでの
一次資料参照を実現するものといえるだろう。

　このような、資料から抽出される抽象化された知識のみならず、資料の記
述そのものをデータとして構造化しようという考えは、実際にテクスト研究
に携わる人文系研究者ならではといえようが、今後、より「深い」人文系デー
タの構造化を進めていく上で避けては通れない課題であることは確かであ
る。こうした課題についてはじつは現在、筆者も取り組んでおり、資料にお
ける歴史事象への言及を、テクストの文字レベルからデータとして構造化
する「歴史マイクロナレッジ」というコンセプト、およびその実装としての
HIMIKO（Historical Micro Knowledge and Ontology）オントロジーを提案してい
る[42]。そこでは、テクストに記された個々の文字の字体や筆跡といった情
報から、語彙や表現、エンティティ、さらにはそれらのエンティティの連関
としての歴史事象に関する情報までを一連のデータとして表現することが可
能になる。個々の文字や語彙・表現、エンティティはすべて資料から切り出
されたマイクロコンテンツとみなすことができるため、HIMIKOもまた、断
片化された情報単位としてのマイクロコンテンツを基盤としつつ、それらを
セマンティックに接続することで「知識」を表現するモデルといえる。

4-3　小括

　本節では、典拠データやマイクロコンテンツの集積を超えて、それらを資
料のコンテクストに沿ってセマンティックに接続することで、資料に記され
ている「知識」そのものを構造化しようとする試みのいくつかを紹介した。こ
うした、資料の意味内容そのものの「深い」構造化の実践は、DH全体の動向
をみてもいまだ端緒についたばかりであり、多様で複雑な情報をいかにデー

タとして構造化するのか、煩雑になりがちなデータ作成のプロセスをいかに効率化するかなど、課題はつきない。その意味では、今後の研究や実践の進展が大いに期待される分野である。

5　おわりに

　本章ではこれまで、歴史研究に資する情報資源構築という観点から、典拠データの整備、資料マイクロコンテンツの生成、そして資料記述に基づく「意味的なネットワーク」としての知識構造化について論じてきた。じつは、本章執筆にあたって与えられたテーマは「マイクロコンテンツの活用」というものであったが、果たして本章の記述がこのテーマに沿ったものたりえたかについてはやや心許ない。しかし、DH、あるいはデジタル・ヒストリーの文脈におけるマイクロコンテンツの議論がもっぱら第3節で触れたような資料マイクロコンテンツの生成と利用という側面に集中しがちな中で、そうしたマイクロコンテンツと接続されうる典拠データの整備や、マイクロコンテンツを基盤とした「知識」の構造化といった側面にも視野を広げ、従来の意味におけるマイクロコンテンツを、歴史研究のための情報資源整備全体の文脈の中に位置づけることができたのであれば幸いである。

　本章の議論からわかることは、マイクロコンテンツはただ資料から切り出されるだけではなく、外部の典拠データや他のマイクロコンテンツと接続されることで、資料の内外を繋いだり、資料に記された「知識」を表現したりという形で、より有意義に研究に活用されうる、ということである。それを踏まえるならば、マイクロコンテンツのデジタル・ヒストリー、ひいてはDHにおける幅広い活用を考えるにあたっては、マイクロコンテンツそのものの作成と収集はもちろん、それを他の情報資源といかに「接続」するか、そうした「接続」に関するデータ自体をいかにアーカイブし、共有していくか、そして、そのための技術や基盤をいかに開発・整備するかが重要になってくるだろう。いうなれば、さまざまな場所に散財する断片的な情報としてのマイク

186 ─────── 第3部　さらなる活用にむけて

ロコンテンツを接続し、そこに意味を与えて「知識」を形成していくこと、そしてその「知識」を広く共有可能かつ利用可能なものにしていくことが、歴史研究のための情報資源整備においてこれからも取り組まれるべき重要な課題の一つである。

注

1) この分野の研究は枚挙に暇がないが、一例として、山田太造(2019)「歴史データをつなぐこと――目録データ」『歴史情報学の教科書――歴史のデータが世界をひらく』後藤真・橋本雄太編, 文学通信社, 23〜36と東京大学史料編纂所の所蔵史料目録データベースの運用、国立歴史民俗博物館の「総合資料学」プロジェクトと基盤情報システムKHIRINなどをあげておく。

2) 『図書館情報学用語辞典第5版』では、「ウェブ上でデータをつなぎ合わせ、また他のデータとつながる形で公開・共有するための仕組み、あるいはその仕組みを用いて作成された機械可読データ」と定義されている。リンクトデータはより大きな文脈では、データ間の関係性の「意味」を機械可読に記述することを目指すセマンティックウェブの構想に依拠しており、具体的には、RDF等のセマンティックウェブ関連技術を用いて実現される。

3) https://www.nihu.jp/ja/database/source_map

4) https://geolod.ex.nii.ac.jp/

5) https://geoshape.ex.nii.ac.jp/nrct/

6) https://pleiades.stoa.org/

7) https://whgazetteer.org/

8) https://romanrepublic.ac.uk/

9) https://www.trismegistos.org/ref/

10) https://syriaca.org/spear/index.html

11) https://www.mamluk.ugent.be/IHODP/MPP

12) https://projects.iq.harvard.edu/cbdb/home

13) PNにおける歴史人物情報を扱うワーキンググループは、2023年10月にコミュニティによって正式に認可され、活動を開始した。このグループの目的や活動については、Pelagios Network: People(https://pelagios.org/activities/people/)(最終アクセス：2023年11月19日)に掲載された文書等を参照のこと。なお筆者は、ロンドン大学のGabriel Bodard氏とともにこのワーキンググループのコーディネータを務めている。

14) https://www.hutime.jp/

15) 関野樹 (2019)「時間名による時間参照基盤の構築——Linked Dataを用いた期間の記述とリソース化」『じんもんこん論文集2019』267-272.

16) https://chronontology.dainst.org/

17) https://perio.do/technical-overview/

18) Pelagios Network: Time (https://pelagios.org/activities/time/)(最終アクセス：2023年11月19日)

19) https://lila-erc.eu/

20) https://www.getty.edu/research/tools/vocabularies/aat/

21) このような画像アノテーションは近年では、とくに機械学習の素材として利用される場合が多い。

22) 鈴木親彦・髙岸輝・本間淳・Alexis Mermet・北本朝展 (2020)「日本中世絵巻における性差の描き分け——IIIF Curation Platformを活用したGM法による『遊行上人縁起絵巻』の様式分析」『じんもんこん論文集2020』67-74.

23) たとえば文字については、ROIS-DS人文学オープンデータ共同利用センターが公開している「日本古典籍くずし字データセット」や「KMNISTデータセット」、風景・景観についても同センターの「江戸観光案内」などがある。

24) 鈴木親彦・北本朝展 (2021)「人文学資料マイクロコンテンツの実世界との双方向結合とデータポータル『edomi』」『じんもんこん論文集2021』96-103.

25) IIIF Curation Platform (http://codh.rois.ac.jp/icp/)(最終アクセス：2023年11月19日)

26) SAT大正蔵図像DB (https://dzkimgs.l.u-tokyo.ac.jp/SATi/images.php)(最終アクセス：2023年11月19日)

27) IIIF Content State API Published (https://iiif.io/news/2022/03/16/content-state-published/)(最終アクセス：2023年11月19日)

28) About Recogito (https://recogito.pelagios.org/help/about)(最終アクセス：2023年11月19日). Recogitoの基本的な機能や操作については、公式サイトのチュートリアルTen Minute Tutorial (https://recogito.pelagios.org/help/tutorial)(最終アクセス：2023年11月19日)や、del Rio Riande, G. & Vitale, V. (2020) Recogito-in-a-Box: From Annotation to Digital Edition, *Modern Languages Open*, 2020(1), 44, 1-13が参考になる。

29) TEIの沿革や理念的背景については、ナンシー・イデ, C.マイケル・スパーバー＝マックイーン, ルー・バーナード (王一凡・永崎研宣監訳)「TEI：それはどこから来たのか. そして, なぜ, 今もなおここにあるのか？」『デジタル・ヒューマニティーズ』1, 3-28. より具体的な実践例については、一般財団法人人文情報学研究所監修(2022)『人文学のためのテキストデータ構築入門——TEIガイドラインに準拠した取り組みにむけて』文学通信を参照。

30) TEI Multi Viewer（https://tei-eaj.github.io/tei_viewer/）（最終アクセス：2023年11月19日）

31) 毎年開催されるTEIコミュニティの年次総会においても近年、TEIとリンクトデータを論じる研究報告が複数含まれるようになってきており、このテーマに関する関心は高まっている。また、カナダを中心とした大規模リンクトデータ研究プロジェクトであるLINCSのメンバーを中心に組織さているワーキンググループである Ontologies SIG も、TEIマークアップのCIDOC CRMへの変換など、TEIとリンクトデータ、オントロジー、データモデルをめぐる課題を継続的に議論している。Ontologies SIG（https://tei-c.org/activities/sig/ontologies/）（最終アクセス：2023年11月19日）

32) こうしたテクスト情報のネットワーク化という思想に連なる具体的な研究としては次節4.1や4.2においてFactoidモデルやSource Criticism 2.0を詳しく取り上げるが、テクストの断片データ化という側面のみに着目するならば、より一般的な技術としてCanonical Text Services（以下、CTS）をあげることができる。CTSとは端的にいえば、一意のURNによってテクストの特定箇所（たとえば、カエサル『ガリア戦記』1巻1章1節など）を指示することを可能にする規格であり、これにより、テクスト全体ではなく、その中の特定の章や節といった断片的な部分に、外部から直接的にデータアクセスすることが可能になる。CTSの規格はPerseus Digital Libraryなどでも採用されており、テクストの記述内容そのものには踏み込んでいないという点で限定的ながらも、テクストの「マイクロコンテンツ化」を実現しているといえる。CTSの詳細や活用事例については、Tiepmar, J. & Heyer, G. (2017) 'An Overview of Canonical Text Services', *Linguistics and Literature Studies*, 5(2), 132-148（https://www.hrpub.org/download/20170330/LLS9-19308836.pdf）を参照のこと。

33) たとえば、ワープロソフトの延長線上のような操作でテクストデータを構築できるFairCopy Editor（https://www.faircopyeditor.com/）（最終アクセス：2023年11月19日）、マークアップと外部典拠データとの接続（エンティティリンキング）によるリンクトデータ構築を単一インターフェイス上で実現するLEAF Writer（https://leaf-writer.leaf-vre.org/）（最終アクセス：2023年11月19日）がある。また先に触れたRecogitoもマークアップとエンティティリンキングを支援するテクストエディタを提供している。

34) What is Factoid Prosopography all about?（https://www.kcl.ac.uk/factoid-prosopography/about）（最終アクセス：2023年11月19日）. 原文では、'A factoid is a spot in a source that says something about a person or persons' と述べられている。

35) より詳しくは、Pasin, M. & Bradley J. (2015), 'Factoid-based prosopography

and computer ontologies: towards an integrated approach', *Digital Scholarship in the Humanities*, 30(1), 86-97.

36）　たとえば、Prosopography of the Byzantine Empire（http://www.pbe.kcl.ac.uk/）（最終アクセス：2023年11月19日）や PASE: Prosopography of Anglo-Saxon England（http://www.pase.ac.uk/）（最終アクセス：2023年11月19日）など。

37）　DEPCHA: Digital Edition Publishing Cooperative for Historical Accounts（https://gams.uni-graz.at/context:depcha）（最終アクセス：2023年11月19日）

38）　小風尚樹（2019）「構造化記述された財務記録史料データの分析手法の開発——イギリスの船舶解体業を事例に」『じんもんこん論文集2019』, 183-190.

39）　この点についての最新の研究事例として、たとえば、2023年のTEI年次総会における研究報告、Galka, S. V. & Vogeler, G. (2023) 'Relation^3: How to relate text describing relationships with structured encoding of the relationships?', short paper, joint MEC and TEI Conference 2023, Paderborn, 6 September 2023, https://teimec2023.uni-paderborn.de/contributions/117.html がある。

40）　たとえば、Factoid については Schwartz, D. L., Gibson, N. P. & Torabi, K. (2022) 'Modeling a Born-Digital Prosopography using the TEI and Linked Data', *Journal of the Text Encoding Initiative*, Rolling Issue, https://journals.openedition.org/jtei/3979 が、DEPCHA については Pollin, C. (2019) 'Digital Edition Publishing Cooperative for Historical Accounts and the Bookkeeping Ontology', in Riechert, T., Beretta, F. & Bruseker, G. (eds.), *Proceedings of the Doctoral Symposium on Research on Online Database in History 2019*, 7-14, https://ceur-ws.org/Vol-2532/paper1.pdf がよい例である。

41）　Zbíral, D., Shaw, R. L. J., Hampejs, T. & Mertel, A. (2021) 'Model the source first! Towards source modelling and source criticism 2.0', *Zenodo*, DOI: 10.5281/zenodo.5218926.

42）　小川潤・北本朝展・大向一輝（2023）「歴史マイクロナレッジの提唱とHIMIKO（Historical Micro Knowledge and Ontology）システムの実装」『じんもんこん論文集2023』105-112.

第9章

パーソナルデジタルアーカイブ

個人が作成／管理する、あるいは個人に関するコレクション

塩崎　亮

> 情報時代の大きな皮肉のひとつは、20世紀後半が歴史上のどの時期よりも多くのデータを記録したことは疑いえないが、ほぼ間違いなく、それ以前のどの年代よりも多くの情報を失ったということである。[1]

1　はじめに

　21世紀もまもなく四半世紀を過ぎようとする現在、個人から発信・共有されるデータの量は膨大な規模となっている。もはや、コンテンツの生成主体が人間でなく機械であってもおかしくない状況に入りつつあるけれども、このような傾向が——さまざまな領域で機能が分化するとともに、効率性を重視した競争が激化し、限られた一生の間により多くの体験を人々がとめどなく求める「加速社会」[2]において——続くとすれば、さらに多くの「データ」がデジタル形式で記録されていくに違いない。わたしたちはそれ以前のどの時代よりも多くの「情報」をさらに失うことになるのだろうか。本章では「パーソナルデジタルアーカイブ」（個人が作成／管理する、あるいは個人に関するデジタルコレクション）の動態に焦点を当て、この問いについて考えをめぐらせてみたい。

　デジタル形式のパーソナルなコンテンツに焦点を当てる理由としては、①個人の記録であっても社会的な価値をもちうる点[3]、②意図的にせよ・非意

図的にせよ、仕事や日常生活上でそれらは作成・管理されているものだから、多くの個人にとって課題となる点、③特定少数の著名な個人の記録は従来からその一部が図書館やアーカイブズで集められてきたものの、不特定多数の一般個人の記録までをも第三者が収集保存できるようになってきた点、④ウェブ上で個人から発信されるコンテンツには誤情報や偽情報、悪意のある情報を含む可能性があるものの、だからこそこれまで残されにくかった類の史料に将来なりうる点、⑤コンテンツの生成主体が人間に限定される場合、組織や団体の名義・責任上で発信されるとしても、結局そこには何らかの形で個人が関与している（ゆえに中間成果物が個人で管理されている場合もある）点があげられる。

　以降、できるだけ多様な論点を幅広く紹介することを目的として、選択的な文献レビューを行う。まず関連用語を整理したうえで、順を追って、背景および関連する研究領域、パーソナルデジタルアーカイブというコレクションの対象、構築の主体、手法、理由・動機、課題について概観していきたい。ただしレビュー対象は、基本的に、議論・実践が先行的に蓄積されている英語の文献に限定する。

2　用語の整理

　米国アーキビスト協会（SAA）で維持管理されている用語集によれば、「パーソナルアーカイブ」（複数形のアーカイブズと記される場合もあるが、議論の本筋でないためここでは単数形で統一する）とは"形式がどのようなものであれ、個人の活動の証拠を示す一連のドキュメント集合"のことを指す[4]。その注釈では、アーキビストは「パーソナルペーパー」を、そうでないひとは「パーソナルアーカイブ」の語を使う傾向にあると記されているが、いずれにせよ、日本語では「個人文書」や「私文書」に該当する。あるいは「パーソナルコレクション」と表現されることもある（なお、集合に含まれる個々のドキュメントを指して「パーソナルドキュメント」や「エゴドキュメント」など

と呼ぶ場合も見られる）。

　単純に考えると、そのうち記録形式がデジタルのものであれば「パーソナルデジタルアーカイブ」や「パーソナルデジタルコレクション」とみなせる。英国図書館による Digital Lives Research プロジェクトでは「パーソナルデジタルアーカイブ」を次のように定義していた。

　　個人の生活過程において個人により作成または取得され、蓄積され、維持管理される、インフォーマルで多様かつ拡大する記憶のコレクションのことを指し、所属機関やその他の勤務先ではなく、当該個人に帰属するものである。[5]

　つまり、本人が作成したもの以外に、他者が作成したものや個人に関するものも対象に含まれる。"帰属する"(belonging to)とは、所有しているだけでなく、アクセスする権利がある状態をも示唆している。英国のデジタル保存連合を設立した立役者でもあるニール・ビーグリーは「パーソナルデジタルコレクション」をほとんど同じ意味合いで定義しているが、そこには他者と共有される側面が包含されていた。

　　パーソナルデジタルコレクション[……]は、個人の私生活や仕事、教育、さらには外部のコミュニティやコンテンツ生成元から素材が抽出された複合物であることが多い。そのようなコレクションの所有権や知的財産権は、そのため多様かつ複雑になりがちである。これらのコレクションは、個人的な参照や利用のみを目的とした資料、および／または職場でほかの人と、あるいは家族や友人、利益をともにする集団を含むその他のコミュニティと共有することを意図した資料で構成されることが多い。[6]

　SAA の用語集を確認すると、「パーソナルデジタルアーカイブ」も「パーソ

ナルデジタルコレクション」も立項されておらず、代わりに「パーソナルデジ
タルアーカイビング」という項目が設けられていた。当該項目は“継続的な
価値をもつ自身のデジタル記録を保存する行為”と定義されている[7]。つま
り、行為の成果(静的な側面)よりも過程(動的な側面)により関心が向けられ
ていることがうかがえる。この「パーソナルデジタルアーカイビング」はひと
つの研究領域を表す語にもなっている。以降、関連する「アーカイブズ学」や
「個人による情報管理研究」とあわせて、どのようなことが研究対象とされて
きたかを概観したい。

3　アーカイブ論的転回

　パーソナルデジタルアーカイブまたはアーカイビングのいずれの語にせよ、
おおむね2000年代以降に使われ始めた語である。したがって、その背景的
な要因のひとつとして、アーカイブズ学を超えた分野で「アーカイブ」概念そ
のものが拡張されてきた経緯に触れておく必要があるだろう。歴史人類学者
のアン・ストーラーによれば、アーカイブ概念は「資源としてのアーカイブ」
から「主題としてのアーカイブ」へ「転回」(turn)してきたという[8]。いいかえ
ると、資料が物理的に保管されている静的なアーカイブズ機関というよりは
むしろ、動的に記録の集合が生成されていく現象をアーカイブという概念で
とらえるアプローチがアーカイブズ領域外で一般化してきた、ととらえられ
る。

3-1　転回

　現代アーカイブズ学の萌芽は19世紀末頃に見出されると一般的にいわれ
ている。SAA用語集の項目「アーカイブズ」には12種類もの定義が示されて
いるが、やや冗長で、結局のところ、“アーキビストはこの語を3つの限定
した意味合い(記録[レコード]、記録が保管される施設、記録と施設双方に
責任をもつ組織)で通常とらえている”と注釈にはある[9]。20世紀後半以降、

194 ──────　第3部　さらなる活用にむけて

ポストモダニズムの隆盛を受けて、このようなアーカイブ概念の範囲は拡大の一途をたどっている。

　ポストモダニズムの見方とは、あるひとつの「大きな物語」というより、むしろ多数の「小さな物語」でアーカイブは構成されている、とみなすものである。その契機として、特にミシェル・フーコーが引き合いに出されることが多い。フーコーによれば、アーカイブ（アルシーブ）とは、ある文化が保存するすべての記録の総体でもなければ、ある文化を網羅的に記述し保存することを可能にする制度のことでもない。むしろそれは、どのようなことが語られ、どのようなことが語られないかの規則性を形成する"諸言表の形成およびその変換にかかわる一般的システム"としてとらえられている[10]。このような見方を突き詰めると、何らかの資料群だけでなく、都市や身体などを含め、およそあらゆる記録の集合をアーカイブとしてとらえなすことが可能となる。いわばメタファーとしての利用法といえる。

　アーカイブ論的転回を象徴づける、もうひとりの代表的な論者はジャック・デリダだろう。デリダによれば、"記憶の支配はともかく、アーカイヴの支配がない政治的権力は存在しない"[11]。また、アーカイブという形で保存しようとする心理的衝動は、実際には忘却への欲求のうえに成り立っているという。現在では、アーカイブが内包する権力性そのものについては関係者間で広く認識されているように見える。実際、記録のあり方や扱われ方、特に「社会正義」の問題はアーカイブズ学や図書館情報学の領域でも避けて通れない重要なテーマとなってきた[12]。しかし、保存対象となる記録を何らかの仕方で選別せざるをえない以上、そうでないものは保存対象から除外されてしまうという、アーカイブの二面性を完全な形で解消できるとは考えにくい。"「アーカイビング」という活動は、それゆえ常に批判的なものであり、常に歴史的に位置づけられるものであり、常に異議を申し立てられるものである"[13]。むしろ、そのような矛盾を抱えたうえで、関係者間での絶え間ない対話が求められているのだろう[14]。

3-2 回帰、あるいは展開

　人文・社会科学の研究者らによるアーカイブ論的転回の議論では、アーカイブズ学の知見が顧みられないことが多い。アーカイブズの領域ではこの点が嘆かれてきた[15]。とはいえ、アーカイブ論にとどまらない、他分野における転回の議論を受容したうえで、アーカイブズ学の新たな展開の可能性を期待する向きも一方であり、たとえばエリック・ケトラールはそのような方向性を「回帰」(return)と表現している[16]。

　「コミュニティアーカイブズ」や「脱保管主義」(post-custodial)といった理念や実践は「回帰」の例のように見える。前者は「参加型アーカイブズ」と表現される場合もあり、"共通の関心事や、社会的・文化的・歴史的遺産を共有する人々からなるグループが行うドキュメンテーション活動のことで、通常、グループの構成員によってつくられ、既存のアーカイブズ機関以外で記録され、維持管理される"[17]。たとえば、歴史的に抑圧されてきた人々を意識的に対象として記録する試みがあげられるだろう。後者は1980年代頃から電子記録を扱ううえで出てきた考え方であり、"記録の作成者がアーカイブ記録を維持管理し続けつつ、アーキビストがほかの記録も場合によっては保管しながら管理監督を行う状況に関連する"[18]。既存のアーカイブズ機関にとどまらない形で、これまでにないタイプのアーカイブが形成されていく動きが生じてきたといえる。

　このような「転回」「回帰」のうねりの中で、アーカイブズ機関において単なる保存対象に過ぎなかった、よりいえば、保存対象とされることがなかった多くの一般の個人自身が、デジタル技術の進展を受けて、自らをアーカイブ主体として機能させる状況が出てきた。

　　ネットワーク化された情報通信技術(ICTs)の普及に伴い、パーソナルアーカイブズの定義は拡大し、自分の人生を記録したいというアーカイブ衝動をもつ、およそあらゆる個人のコレクションが含まれるようになった。新しい技術は、携帯電話の写真から電子メールでのやりとりや

Twitterのフィードまで、パーソナルアーカイブズの新たな可能性を生み出している。[19]

並行して、パーソナルデジタルアーカイビングという新たな研究領域が「展開」されている。

3-3 パーソナルデジタルアーカイビング(PDA)

パーソナルデジタルアーカイビング(Personal Digital Archiving：PDA)では、(後述する)個人による情報管理(Personal Information Management：PIM)の研究と同じく個人が調査対象となるが、デジタルコンテンツの保存問題を主に扱う[20]。2000年頃から確認できる新しい領域である。PIMの最終目的はツールの開発とされることが多い一方、PDAの場合は、PDAを支えるリテラシーの育成に関する議論が目立つ。これは、PIMがヒューマンコンピュータインタラクション(HCI)で取り組まれてきた一方で、PDAはアーカイブズ学に近いところで展開してきたことを反映している。

デジタルコンテンツを管理する行為が仕事上でも日常生活上でも浸透してきたことを反映し、PDAの実態調査は一般の人々、研究者や学生、各種専門職らを対象に、英語圏だけでなく、さまざまな国で幅広く実施されてきた。結果、PDAの重要性を調査対象者はおおむね認識しているが実際にはやられていないこと、そのためアーキビストや図書館員などの支援が必要なことが繰り返し報告されている[21]。

PCやスマートフォン(スマホ)などの手元のデバイスだけでPDAはもはや完結しない。クラウドサービスの普及を受けて、パーソナルアーカイブの一部としてウェブを位置づける論者もいる。ある調査では、一部のウェブサービスがなくなる可能性はあるものの、管理するコンテンツがすべて保存されなくてもかまわないと一般ユーザが認識していることが報告されている[22]。ソーシャルメディアとPDAの関係を取り上げた文献でも同様の結論が示されている[23]。

PDAは自分自身を認識・形成する行為ともいえる。たとえば、移民を対象として、彼らがどのようにパーソナルコレクションを管理し、アイデンティティの形成に役立てているかを示した調査がなされている[24]。あるいは、移民の"デジタルポケットアーカイブ"(つまりスマホ)は政治的意味合いにおいて理解されなければならず、既成のジャーナリズムでは報道されない戦争や移民の実態がそこには記録されている、との指摘もある[25]。このような意味合いからすると、PDAは集合的記憶の研究など、メモリースタディーズとも接続する[26]。

3-4 個人による情報管理(PIM)

PDAとPIMを明確に区別することは難しいが、少なくともPIMは、デジタル技術が浸透する前から個人による情報管理を研究対象としてきた領域である。総じてPIMでは、何らかの作業を遂行するために、ファイルや電子メールをより速く簡単に探しなおすといった、日常的・実用的な側面に焦点が当てられてきた。個人による情報管理行動は、記録された情報の「保持」、「管理(メタレベル活動)」、「利活用(再発見)」から構成されると基本的にはみなされている[27]。スティーブ・ウィテカーは次のように指摘し、PIMと情報行動研究との違いを強調していた。

> 情報学の文献では、公開されている新たな情報を発見することの方が、その情報を利活用することよりも強調されている [......] 情報探索は反復的なもので、人々は情報ニーズを満たすために短期的な行為を繰り返すととらえられているが、価値ある情報として位置づけられたあとに生じることについて、それらのモデルは何も語っていない。将来的な利用のために、その情報がどのように組織化、あるいはキュレーションされるかについては、何も議論されていない。[28]

当然のことながら現在のPIMはデジタル技術の活用が前提となっており、

PDAと重なる。あとから何の情報がいつどのように必要になるかは予測できないため、記録された情報を整理する作業には困難を伴う。これまでに多数の実証調査が蓄積されており、たとえば、自分で整理したもののほうがあとから探しやすく、その場合、総じて個人は検索機能に頼るのではなく、階層的なフォルダを辿って探り当てる行為を好む傾向にあることが報告されている[29]。これは、検索語を考えるよりも認知的負荷が少ないことの反映と考えられている。

4　対象

　PDAとは、前述のとおり、"継続的な価値をもつ自身のデジタル記録を保存する行為"のことをいう[7]。PDAの対象となる"自身のデジタル記録"には、個人本人が作成するもの、あるいは個人が管理するもの、さらには個人に関するものが含まれうる。

4-1　個人本人が作成するもの

　個人が作成するデジタル形式の記録としては、生成AIなどの各種ツールを介して生み出されたコンテンツを含め、文書やメッセージ、動画像などさまざまなものがあげられる。そこにはウェブ上などで公開されているものもあれば、非公開のものもありうるし、他人に知られても問題がない場合もあれば、秘密にしておきたい機微な情報を含む場合もあるだろう。そのため、"自身のデジタル記録"を第三者が扱うとなると、必然的にさまざまな権利関係を考慮しなければならなくなる。

4-2　個人が管理するもの

　いわゆる蒐集家は昔から存在していたわけだが、一定規模のコレクションを構築できるのは権力や富をもつごく一部の個人に限られていた。現在では、不特定多数の一般個人がスマホやPCなどのデバイス上で、あるいはそれら

のデバイスを介してネットワーク上で膨大な量のデータを管理することが可能になっている。そこには本人が作成したものもあれば、他人が作成したものもありうる。電子メールなどのコミュニケーションツールの場合は、送信メッセージだけでなく、受信メッセージがあり、それらのなかには仕事上の内容だけでなく、他の人に知られたくない私的なやりとりが含まれるかもしれない[30]。キャサリン・マーシャルは、個人が管理するデジタルコレクションの特性を7点あげていた[31]。

- 急速に蓄積されていくため、長期的な価値をもつアイテムがどれか判断しにくい。
- オンライン、オフライン問わず、分散して存在しており、変遷を追うことも難しい。
- データは複製され多様な用途で使われるため、オリジナルの文脈が失われやすい。
- パスワードや暗号化といったデータ保護の対応が逆に長期保存を行う際の障壁となる。
- 大半のユーザはファイル形式について理解しておらず、すでに手元の環境では再生できない（旧式化した）可能性がある。
- デジタル情報を個人で管理するには多大な時間と専門的なスキルを必要とする。
- 現在の情報通信技術環境には長期利用を保証する機能が組み入れられていない。

　このような個人が管理するデジタルコレクションには多種多様なファイルが含まれており、人によってその様相もさまざまであることが報告されている[32]。関連して、ネットワーク上でアクセス可能なコンテンツに対する所有感は、手にとって触ることができるモノに対するそれとは異なることが指摘されてきた[33]。

4-3 個人に関するもの

個人を識別または特定できるデータ、あるいは行動の履歴や健康状態などが、通信ログとして残されたり各種センサーで記録されたりすることで、いわばそのひと個人に関するデジタルコレクションを構築可能になってきた。「自己トラッキング」や「数量化された自己」といった表現もある。自身に関するデータとはいえ、アプリや計測機器により客観的に記録され数値は、自身が記憶する過去とは切り離されたものとなるため、そこから意味をすくいとるには、データを精確に解釈する知識や、背景となる文脈情報が欠かせないことが報告されている[34]。大学アーカイブズでもこの種のデータ受入に対応していかざるをえないのではないかという議論がすでに見られる[35]。

5 主体

PDAの主体は必ずしも本人に限らない。個人が作成／管理する、あるいは個人に関するデジタルコレクションは、組織を含む第三者によってアーカイブされる場合もありうる。

5-1 本人

PDAで想定されている基本の行為主体は本人である。ただし、一般個人と著名な個人が作成したコンテンツでは社会的価値が異なりうる。作家やアーティストなどの創作を生業としている個人のPDAはその他の人々と異なるかもしれない[36]。ジャーナリスト[37]や兵士[38]に焦点を当てたPDAの実態調査もある。差異を生む属性は職業だけとも限らない。そもそも個人によって情報行動のスタイルは多様である。

5-2 家族・コミュニティ

夫婦・親子・親族などの家族が、当人の死などを契機として、代わりにPDAの主体となることもありうる。そうなることを見越して、個人がデジ

タル遺産となるものを生前に整理する場合もあるだろう。著名な個人のコレクションであれば文化遺産機関に寄贈できるかもしれないが、一般個人のものの場合は、遺品の管理コストが負担となるかもしれないし、アカウント名やパスワードが不明のためアクセスできないオンライン上の(特に金銭が絡む)コンテンツの扱いに悩まされる場合もあるだろう[39]。残されたコレクションの管理や処分の仕方を決める際には家族の絆が重要な役割を果たすものの、本人が残したいと考えるものと家族側が故人に残して欲しかったと期待するものとの間にはえてしてズレがあるともいわれる[40]。死後の、あるいは死を見据えた情報管理について考えるうえで、死生学などの知見を応用できないかという議論も出てきている[41]。あるいは、回想法の一手段としてPDAが活用される機会があるかもしれない。また、個人のデジタルコンテンツを家族へ「ギフト」として意図的に残すツールの開発を目的したプロジェクトも確認できる[42]。

　本人が属する、あるいは関係するコミュニティがPDAの主体となる可能性もあるだろう。たとえば、あるコミュニティが、社会運動[43]や戦争・紛争[44]といった何らかのテーマのもとで不特定多数の個人のデジタルコンテンツを集めてコレクションを構築する場合もありうる。

5-3　文化遺産機関

　欧米のアーカイブズや図書館などの文化遺産機関では、従来からある個人文書の延長として、2000年前後より、作家や政治家などの特定少数のパーソナルデジタルアーカイブを受け入れ始めている[45]。それ自体が研究の素材としても機能しており、たとえばデジタルフォレンジックの技術を活用したコレクションの内容分析が進められている[46]。ただし、故人が消去したつもりであったデータまで技術的には抽出可能な場合があるため、"ラディカルな共感"が求められるとし、より抑制的な判断を促す声もある[47]。また、市民のデジタルリテラシー育成を含め、個人からのデジタルコンテンツの投稿を促す参加型アーカイブを文化遺産機関が展開する例も見られる。あ

るいは国立図書館を中心として、ユーザ生成コンテンツを収集保存する試みも展開されている[48]。

5-4　プラットフォーム企業

ウェブ上でユーザ生成コンテンツの共有を実現させているプラットフォーム企業を集合的なパーソナルデジタルアーカイブの構築主体とみなすことも可能かもしれない。オンラインプラットフォーム上でコンテンツを作成・管理する行為の主体はもちろん本人だが、データが保存されているシステム自体はプラットフォーム側で管理されているためだ。TikTok[49]や「リアル」な状況を写真共有するアプリBeReal[50]をパーソナルデジタルアーカイブと位置づけて論じている文献もある。ソーシャルメディア上のコンテンツには、"自身でキュレーションされ、共同で構成され、急速に変化する"という特性があるとし、"インスタントアーカイブ"という表現も提唱されている[51]。

6　手法

個人(または家族)が採るPDAの手法と、第三者である組織やコミュニティがパーソナルデジタルアーカイブを収集保存し管理する手法とでは自ずと内容や規模が異なる。

6-1　個人

デスクトップやラップトップ型のPC、スマホやタブレット上で、あるいはそれらのデバイスを介したクラウドサービス上で個人のPDAは実践されている。メディアの種類で具体的な管理手法は異なるものの、一般的な推奨事項として、特定の規格でなくオープンな仕様のファイル形式で管理すること、定期的に複数のバックアップをとること、異なる記録媒体に複製したバックアップデータは地理的に離れた場所で保管することが説かれてきた[52]。ただし、先にも触れたとおり、一般個人によるPDAの取り組みは不十分で、

アーカイブズ領域の(たとえば記録作業・整理・保存・評価に関する)専門知識を援用するのが望ましいとの指摘が再三にわたりなされている[53]。しかし、たとえデータの損失が生じたとしても、多くの個人は仕方のないこととあきらめ、現状をただ受容する傾向にあるという。マーシャルはこのような姿勢を「傍観的態度」(benign neglect)と名づけている[54]。

　デジタルコンテンツの場合はファイルやフォルダの単位で組織化がなされるため、管理対象のファイル／フォルダ数、フォルダの階層構造などが調査対象とされてきたが、組織化の仕方は個人間で大きく異なることが報告されている[55]。たとえば、(体系的なフォルダ構成で管理する)ファイラー、(デスクトップなどにファイルを溜め込んでいく)パイラー、あるいは(未整理のファイルでデスクトップがあふれかえっている)ホーダー[56]といったスタイルがあげられる。とはいえ、このような多様な情報管理行動を一般化し、モデルを構築する試みもなされてきた[57]。ある文献によれば、次の要素からPDAモデルは構成されるという：作業開始、識別(どのような整理が望ましいかをつかむ)、暫定的なカテゴリ化(判断を先送りして一時的な保存場所で管理)、検証／比較(どのフォルダに置けばよいかと既存のフォルダを振り返り、その他のファイルと類似点や差異点を比較)、選択／修正／作成(既存のものから適切なフォルダを選択、なければフォルダを修正したり新たに作成したりする)、カテゴリ化(選定したフォルダにファイルを格納)[58]。実際の行動は、作業内容などに左右されるし、職歴などの社会的側面にも依存する[59]。近年では感情的な側面が注目されている[60]。たとえばある調査によれば、ポジティブな感情をもつ場合には大雑把なフォルダ構造で整理され、逆にネガティブな感情をもつ場合には細かなフォルダ構造で整理される傾向が確認されたという[61]。

6-2　第三者

　コミュニティアーカイブの場合、基本的には、本人や遺族を介して対象コンテンツが収集されることになる。そのようなコンテンツを集めるために、簡

易な機器類で当日デジタル化作業を行うイベントも開催されているようだ[62]。あるいは、オーラルヒストリーという形でインタビュー記録が作成される場合もある。

　文化遺産機関が特定少数の個人のデジタルコレクションを受け入れる場合も、本人や遺族、あるいは代理人を介して対象コンテンツが収集されることになる。具体的には、現地での収集、遠隔での収集、定期的な自動転送、セルフアーカイビング、あるいは(組織はあくまで個人で保管することをサポートする役に徹する)脱保管主義的な対応が考えられる。セルフアーカイビングの事例はほとんどないようだが[63]、少なくとも英語圏では多数の事例が蓄積されてきたことと並行して、関連ツール類が開発されてきた。詳細なガイドラインもまとめられており[64]、生前の段階から提供条件の整理や機微情報の特定などに関して文化遺産機関とドナーの間で調整しておくことが重要と考えられている。文化遺産機関側で発生する具体的な作業としては、連絡開始、初期調査、収集方法に関する調査、提供者と対象範囲について協議、作業プロセスの確定、合意内容の起草、資料の収集、受入記録の作成、システムに登録、提供者に対する支援、継続的な受入の調整といった事項があげられる。とはいえ、ある調査によれば、ドナー側からすると寄贈の仕方が分かりにくい状況になっているという[65]。

　ウェブ上にある不特定多数の個人のユーザ生成コンテンツの場合は、法制度または許諾にもとづき、通常、ハイパーリンクをたどって再帰的にデータは収集されていく。ソーシャルメディア上のコンテンツの場合は、各サービスが提供するAPI経由になることが多い。さまざなま収集ツールを比較する文献も確認できる[66]。

　「数量化された自己」に関するデータ——ウェブ上のユーザ生成コンテンツも同様だが——は、サービス提供元に、それぞれの利用規約に則った形で集約されていく。ただし、デバイスの故障、サービスの中断、ソフトウェアのバグといった不具合から、自己トラッキングのデータコレクションには欠損や不整合が含まれる可能性がある[67]。

第9章　パーソナルデジタルアーカイブ｜塩崎 ———— 205

7　理由・動機

　PDAを実践する理由・動機を探る研究にも多数の蓄積がある[68]。個人を対象としたジョフィッシュ・ケイらの調査では、あとから探しなおすため、レガシーを築くため、資源を共有するため、失うのが怖いため、アイデンティティを構築するためという5要因が特定されたという[69]。おおむね、本人と関連する人々にとっての価値、社会にとっての価値もPDAの主体(本人)に意識されてはいるものの、本人にとっての価値がもっとも重視されているようだ[70]。分野にもよるだろうが、情報学研究者を対象とした調査では、直近の実用的価値しか考慮されていないことが報告されている[71]。また、やや古いが、ブログを対象とした調査結果によれば[72]、コンテンツを保存することがもっとも重要とみなされており、タグやカテゴリ、フォントやレイアウトなどの形式的要素の保存は軽視されていることが報告されていた。つまるところ、作成／管理主体である本人にとっては自己充足が主目的といえ、特に自分が作成したコンテンツそのものに価値が見出されている。

　そのような個人と、第三者であるコミュニティや組織がパーソナルデジタルアーカイブを収集保存し管理する理由・動機は、当然のことではあるが異なる。特に文化遺産機関など組織の場合はコレクションやコミュニティの構築が主目的になるという[73]。特殊コレクションを築いてきた図書館やアーカイブズにとっては、組織の使命上、当然の流れと位置づけられる場合もあるだろう。何らかの事件やイベントを契機として、そのような取り組みが展開されてきたコミュニティアーカイブもあるだろう。より網羅的に、ウェブ上で個人が発信するコンテンツを文化遺産としてとらえるべきだと考える機関もあるかもしれない。たとえば国際図書館連盟(International Federation of Library Associations and Institutions: IFLA)からは、インターネットユーザにより作成・共有されるコンテンツも各国・地域の納入制度の対象に含められるべきだとする声明文が出されている[74]。

　参加型のアーカイブ事業に関わる、あるいは組織によって収集される側の

動機や反応を探る実証研究は相対的に少ない。アナ・ローシュリーは、コミュニティに根ざした参加型アーカイブへ寄与することを通じて、参加者個人は私的な思い出を当該コミュニティと共有すること（自己充足）につなげている一方で、それによりコミュニティの集合的記憶が形成されていく状況を描いている[75]。あるいは、寄贈という行為は利己的な動機だけでは説明がつかない場合があり、ケアの倫理にもとづき、ドナーにより共感する姿勢で相互関係を探ることが重要と主張する論者もいる[76]。

　プラットフォーム企業がユーザ生成コンテンツや行動履歴などのパーソナルデータを集約するのは、単純化していえば、そのビジネスモデルを成立させるためである。「数量化された自己」に関するデータを記録できるサービスを提供する組織の目的も同様といえるだろう。集約された膨大な量のデータは企業間で共有される場合もありえるし、生成AIの学習データとして活用される場合もありうる。そもそもそのようなプラットフォームは、コンテンツの長期利用を保証することを目的としたサービスではない。

8　課題

　個人が作成／管理する、あるいは個人に関するデジタルコレクションは、これまでにない貴重な史料と将来なりうる。しかし、自身が管理するデータを損失した経験者の数は一貫して減少していないことが報告されている[77]。たとえば作成中データの自動保存機能やクラウドサービス上でのバックアップデータの自動生成機能などがあげられるように、PDAを取り巻く技術環境は確実に向上しているにもかかわらずだ。関連ツールやサービスのさらなる改善が今後も追い求められていくものと思われる。

　一方、特に英米圏の文化遺産機関において、パーソナルデジタルアーカイブを収集保存する事例は増加傾向にある。それでも、法的・倫理的・技術的な制約から、ソーシャルメディア上のコンテンツが収集される範囲はまだ限定的なようである。公的な文化遺産機関がそのようなコンテンツを集めると

いうことは、個人的なものを公共的なものとして扱うということ、つまりは、関係する人々の間で財政的な支出が一定程度合意されなければならないことを意味している。クリフォード・リンチは10年ほど前に次のように論じていた。

> 私的なものがどのように公的なものになるかということは、おそらくもっともよく理解されておらず、ほぼ確実にもっとも研究が進んでいないが、おそらくパーソナルデジタルアーカイビングの研究課題全体の中でもっとも重要な領域である。これは、文化的記録の広範な性質を理解するうえでも、パーソナルデジタルアーカイビングを具体的に理解する上でも中心にある。なぜなら、双方をつなぐ経路に焦点を当てているためだ。[78]

　この課題には、コレクションの質の問題が大きく絡む。文脈は異なるが、民藝運動の提唱者である柳宗悦はかつて、"人間は愚かなものを蒐集してはならない。また愚かに蒐集してもならない。誰も蒐集の自由を有っているが、何でも蒐集していいわけではない"とまで主張していた[79]。しかし、価値は多面的で、時の経過によっても変容しうる。たとえばスコットランド国立図書館は、コロナ禍における誤情報やフェイクニュースが蔓延した状況を後世に伝えることを目的として、それらの記録を残すアーカイブプロジェクトを2021年に立ち上げている。

　対象となる量の膨大さにより、問題はさらに複雑な様相を帯びる。たとえば米国議会図書館では2010年からTwitter(現X)の公開ツイートを網羅的に収集する事業を進めていたが、2018年以降は選択的収集に切り替えられた。その理由のひとつとして、莫大なデータ量を処理する環境を維持管理できなくなった点があげられていた。多様な声をすべて扱えないのであれば、実際問題上、保存されるものとされないものという線引きが結果として生じてしまう。

このような線引きの問題には、社会正義、プライバシー(個人データ、機微情報、こどもや弱い立場の人々の情報、忘れられる権利に対する配慮)やコンテンツ賠償責任(悪意のある情報や違法な情報の扱い)、第三者が収集保存することでもたらされかねない表現の自由に対する萎縮効果の可能性といった論点も含まれる。文化遺産を保存する便益とコスト、個人の諸権利を保護する便益とコストといった諸側面を比較衡量したうえで、政策者は意思決定しなければならない。先に触れたIFLAからは、「歴史的記録に含まれた個人情報の利用に関する声明」や「忘れられる権利に関する声明」が示されており、最適なバランスのあり方が国際的に模索されている。

PDAに限定される話ではないが、バランスという意味では、環境問題もデジタル保存の領域で喫緊のテーマとなっている[80]。データセンターの維持管理には相当量のエネルギーが必要となるためだ。たとえば、デジタル保存のプロセスで生じるカーボンフットプリントの試算が試みられているが[81]、今後、バックアップデータの多重保存や網羅的な収集方針が環境倫理の観点から見直される方向性もありうる。

最後に、デジタル保存のインフラを営利企業に依存せざるをえないジレンマについても触れておこう。仮にパーソナルデジタルアーカイブを残す意義が広く認められたとしても、PDAやPIMの調査結果が示唆していたとおり、個人レベルで必要とされるすべてのデータ――その厳密な定義が仮にできたとしてだが――を保存できるとは考えにくい。人間には寿命もある。コミュニティや組織レベルでも、個人が作成／管理する、あるいは個人に関するコレクションをすべて収容することは期待できそうにない。一方で、膨大な量のユーザ生成コンテンツが巨大IT企業により提供されているインフラ上で流通し、管理されている。そのため、多くのデジタルコレクションの未来がそのような一部の営利企業に依存し過ぎているのではないか、と現状を危惧する声があがっている[82]。公共的なアーカイブシステム環境の必要性を唱える論者もいる[83]。ストーラーはアーカイブ論的転回を「資源としてのアーカイブ」から「主題としてのアーカイブ」と表現していたが、パーソナルデジ

タルアーカイブは「研究資源」であるだけでなく、もはや営利企業にとっての貴重な「経営資源」ともなっている。そのような意味での「資源」としてのアーカイブが、今後、特定の組織に囲い込まれてしまう可能性も否定できない。

注

1） Stille, A.（2002）*The Future of the Past*, Farrar Straus and Giroux.（引用は p. 300）

2） ローザ, H.（出口剛司監訳）（2022）『加速する社会——近代における時間構造の変容』福村出版.

3） McKemmish, S.（2011）Evidence of me ... in a digital world. In Lee, C. A.（Ed.）*I, Digital: Personal Collections in the Digital Era*, Society of American Archivists, 115-148.

4） Society of American Archivists（SAA）. personal archive. *Dictionary of Archives Terminology*（https://dictionary.archivists.org/entry/personal-archive.html）（最終アクセス：2023年8月17日）

5） Williams, P., John, J. L. & Rowland, I.（2009）The personal curation of digital objects: A lifecycle approach. *Aslib Proceedings: New Information Perspectives*, 61（4）, 340-363.（引用は p. 341）

6） Beagrie, N.（2005）Plenty of room at the bottom? Personal digital libraries and collections. *D-Lib Magazine*, 11（6）.（DOI: 10.1045/june2005-beagrie）

7） Society of American Archivists（SAA）. personal digital archiving. *Dictionary of Archives Terminology*（https://dictionary.archivists.org/entry/personal-digital-archiving.html）（最終アクセス：2023年8月17日）

8） Stoler, A.（2002）Colonial Archives and the Arts of Governance. *Archival Science*, 2（1-2）, 87-109.

9） Society of American Archivists（SAA）. archives. *Dictionary of Archives Terminology*（https://dictionary.archivists.org/entry/archives.html）（最終アクセス：2023年8月17日）

10） フーコー, M.（慎改康之訳）（2012）『知の考古学』河出書房新社.（引用は p. 248）

11） デリダ, J.（福本修訳）（2010）『アーカイヴの病——フロイトの印象』法政大学出版局.（引用は p. 7）

12） Leung, S. Y. & López-McKnight, J. R.（2021）*Knowledge Justice: Disrupting Library and Information Studies through Critical Race Theory*, MIT Press.

Wallace, D. A., Duff, W. M., Saucier, R., & Flinn, A.（2020）*Archives, Recordkeeping and Social Justice*, Routledge.

13） Hall, S.（2001）Constituting the Archive. *Third Text*, 15（54）, 89-92.（引用は p. 92）

14）　Huang, C.（2020）Dwelling on the "anarchival": Archives as indexes of loss and absence. *Archival Science*, 20, 263-277.

15）　Caswell, M.（2016）"The archive" is not an archives: On acknowledging the intellectual contributions of archival studies. *Reconstruction: Studies in Contemporary Culture*, 16（1）.（https://escholarship.org/uc/item/7bn4v1fk）（最終アクセス：2023年8月17日）

16）　Ketelaar, E.（2017）Archival turns and returns: Studies of the archive. In Gilliand, A. J., McKemmish, S. & Lau, A. J.（Eds.）*Research in the Archival Multiverse*, Monash University Publishing, 228-268.

17）　Society of American Archivists（SAA）. community archives. *Dictionary of Archives Terminology*（https://dictionary.archivists.org/entry/community-archives.html）（最終アクセス：2023年8月17日）

18）　Society of American Archivists（SAA）. postcustodial. *Dictionary of Archives Terminology*（https://dictionary.archivists.org/entry/postcustodial.html）（最終アクセス：2023年8月17日）

19）　Acker, A. & Brubaker, J. R.（2014）Death, memorialization, and social media: A platform perspective for personal archives. *Archivaria*, 77, 1-23.（引用はp. 3）

20）　Bass, J. A.（2013）PIM perspective: Leveraging personal information management research in the archiving of personal digital records. *Archivaria*, 75, 49-76.

　　　Cushing, A.（2010）Highlighting the archives perspective in the personal digital archiving discussion. *Library Hi Tech*, 28（2）, 301-312.

21）　Kocak, O.（2021）Development and validation of a scale for assessing personal digital content management skills of higher education students. *Malaysian Journal of Library and Information Science*, 26（2）, 69-87.

　　　López Vicent, P., Serrano Sánchez, J. L. & Gutiérrez Porlán, I.（2022）Personal management of digital information in university students from a gender perspective. *Journal of New Approaches in Educational Research*, 11（1）, 114-129.

　　　Rachman, Y. B.（2019）Personal digital archiving of social media content creators: A preliminary study. *Library Philosophy and Practice*.（https://digitalcommons.unl.edu/libphilprac/2908）（最終アクセス：2023年8月17日）

　　　Zhao, Y., Duan, X. & Yang, H.（2019）Postgraduates' personal digital archiving practices in China: Problems and strategies. *The Journal of Academic Librarianship*, 45（5）.（DOI: 10.1016/j.acalib.2019.06.002）

22）　Lindley, S. E. et al.（2013）Rethinking the web as a personal archive. *Proceedings of the 22nd international conference on World Wide Web (WWW '13)*, 749-760.（DOI:

10.1145/2488388.2488454)

23） Cannelli, B. & Musso, M.（2022）Social media as part of personal digital archives: Exploring users' practices and service providers' policies regarding the preservation of digital memories. *Archival Science*, 22, 259-283.

24） Krtalić, M. & Ihejirika, K.T.（2023）The things we carry: Migrants' personal collection management and use. *Journal of Documentation*, 79（1）, 86-111.

25） Georgiou, M. & Leurs, K.（2022）Smartphones as personal digital archives? Recentring migrant authority as curating and storytelling subjects. *Journalism*, 23（3）, 668-689.

26） Appadurai, A.（2003）Archive and aspiration. In Brouwer, J. et al.（Eds.）*Information is Alive*, NAi Publishers, 14–25.

エアル, A.（山名淳訳）（2022）『集合的記憶と想起文化──メモリー・スタディーズ入門』水声社.

27） Jones, W. et al.（2017）Personal Information Management（PIM）. In McDonald, J. D. & Levine-Clark, M.（Eds.）*Encyclopedia of Library and Information Sciences*, 4th ed. CRC Press, 3584-3605.

28） Whittaker, S.（2011）Personal information management: From information consumption to curation. *Annual Review of Information Science and Technology*, 45（1）, 1-62.（引用は p. 4）

29） Bergman, O. & Whittaker, S.（2016）*The Science of Managing Our Digital Stuff,* MIT Press.

30） Dinneen, J. D. & Krtalić, M.（2020）E-mail as legacy: Managing and preserving e-mail as a collection. *portal: Libraries and the Academy*, 20, 413–424.

31） Marshall, C. C.（2007）How people manage personal information over a lifetime. In Jones, W. &Teevan, J.（Eds.）*Personal Information Management*, University of Washington Press, 57-73.

32） Dinneen, J. D. & Julien, CA.（2019）What's in people's digital file collections? *Proceedings of the Association for Information Science and Technology*, 56（1）, 68-77.

33） Marshall, C. C. & Shipman, F.（2017）Who owns the social web? *Communications of the ACM*, 60（5）, 52-61.

34） Elsden,C., Kirk, D.S. & Durrant, A. C.（2016）A quantified past: Toward design for remembering with personal informatics. *Human–Computer Interaction*, 31（6）, 518-557.

35） Kelly, E. J. & Rosenbloom, L.（2019）Self analytics and personal digital archives in university collections. *Collection Management*, 44（2-4）, 244-258.

36） Becker, D. & Nogues, C.（2012）Saving-over, over-saving, and the future mess of writers' digital archives: A survey report on the personal digital archiving practices of emerging writers. *The American Archivist*, 75(2), 482-513.

Krtalić, M. & Dinneen, J. D.(2022) Information in the personal collections of writers and artists: Practices, challenges and preservation. *Journal of Information Science*.(DOI: 10.1177/01655515221084613)

Post, C.(2017) Preservation practices of new media artists. *Journal of Documentation*, 73(4), 716-732.

37) King, R.(2018) Personal digital archiving for journalists: A "private" solution to a public problem. *Library Hi Tech*, 36(4), 573-582.

38) Hinton, A.(2022) Using oral history to study the personal digital archiving practices of modern soldiers. *The American Archivist*, 85(2), 511-532.

39) Nagy, A. & Kiszl, P.(2021) Personal digital legacy preservation by libraries. *Journal of Librarianship and Information Science*, 53(3), 382-397.

Holt, J., Nicholson, J. & Smeddinck, J. D.(2021) From personal data to digital legacy: Exploring conflicts in the sharing, security and privacy of post-mortem data. *Proceedings of the Web Conference 2021*, 2745-2756.(DOI: 10.1145/3442381.3450030)

40) Krtalić, M., Dinneen, J. D., Liew, C. L. & Goulding, A.(2021) Personal collections and personal information management in the family context. *Library Trends*, 70(2), 149-179.

41) Dinneen, J. D.(2022 PIM and death: Challenges and opportunities. PIM Workshop 2022, at ASIST'22: the Annual Meeting of the Association of Information Science & Technology. (http://pimworkshop.org/2022/docs/Dinneen_PS.pdf)(最終アクセス：2023年8月17日)

42) Gibson,R. et al.(2023 "It's not just for the past but it's for the here and now": Gift-giver perspectives on the memory machine to gift digital memories. *Proceedings of the 2023 ACM Designing Interactive Systems Conference*, 987-1001.(DOI: 10.1145/3563657.3595962)

43) Galarza, A.(2018) Documenting the Now. *Journal of American History*, 105(3), 792-793.

44) Kayyali, D.(2022) Digital memory, evidence, and social media: Lessons learned from Syria . *Sociologica*, 16(2), 253-259.

45) Redwine, G.(2015) *Personal Digital Archiving*.(DOI: 10.7207/twr15-01)

46) Bartliff, Z., Kim, Y., Hopfgartner, F. & Baxter, G.(2020) Leveraging digital forensics and data exploration to understand the creative work of a filmmaker: A case study of Stephen Dwoskin's digital archive. *Information Processing and Management*, 57(6).(DOI: 10.1016/j.ipm.2020.102339)

47) Lassere, M. & Whyte, J. M.(2021) Balancing care and authenticity in digital collections:

A radical empathy approach to working with disk images. *Journal of Critical Library and Information Studies*, 3(2). (DOI: 10.24242/jclis.v3i2.125)

48) Vlassenroot, E. et al. (2021) Web-archiving and social media: an exploratory analysis. *International Journal of Digital Humanities*, 2, 107-128.

49) Chafe, H. (2023) The TikTok problem: Issues of preservation, cultural memory, and personal archiving on social media platforms. *The IJournal: Student Journal of the University of Toronto's Faculty of Information*, 8(2). (DOI: 10.33137/ijournal.v8i2.41039)

50) Li, M. (2023) From archive to anarchive: How bereal challenges traditional archival concepts and transforms social media archival practices. *Journal of Contemporary Archival Studies*, 10. (https://elischolar.library.yale.edu/jcas/vol10/iss1/9) (最終アクセス：2023年8月17日)

51) Rochford, E., Hudgens, B. & Einwohner, R. L. (2023) Instant archives: Social media and social movement research. In Maher, T. V. & Schoon, E. W. (Eds.) *Methodological Advances in Research on Social Movements, Conflict, and Change*, Emerald Publishing Limited, 93–117. (引用は p. 93)

52) Marshall, B. H. (Ed.) (2018) *The Complete Guide to Personal Digital Archiving*, Facet Publishing.

53) Huang, T., Nie, R. & Zhao, Y. (2021) Archival knowledge in the field of personal archiving: An exploratory study based on grounded theory. *Journal of Documentation*, 77(1), 19-40.

54) Marshall, C.C., Bly, S. & Brun-Cottan, F. (2006) The long term fate of our personal digital belongings: Toward a service model for personal archives. *Proceedings of IS&T Archiving 2006*. (DOI: 10.48550/arXiv.0704.3653)

55) Dinneen, J. D. & Julien, CA. (2020) The ubiquitous digital file: A review of file management research. *Journal of the Association for Information Science and Technology*, 71(1), E1-E32.

56) Chen, A. (2014) Disorder: Vocabularies of hoarding in personal digital archiving practices. *Archivaria*. 78, 115-134.

57) Ali, I. & Warraich, N. F. (2022) Modeling the process of personal digital archiving through ubiquitous and desktop devices: A systematic review. *Journal of Librarianship and Information Science*, 54(1), 132-143.

58) Oh, K. E. (2019) Personal information organization in everyday life: Modeling the process. *Journal of Documentation*, 75(3), 667–691.

59) Oh, K. E. (2021) Social aspects of personal information organization. *Journal of*

Documentation, 77(2), 558-575.

60) Alon, L. & Nachmias, R.(2023) The role of feelings in personal information management behavior: Deleting and organizing information. *Journal of Librarianship and Information Science*, 55(2), 313-322.

61) Whittaker, S. & Massey, C.(2020) Mood and personal information management: How we feel influences how we organize our information. *Personal and Ubiquitous Computing*, 24, 695-707.

62) Han, R.(2019) Building companionship between community and personal archiving: strengthening personal digital archiving support in community-based mobile digitization projects. *Preservation, Digital Technology & Culture*, 48(1), 6-16.

63) Jääskeläinen, A. & Uosukainen, L.(2018) Citizen Archive: My precious information. *New Review of Information Networking*, 26(1-2), 1-11.

  Weisbrod, D.(2016) Cloud-supported preservation of digital papers: A solution for special collections? *LIBER Quarterly: The Journal of the Association of European Research Libraries*, 25(3), 136-151.

64) Redwine, G. et al.(2013) *Born digital: Guidance for donors, dealers, and archival repositories*, Council on Library and Information Resources.（https://www.clir.org/pubs/reports/pub159/）（最終アクセス：2023年8月17日）

65) Day, A. S. & Krtalić, M.(2022) "Evidence of me" becoming "evidence of us": A case study of the policy, processes, donor relations and responses of selected New Zealand GLAM institutions to personal donations of collections and artifacts. *Collection Management*, 47(1), 49-73.

66) Borji, S., Asnafi, A. & Pakdaman Naeini, M.(2022) A comparative study of social media data archiving software. *Preservation, Digital Technology & Culture*, 51(3), 111-119.

67) Trace, C. B. & Zhang, Y.(2020) The quantified-self archive: Documenting lives through self-tracking data. *Journal of Documentation*, 76(1), 290-316.

68) Sinn, D., Kim, S. & Syn, S. Y.(2017) Personal digital archiving: Influencing factors and challenges to practices. *Library Hi Tech*, 35(2), 222-239.

69) Kaye, J. et al.(2006) To have and to hold: Exploring the personal archive. In *CHI 2006: Conference on Human Factors in Computing Systems*.(DOI: 10.1145/1124772.1124814)

70) Zhao, Y., Wu, X., & Li, S.(2023) Perceived values to personal digital archives and their relationship to archiving behaviours: An exploratory research based on grounded theory. *Journal of Librarianship and Information Science*.(DOI: 10.1177/09610006231161327)

71) Drosopoulou, L. & Cox, A.(2020) Information School academics and the value of their

personal digital archives. *Information Research*, 25(3). (http://InformationR.net/ir/25-3/paper872.html)(最終アクセス：2023年8月17日)

72) Yoon, A.(2013) Defining what matters when preserving web-based personal digital collections: Listening to bloggers. *The International Journal of Digital Curation*, 8(1), 173-192.

73) Condron, M.(2019) Identifying individual and institutional motivations in personal digital archiving. *Preservation, Digital Technology & Culture*, 48(1), 28-37.

74) IFLA(2011) IFLA statement on legal deposit. (https://www.ifla.org/publications/ifla-statement-on-legal-deposit-2011)(最終アクセス：2023年8月17日)

75) Roeschley, A.(2023) Symbiosis or friction: Understanding participant motivations for information sharing and institutional goals in participatory archive initiatives. *Journal of Librarianship and Information Science*.(DOI: 10.1177/09610006231154912)

Roeschley, A., Kim, J.(2019) "Something that feels like a community": The role of personal stories in building community-based participatory archives. *Archival Science*, 19, 27-49.

76) Carbajal, I. A.(2021) The politics of being an archival donor defining the affective relationship between archival donors and archivists. *Journal of Critical Library and Information Studies*, 3(2).(DOI: 10.24242/jclis.v3i2.114)

77) Cocciolo, A. & Yanni, M.(2022) Personal digital archiving and catastrophic data loss: Is it getting better? *Preservation, Digital Technology & Culture*, 51(4), 133-139.

78) Lynch, C.(2013) The future of personal digital archiving: Defining the research agendas. In Hawkins, D. T.(Ed.) *Personal archiving: Preserving our digital heritage*, Information Today, 243-277.(引用はp. 269-270)

79) 柳宗悦(1989)「蒐集に就いて」『蒐集物語』中央公論社.(引用はp. 72)

80) Pendergrass, K.L., Sampson, W., Walsh, T. & Alagna, L.(2019) Toward environmentally sustainable digital preservation. *The American Archivist*, 82(1), 165-206.

81) Jackson,T. & Hodgkinson, I. R.(2023 Is there a role for knowledge management in saving the planet from too much data? *Knowledge Management Research & Practice*, 21(3), 427-435.

82) オヴェンデン, R.(五十嵐加奈子訳)(2022)『攻撃される知識の歴史――なぜ図書館とアーカイブは破壊され続けるのか』柏書房.

83) Nesmith, T.(2023) The cloud, the public square, and digital public archival infrastructure. *Archival Science*.(DOI: 10.1007/s10502-023-09417-7)

第10章

NFTアートとコレクション

嘉村哲郎

1　はじめに

　2021年3月11日、アートオークションにおいて米国人アーティストBeepl（本名マイク・ウィンクルマン）の作品『Everydays: the First 5000 Days』がデジタルアート史上最も高い75億円(当時の為替価格)で落札された。このニュースは世界中のアートコレクターやアーティストはもちろんのこと、この作品に用いられていたブロックチェーン技術等を扱うエンジニア界隈においても、それらの技術の新たな価値と可能性をめぐって大きな話題となった。とりわけ、NTFと呼ばれる仕組みを用いたデジタルコンテンツの流通は、この出来事を境に広く注目されるようになった。

　本章では、サトシ・ナカモトによって作られたビットコイン[1]に端を発するブロックチェーン技術やWeb3と呼ばれる新たなデジタルコンテンツ流通、ネットワーキングの仕組みについて触れるとともに、コレクションとしてのNTF、そしてデジタルアーカイブにおけるそれらの利活用の可能性を考えてみたい。

　以下、本章の構成を示す。第2節ではWeb3及びWeb3の世界を実現するブロックチェーンの解説を行い、第3節ではNFTとはどういうものか、その仕組みを含めて特徴を説明する。その後、NFTアートの具体例を交えつつ、NFTアートの唯一性と希少性について述べる。第4節ではNFTまたはNFTアートコレクションを紹介するにあたり、伝統的なアートコレクションとそ

のコレクターを参照しつつその特徴や課題等を論じ、最後には一連の技術や動向がデジタルアーカイブにもたらす影響や可能性について述べる。

　なお、本章におけるデジタルアーカイブの解釈は、主に美術館・博物館の物理的な所蔵品やコレクションをデジタル化したもの、並びにデータで構成された資料や作品と解釈する。デジタルアーカイブの解釈は、語を利用する背景や文脈、時代によって様々な解釈がある。

2　Web3とブロックチェーン技術

2-1　Web3について

　昨今話題のWeb3とは、数あるブロックチェーンの一つであるイーサリアムの共同創設者であるギャビン・ウッドがブログに掲載した2014年の構想に由来する[2]。新たなWebとして語られるWeb3は、GoogleやFacebook、Amazon等の巨大なインターネット関連企業により収集・管理されてきた個人データに関わる問題を提唱し、個人のデータは自らが適切に制御して必要に応じて利用できるデータの民主性をコンセプトに、データ管理における脱中央集権型ないしは分散型のWebやネットワーク社会を目指すものとして話題となった[3]。

　一方、Webの歴史を知る者にとってWeb3.0とはWorld Wide Webの創始者であるティム・バーナーズ＝リーらが2006年に提唱した次世代Web構想、セマンティックWebに由来することは周知の事実である[4]。セマンティックWebは、データの内容を人間だけでなくコンピュータもその意味を理解可能にすることで、異なる情報源のデータを相互利用や推論を用いた複雑な情報検索、統合・分析によるデータ価値の向上などを目指したWebである。これらを実現するためには、RDF（Resource Description Frame）やWebオントロジー言語OWL（Web Ontology Language）などの標準データ形式やWeb標準技術を用いることが一般的となっている。今日の学術分野を中心に広く使われているLinked DataまたはLinked Open Dataは、ティム・バーナーズ＝リー

らが提唱したWeb 3.0の一部と言えよう。

このように、ギャビンによって知られるようになった新たなWebの解釈とティム・バーナーズ＝リーのWeb構想との混同を避けるため、前者はWeb3、後者はWeb3.0と呼ばれている。本章においても以後、Web3と表記する場合はギャビン由来Webを示すこととする。

2-2　分散型台帳とブロックチェーン

Web3を構成する重要な要素の一つに分散型台帳技術（DLT：Distributed Ledger Technology）がある。分散型台帳とは、あるコンピュータネットワーク上に複数台のサーバ（またはノード）を分散配置し、それぞれのサーバが同一のデータベース（台帳）を保持することで高可用性の担保、情報暗号化技術を用いたデータの耐改ざん性を備えたデータ管理の仕組みを備えた技術である。これらの技術を用いたシステムは分散型台帳システム呼ばれ、ブロックチェーンの運用・管理に用いられている。

サーバを分散配置して稼働する情報システムは、ネットワーク上に展開された複数サーバが同一のデータを保持する特徴を持つ。そのため、ネットワークを構成するサーバの一部が故障等の機能不全に陥った場合でも、他のサーバがその役割を補うため、データを中央システムで一括管理するクライアント・サーバ型と比較して耐障害性に強いとされている。さらに、データ管理に電子署名やハッシュ等の暗号化技術を併用することでデータの透明性や耐改ざん性を持たせることが可能である。

ブロックチェーン技術[5]とは、分散型システムと台帳技術などいくつかの仕組みや技術を組み合わせた情報システムの一種であり、ブロックチェーンはネットワークを構成するすべてのノードに対してデータを自律的に複製し、ノード間の整合性を保持する機能を持つ自律分散型システムである（図1）。また、誰でも参加できるブロックチェーンネットワークをパブリックチェーン、閉じられたネットワーク内で限られた参加者のみで構成されたブロックチェーンネットワークをプライベートチェーンと呼ぶ。

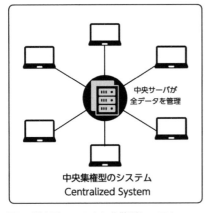 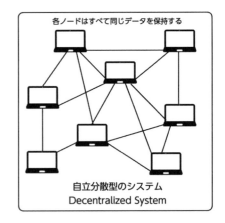

図1 従来型システムと分散型システム

　ブロックチェーンは、ネットワーク内で発生した一定期間または一定量のデータ(トランザクション)をブロックと呼ばれる箱を生成して格納し、最新のブロックと過去に生成されたブロック同士を時系列順に数珠のようにつないでいく仕組みを持つ。この時、ネットワークに参加するノードがブロックや記録された内容を検証し、正しい内容であると判明した場合にはデータを格納したブロックがチェーン上に登録される(図2)。これらの記録内容は、第三者が一連の処理内容を履歴として確認できるよう透明性が担保されており、例えばBlockchain.com (https://www.blockchain.com/)ではビットコインのブロック生成日時や格納されたトランザクションデータの内容を誰でも閲覧できる。そして、ブロックチェーンに記録されたデータの改ざんはほぼ不可能という特徴がある。例えば、ビットコインネットワークの改ざんを試みる場合、ネットワークに参加する大多数のノードが管理する台帳を改ざんする必要がある。1万5000台ともいわれるビットコインノードに対して大規模かつ同時に改ざんを行うことは事実上、不可能である。
　このように、ブロックチェーン技術は強固な耐改ざん性を備えることから、データの改ざんが問題となるような分野に対して、一連の技術を用いた情報サービスの応用が模索されている。例えば、自動車の自動運転技術で記録さ

図2　ブロックとデータの連結イメージ

れる走行データや不動産の契約書、公的なデジタル文書の改ざん検知、金融等の取引記録への応用がある。

最近ではデジタルコンテンツの著作権等を含む知的財産（IP:Intellectual Property）や独占的な使用の権利[6]、さらにはデジタルコンテンツの教育利用やオンライン学習状況の管理と証明といった試みも見られる[7]。

3　NFT（Non-Fungible Token）

NFT（Non-Fungible Token）とは、唯一性や信頼性などに関する情報を代替不可能なトークン（証拠）としてブロックチェーンに記録して管理、活用する仕組みである。Fungibleは"代替可能"や"代用できるもの"、Non-Fungibleは"代替不可"、"代用できないもの"として、以下のように解釈できる。

『代替可能なもの（Fungible）』

日本銀行が発行する一万円券は、日本国の法定通貨として一万円分の価値を持ち、固有の識別子が付与されている。一万円券は、識別子が異なっていても一万円分の価値を持つ通貨として代替可能である（識別子がぞろ目の紙幣は価値があるなどの特別な理由は考慮しない）。

『代替不可能なもの（Non-Fungible）』
　①実世界の美術作品

横山大観の絵画作品をデジタル化してそれをプリントしたものは、オリジナルの作品と同じ価値にはならない。つまり、オリジナル作品は代替不可能なものである。

②日時指定がある展覧会チケット

2025年1月28日の15：00に入場可能と記載があるチケットは、他の日時が記載されたチケットを代替できない。

③色・形が同じもの

神社でお祓いを受けて授かったお守りは、お祓いを受けたという経験価値を有し、販売中のお守りと色や形状が同一であっても、そのお守りを持つ者にとっては背景や文脈により代えがたい価値を持つ代替不可能なものである。

3-1　NFTとスマートコントラスト

近年のNFTは、手数料が安価なプラットフォーム（Polygon, Solana, Flow等）の利用が増えてきたが、最も普及したNFTはイーサリアム（ETH）である。イーサリアムは、2014年から開発が始まった暗号資産の一つとして、ブロックチェーン技術を分散型アプリケーションや分散型自律組織の運営など多様な用途に使えるように開発が続けられているプラットフォームの総称である[8]。ビットコインと大きく異なる点は、ビットコインが通貨的な機能に特化していることに対し、イーサリアムはスマートコントラクトと呼ばれる仕組みを実装していることである。

スマートコントラクトは、決められた条件に基づいて自律的に動作するブロックチェーン上のプログラムと解釈される。図3はスマートコントラストを用いたアート作品の二次流通における報酬の分配例を示したものである。

図3上は、一般的なアート作品の取引概要を表す。一次市場は、作家と作品の購入者間で直接取引を行い、通常、作家はここで代金を受け取る。そして、作家から手が離れた作品は競売に出品されることがある。このとき、落札された場合は落札価格の2割ほどが仲介手数料として差し引かれ、残りは

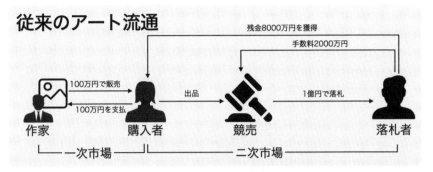

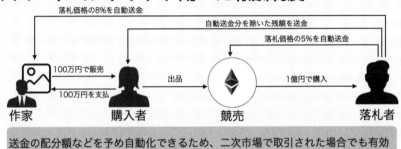

図3　NFTを用いた報酬の自動分配のイメージ

作品を保有していたオーナーに入る。そして、著作者である作家には一切、報酬は発生しない。そのため、二次市場における作品の流通と芸術家への価値分配に関する伝統的なアートマーケットの仕組みは長らく課題とされてきた[9]。

　NFTとスマートコントラクトは、この課題を技術的な面から解決する(図3下)。スマートコントラクトを利用したデジタルアート作品やコンテンツの取引は、市場で売買が行われる度に対価の一部を著作者が受け取れるようにあらかじめプログラムしておくことで、例え三次、四次流通となった場合でも著作者は一定の収入を得られるため、創作活動を持続的に支えることができる。

そして、スマートコントラストの処理内容はブロックチェーンに記録し、取引条件や履歴が公開されることから、流通における透明性を確保できるという点においても利点がある。一方、透明性が担保されるということは、取引記録から保有資産等を追跡できる可能性を意味し、送金先アドレスの個人名や組織名が判明した場合はプライバシー問題に関わる。ブロックチェーンは取引等の透明性を提供するが、一連の記録に関する匿名性を保証していないため、実装や利用に際しては個人情報保護の観点から透明性と匿名性のバランスを考慮する必要がある。

　このような特徴を持つNFTは、NFTアートの文脈で語られることが多いが、デジタルアート作品の登録や流通のために作られたものではなく、デジタルアートがNFTの仕組みを利用したことで広く認知されたものである。

3-2　NFTの実体

　結局のところ"NFT"とは何なのか。NFTはアートのイメージが強いためデジタルアート作品そのもの、あるいは作品に関する画像や音声、動画ファイルを想像するがそれは誤りである。NFTの実体は、デジタルデータの所有や唯一性などの特徴をイーサリアムの標準規格(ERC721、ERC1155)に準拠して記述されたメタデータである[10]。

　図4はNFTの概略を表したものである。ブロックチェーンの記録にはトークンIDや所有者ID、タイムスタンプなどがあり、トークンURIはスマートコントラストによって参照されるJSON形式のメタデータである。ここで注目したい点は、一般的にNFTアート作品の実体として扱われるメディアデータは外部リソースとして記述されていることである。そのため、NFTアートはトークンURIに記述されたメディアデータを管理するサーバを失った場合はオリジナルの作品データそのものを消失する事を意味し、ブロックチェーンには単にトークンIDなどの文字列が記録として残り続けることになる。

　このように、ERC721またはERC1155が定めるNFTとは、ブロックチェー

図4 NFTとメタデータの関係

ンでトークンIDと所有者IDを関連付けて管理するフレームワークを提供しているに過ぎない。また、トークンに記述されるメタデータは規格で定められていないため、内容はNFT作成者やプロジェクトによって異なる点も特徴的である。

3-3 NTFアート

NFTアートの実体は一般的なコンピュータが扱う画像、音、映像等のメディアデータ形式（JPG、AAC、MP4等）で表現されたデジタルアートの一種である[11]。

NFTアートが単なるメディアデータで構成されたデジタルアートと異なる点は、ブロックチェーン技術を利用して作品の独自性、所有権、および履歴の記録と保護を可能にし、作品に関連する展示や利用の権利、デジタル空間内外での様々な体験を提供可能にするものである。そして、これらの要素が複雑に作用することで、代替不可能な資産的価値を形成できる特徴がある。

NFTアート初のプロジェクトと言われる2017年のCryptoPunk登場以降、Web3技術の発展と共にNFTアートが広く認知されるようになり[12]、とくに2021年から22年にかけては爆発的な広がりと共に作品流通の中心は皮肉

にも中央集権的に作品が集まる Web サービス Open Sea で展開されることとなった。

Open Sea は、ユーザー登録すれば誰でも NFT アート等を出品・販売・購入できるオンラインマーケットプレイスである。取引可能な NFT はアート、ゲーム、写真、音楽などのジャンルがあり、アートの中には日本を代表する現代美術家、村上隆の『Murakami.Flowers』[13]などの著名な作家の作品が見られる。

Murakami.Flowers は、108種類の背景と花の種類を掛け合わせた合計11,664種類のドット絵作品で構成されたデジタルアート作品であり、個々の作品は共通のコンセプトやビジュアル、テーマ性を有する。それぞれの作品は、Murakami.Flowers というコレクションの一部と見なすことができる(図5)。

NFT アートは、作家や NFT 関連プロジェクトによって展開される作品が多く、これらの単位をもってコレクションと称することが多い。類似の例には、大英博物館が保有する葛飾北斎やターナーコレクションのデジタルアーカイブを NFT コレクションとして販売した実績がある[14]。そして、このようなコレクションは、購入可能な作品点数があらかじめ設定されていることも特徴的である。以下、いくつかの観点から物理アートと NFT アートの特徴を比較してみたい。

3-4　物理アートと NFT アート作品作品の特徴比較

NFT アート作品はデジタルかつ新しい情報技術を用いて表現された作品の性質上、収集やコレクション化においては、物理アート作品と大きく異なる特徴がある。以下、物理的なアートと NFT アートの特徴を示す(表1)。

①流動性

　作品の購入や流通において、物理アートは購入から作品が届くまでに物理的な移動や鑑定書の発行などいくつかの工程で人手を介すが、NFT

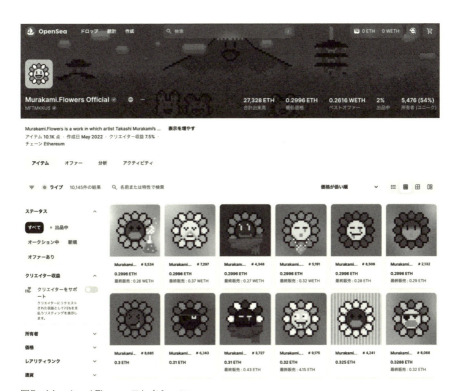

図5 Murakami.Flowersコレクション

アートは作品の購入から金銭処理、所有の証明に至るすべての工程をデジタル空間上で行われる。NFTアートは自動販売機で飲料を購入するような感覚でアートを所有できるため、流動性は高い。

②所有権

購入後の所有について、日本において法的な所有権としての効力がはたらく方は物理的アートである。物体以外のものに法的な所有権は付かない（2024年3月時点）。

③著作権

物理的な作品またはデジタルデータで構成された作品であっても、そこ

表1　物理アートとNFTアートの特徴比較

特徴	物理アート作品	NFTアート作品
流動性	ギャラリーや作家などの仲介や物理的な移動を伴い流動性が低い	インターネット経由のため売買や作品の移動が容易で流動性が高い
所有権	日本では法的に所有権がある	日本では法的に所有権を持たない
著作権	著作権法に基づき、作者に帰属する	著作権法に基づき、作者に帰属する
来歴証明	証明書、鑑定書	ブロックチェーン上の記録
真正性	専門家や鑑定士による保証、保証書	デジタル署名。但し、保証はされない
耐久性	物理的な空間、環境による影響を受けるため劣化する。取扱いには専門的な知識が必要	デジタルのため劣化はない。データ保存環境が物理装置の場合は情報システムや保存媒体の管理が必要
複製性	模写や模造品はあるが、完全な複製は困難	作品ファイルはデータコピーとして完全複製が容易。ただしNFTは一意。
アクセス性	物理的な展示が必要。展示場所へのアクセス条件はそれぞれ異なる	インターネット接続環境が必要
展示性	物理空間に依存。作品の移動や設置、設営等の手間がかかる	コレクションとしての分類やデジタル空間への表示等、多様な展開が容易
唯一性	物理アート作品として、そこに存在するという唯一性の保証	ブロックチェーンに記録された情報に基づく唯一性の保証
希少性	ギャラリーや作家等の直接的な購入。限定版やエディションによる希少性を持つ	NFTの発行数やエディションによる希少性を持つ
資産性	市場の動向や投機的な収集活動により経済的な価値を有し資産性がある	

に独創性があれば著作物として認められる。

④来歴証明

　物理アートは証明書や鑑定書をもって証明できるが、これらが偽造されて流通した事例もある[15]。一方、NFTアートはその出所や所有者の情報は改ざんが困難なブロックチェーンに記録されるため、物理の場合と比較して耐改ざん性がある。

⑤真正性

　物理アートは専門家や鑑定士などによる鑑定が行われ、来歴証明とともに鑑定書で証明されるが、上述の通り偽造の問題を抱えている。NFTアートは作品のオリジナリティや独創性が唯一であるか、アート作品としての真正性は証明されていない。著名なNFTマーケットプレイスは作品を販売する作家に対してデジタル証明を附している場合もあるが共

通の規格等はない。そのため、購入の際には対象のNFTの真正性について独自に調査することが基本である。

⑥耐久性

物理アートは物理的な空間に配置されることから、環境による影響を受けるため劣化する。配置や劣化した際の取扱いには専門的な知識が求められる。NFTアートはデジタルファイルのため、データが保存されている限り劣化は無い。ただし、ファイルが保存されるストレージが物理装置の場合は定期的に装置の更新や管理が必要になる。

⑦複製性

物理アートは模写や模造品はあるが、完全な複製は困難。NFTアートはデジタルファイルのため容易に複製が可能。そのため、作品を体現するデータファイルのみでは唯一性を担保できない。

⑧アクセス性

物理アートを観覧・視聴する場合は、展示場所へ行く必要がある。地理的要因や身体的特徴によりアクセスが難しい問題がある。NFTアートはデジタル空間で扱えるため、インターネット環境が必要になるものの、物理アートのような問題は限定的である。

⑨展示性

物理アートは物理空間で展示を行う。その際、展示の仕方や配置替えを行う場合は作品の移設、設営等が必要になり手間を要する。NFTアートは主にコンピュータ上で表現されるため、コレクションへの追加や削除、並び替えはデータの移動等の操作で済むため容易である。また、表示においても平面や立体表示など多彩な方法があり、必要に応じて物理空間への展示も可能である。

⑩唯一性および希少性

物理アートは、物理的にそこに存在するという点と、1点物であるという唯一無二の特性によって希少性を持つ。また、限定版やエディションといった人為的な操作による希少性もある。NFTは次項参照。

⑪資産性

　物理アート、NFT アート共に市場の動向、社会的背景、需要と供給、作家の知名度など多種多様な要因によって価値が変動する。純粋にアートを愉しむ層もいれば、投機的目的で投資する層がいることは事実であり、アートと経済的側面は現代的な意義を理解する上で必要不可欠である。

　以上のように、NFT アート作品は従来の物理的なアート作品とは大きく異なる要因は多いものの、共通する点もいくつか見られる。

3-5　NFTアートの唯一性と希少性

　NFT アートの唯一性は、ブロックチェーン技術を用いてデジタルファイルに独自性と所有を証明するデジタル証明書を紐付けたことに由来する。NFT は、物理的なアート作品に用いられる出所や来歴、所有権を示す証明書と同等の内容を備えていることに加え、取引履歴や所有の変遷といった情報が公開されている。そのため、各種情報に対する透明性が保持されていることから、作品の出所起源や歴史、そして唯一のものであることを第三者が追跡・検証できる特徴を持つ。しかしながら、NFT に紐付くデジタルファイルは単なるメディアデータのためコンピュータ上で完全な形で複製できる。つまり、NFT アートの唯一性とは、作品として表現されたデジタルデータそのものではなく、ブロックチェーン上に記録された情報ということである。

　そして、NFT アートの希少性は、物理的なアート作品と同様に数量限定や簡単には増せないという特性に基づいた価値付けによるもので、作家やNFT プロジェクトの多くは、販売する作品や NFT に上限数を設けることが多い。このような性質を持つ NFT アートや NFT を限定コレクションと言う。例えば、Murakami.Flowers は購入可能数を 11,664 点と定めており、完売後は一次市場で購入できない。また、大英博物館の例では、葛飾北斎の浮世絵にレア度とエディションを設けて作品価値を高めた限定コレクションに位置づ

230 ──── 第3部　さらなる活用にむけて

図6　大英博物館の葛飾北斎NFTコレクション

けられる。

　例えば、図6はエディション数が2という希少性が高いNFTアートである。ところが、この浮世絵画像はデジタルアーカイブプラットフォームEuropeanaにおいてPublic Domain（PD）で公開されている。当時はNFTバブルの影響もあったが、このNFTアートはPD公開の画像があるにもかかわらず、2,100万円で購入された記録があり現在も所有者がいる。PD画像をNFTの限定コレクションの一部としたことで、それに資産的価値を見出したコレクターが存在することは非常に興味深い点である。

　そして、限定コレクションに対してオープンコレクションという考え方がある。オープンコレクションは、購入可能な作品数の上限を決めず、購入期間内であれば希望者がいる限り点数が増える特性を持つ。

　藤幡正樹の「Brave New Commons」（図7）は、1985年頃のMacintoshで作ら

第10章　NFTアートとコレクション｜嘉村　　　　231

図7　2022年アルス・エレクトロニカ入賞作品「Brave New Commons」

れた画像をNFTアートにした作品である[16]。この作品は、購入希望者を一定期間募集した後、作家があらかじめ設定した価格を申し込み者数で割ることで最終価格を決定する。その結果、購入者数(=エディション)が多い人気作品の価格は安価になり、その逆は高額になるというデジタルデータに対する所有(需要と供給)とその価値を問うコンセプトとなっている。

3-6　複製芸術作品の希少性と価値

　アート作品の数量設定は、希少性や価値を高める方法の一つとして複製芸術作品に長らく用いられてきた。例えば、工業技術を用いて作成される写真や版画は、制作数をあらかじめ決めた限定版を用意し、限定版には作家の直

筆サインやシリアルナンバーを入れることでより希少性と価値を高める方法を用いる。とりわけ、プリント写真は写真原版から何度でも同じ図像を複製できるという特徴を持ちつつも、長らく写真芸術の分野で作品として扱われている。写真は、発明された19世紀当初こそ芸術としての価値を認められていなかったが、20世紀に入るとその表現や創造性の多様化から写真芸術として確立してきた経緯がある。また、撮影機がデジタルに移行した現代においても、コンピュータを用いた現像工程でいくらでも写真をデジタル複製できるにもかかわらず、写真は芸術作品としてその立ち位置と価値を確立している。

　写真が芸術作品としての価値を有する要素には、作品の内容や制作背景等が大きな比率を占めるが、上述した人為的な希少性の操作は少なからずとも作品の価値付けに貢献している。これは、コンピュータという工業技術を用いて創作されたデジタルアートにも当てはまると言えよう。

　このように、NFTアートの希少性は限定コレクションなどの方法により実現されるが、作品そのものの価値は作家やプロジェクトが制御する事は難しい。作品のコンセプトや独自性などの価値判断は、市場の参加者によって決定され、その過程の一部は伝統的なアート作品の評価に基づくとされている[17]。さらに、NFTアートの場合はNFTに紐付くデジタルファイルの特性が価値を左右する場合がある。つまり、そのファイルは単なる鑑賞用やコレクションとして自慢するだけのものなのか、あるいは追加の機能を持ち、何らかの特典や体験などの恩恵を受けられるものなのかという点である。例えば、刀剣画像のNFTを保有していたとして、その刀剣をオンラインゲーム内のアイテムとして実際に利用できるという特性や、あるアーティストのNFTを保有していることで特別なコミュニティへの参加資格が得られる等の付加的な要素を備えていることは価値を変動させる要因の一つである。

　NFTアートは、伝統的に行われてきた物理的な美術品の取引に関わる一連の工程や概念のすべてをデジタルかつオンラインで自動化したことにより、言語や年齢、興味の背景が異なる多様なインターネットユーザーのアート

第10章　NFTアートとコレクション｜嘉村 ————— 233

マーケット参加を容易にした。その結果、NFTアートに価値を見いだした多くの参加者がデジタルデータを収集し、それらをコレクションとして保有するデジタルコレクターが出現した。

4　コレクションとコレクター

4-1　伝統的なアートコレクション

はじめに、伝統的に行われきたアート作品のコレクターとコレクションについて公的な組織(美術館)と個人コレクションについて述べる。

ブリタニカ百科事典によれば、アートコレクションとは、個人または公共的な組織による芸術作品の集積であり、世界の美術館の多くは王族、貴族、または富裕層によって収集された個人コレクションから発展したとされている(詳細は本巻1章を参照)。このような歴史的経緯から、現代においても物理的なアート作品のコレクション展を目にする機会は美術館や富裕層が収集した作品群の印象が強い。

(1)現代の美術館コレクション

現代の美術館におけるコレクションは、ミッション・ステートメントに掲げられた館の方針によって作品の選択と収集が行われ、作家単位、時代や様式、地域的特徴、媒体や技法などの分類に基づいて構成され、来歴や真正性に関連する情報と共に管理されている[18]。例えば、ニューヨーク近代美術館(MoMA)は館が果たすべき社会的役割とそれに応じた作品の収集とコレクションの方針を対外的に明示している[19]。さらに、従来は欧米中心の視点や特定の文化圏に偏った作品を対象とした収集が多かったが、近年では異文化やマイノリティの表現、ジェンダーの多様性を含めた作品が求められており、多様性と包摂性が重要なテーマとなっている。実際、2022年8月に行われた国際博物館会議プラハ大会では博物館の定義が更新され、その一文に"博物館は一般に公開され、誰もが利用でき、包摂的であって、多様性と持

続可能性を育む"と明記されている[20]。

　そして、ここ数年は紛争時代に掠奪された作品や植民地主義の歴史と関連するコレクションなど複雑な背景を持つ作品に対する適切な調査と研究の実施、その結果の公開や返還または保有継続に関する課題がある。これらに関わる情報は作品の来歴や真正性の問題と合わせて世界的に要求が高まっている[21]。

(2)個人コレクション

　個人コレクションは、富裕層らがコレクターとしてアート作品を収集し、これらはコレクターの趣向や個性を反映した特徴的なコレクションを形成する。例えば、『高橋龍太郎コレクション』で知られる精神科医の高橋龍太郎は、1990年に開業したクリニックの待合室に飾るアート作品を求めたことを機にアート作品の収集を始めたという。その後、3000点を超える著名な現代アートの作品群は、国内の美術館やギャラリーで展示が行われている。

　富裕層によるアート作品の収集は趣味的な側面を持ちつつも、一方では将来の資産価値を見込んだ投機的な目的があることも欠かすことのできない要素である。ファンドがアートを投資対象として扱った事例に、英国鉄道基金(British Rail Pension Fund)の活動がある。

　1979年3月、英国鉄道基金はアート作品に対して当時の金額で約4000万ポンドを絵画や彫刻などに投資した。その後、基金が保有するコレクションをオークション最大手のサザビーズを介して流通させたことで大きな利益を得たとされている[22]。1980年から90年にかけては、モネやルノアール、ゴッホ等の著名な印象派の絵画が人気を集め、非常に高い値段で取引が行われた年代でもある。また、この時代のアート作品が高額で取引されるようになった要因の一つには、1985年9月に行われたドル高是正のために行われた先進5カ国(日・米・英・独・仏)による為替レート安定化会議、通称プラザ合意による影響ともいわれている[23]。

　さらに、1987年に発生した世界的な株価の暴落に対して、影響が逆に働いていた当時の日本はバブル景気のもとに世界のアート市場に積極的に投

資が行われていたことも要因の一つとして考えられている。例えば、この時代のオークション最高値を記録したゴッホの"ひまわり"は安田火災海上保険の元会長が3990万ドルで購入している。その後も日本人によるアートオークションの最高値を更新し、1989年にはピカソの作品が約5150万ドル、1990年にはゴッホの肖像画が8250万ドルで購入されている。

　1990年以降、アートマーケット全体が沈静化すると2000年代に再び活性化の兆しが見られ、2002年と2004年のアートオークションでは1990年の最高値を更新した。この頃から世界各地でアート作品を投機対象にしたビジネスモデルが登場し、富裕層を中心にアート作品への投資が盛んに行われるようになった[24]。

(3) コレクション管理の課題

　美術館または個人が収集したアート作品は、どちらもコレクションとして認識されるが、コレクションを構成する個々の作品が持つ背景的な側面は上述したように大きく異なる。しかしながら、双方のコレクションには共通した課題がある。

　①真正性と来歴情報の管理と価値評価

　　価値が高い作品が二次市場へ流通した場合、所有情報を中心とした来歴や真正性に関わる情報をもとに国際的な枠組みによって評価が行われる。これらに係る情報整備や管理は課題の一つである。

　②作品の保存と修復

　　資産価値の高いコレクションを適切に管理するために物理的なセキュリティ対策や温湿度等の環境面における管理が求められる。長期に渡り作品を保有する事は、必要に応じて修復が必要になることもあり、これらにかかるコストは課題のひとつである。

　③文化的価値と教育的価値の共有

　　特に公的な美術館は保有する作品を市民に公開し、その作品の教育的価

値を共有して公共の利益に利することが求められている。個人コレクションにおいても、高橋龍太郎コレクションのように、美術館と協力してその作品が持つ文化的・教育的価値を広く一般公開することがある。コレクションまたは作品の文化的及び教育的価値を広く共有することやその実現方法は課題の一つである。

④公共アクセスの確保

コレクションの価値を高めるためには、その存在を知らしめる必要がある。美術館等によるコレクションのデジタルアーカイブ公開は、実作品を観覧できない環境にある人びとにオンライン等による観覧方法を提供する。デジタルアーカイブの公開は、その価値の共有のみならず、多様性と包摂性の実現をするが、公開システム構築や維持管理には資金を継続的に投入する必要がある。

4-2　NFTアートコレクション

次に、NFTアートコレクションとコレクターについて考えてみたい。NTFアートは、暗号資産または通貨で用いられるブロックチェーン技術を利用する特性から、それらの技術を用いた作品は投機対象に見られてきた経緯がある。また、NFTアート作品は基本的にデジタルであることから[25]、公的な美術館におけるNFTアート作品の収集や保存、管理に至る迄のコレクション管理基準は、これまでに行ってきた伝統的な方法が通じないものとなった。

このような特徴から、公的な美術館はNFTアートコレクターからの寄贈による作品の受入は見られるものの、館としてNFTアート作品を積極的に収集対象にしている例は見られない。ところが、美術館・博物館が保有するデジタルアーカイブをNFTアートコレクションまたはプロジェクトとして展開する場合は、先述した大英博物館をはじめとする世界各地で数多く行われている。つまり、公的な美術館・博物館はコレクション形成のためにNFTアート作品の収集は行っていないが、保有する物理的なコレクションをNFTおよびコレクションとして販売・公開している現状である[26]。

そして、富裕層のコレクターによるNFTアート作品の収集は、物理的なアートと同様に資産価値の高い作品を収集し、それらをコレクションとして扱う傾向が窺える。例えば、SNSのXを中心に活動している匿名コレクターCozomo de' Medici（コゾモ・デ・メディチ）[27]は、高額なNFTアート作品を多数保有し、それらをコレクションとして公開している。また、Xにおける活動は、伝統的なアートコレクションを保有する富裕層が市場に対して影響力を持つことと同様に、NFTアート作品の価値や評価に大きな影響力を与えている[28]。さらに、保有する作品は公的な美術館への寄贈やコレクションの貸与を行っており、NFTアートコレクターと美術館の関係は先述した美術館と個人コレクションの関係と何ら変わりない状況が形成されていると言えよう。

4-3　NFTコレクション

ここまではNFTアートとそのコレクションについて、伝統的なアート作品を参照しつつ比較してきたが、本項ではアート作品以外の側面を取り上げる。NFTアートは、NFTのURLに記載されたデジタルデータであり、それはブロックチェーン技術を用いて価値付けされたものであると述べた。これは、URLに記載されたデジタルデータがアート作品の場合はNFTアートと呼ぶことができるが、そうでないものも数多く存在する。

2021年に世界的盛行となったNTFアートは顕著な成長を遂げた後、わずか2年ほどでその熱は下火となった。その後、市場の過熱感が和らぎ、NFTアートの価格や取引量が安定化または減少する傾向が見られた。図8は2021年から2024年1月までのNFTの取引量を週次で表したものである[29]。

2021年8月頃から10月にかけて急激な成長が見られた後、一旦は落ち着くが2022年1月から2023年4月にかけては取引数が多い状態が続いている。そして、2023年5月に急激に減少し、この時は「NFTの終焉」や「NFTバブル崩壊」などの記事がウェブで見られるようになった。その後の2023年〜2024年にかけては横ばいが続く。

238 ──── 第3部　さらなる活用にむけて

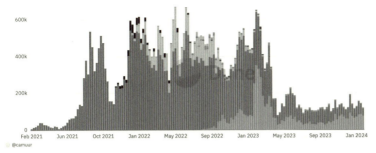

図8　2021年から2023年のNFTアート取引量推移

　この頃からNFTはアート以外への価値と活用を見いだす方向が顕著となってきた。以下にいくつかの取組を紹介する。

(1) NFTとプロスポーツ

　米国プロバスケットボールNBA選手のデジタルトレーディングカードをNFTで販売するNBA Top Shot（https://nbatopshot.com/）は、選手の活躍シーンなどの映像データを付けるなど物理的なトレーディングカードでは実現が難しい価値を付けて販売している（図9）。また、NFT保有者によるファンコミュニティを多数形成するなど、実世界とデジタル空間上の双方で盛り上がりを見せている。同様に、プロサッカー選手のNFTトレーディングカードを扱うSorare（https://sorare.com/）も選手カードのコレクション化に加えて、実世界の試合と連動してスコアを競い合うNFTゲームサービスを提供している。そして、スコア上位者は暗号資産の報酬が得られるなど、ゲームをしながら稼げるという特徴を持つ。その他、日本国内では格闘技やサッカー、バスケットボールチームなどのNFTプロジェクト展開が見られる。

(2) NFTとゲーム

　サッカーNFTを展開しているSorareは、ゲームNFTの一つとも言えるが、

図9　NBA Top ShotのNFT発行ページ

NFTの歴史上最も大きな影響を与えたゲームタイトルは仮想の猫を育成して販売するCryptoKitties（https://www.cryptokitties.co/）だろう。また、遊びと投資を通じて健康になれるプロジェクトSTEPN（https://www.stepn.com/）はデジタルスニーカーを購入し、そのスニーカーをスマートフォンアプリにセットして歩くことで報酬が得られるゲームとして、スニーカーの価格高騰など社会的にも大きな話題となった。

　最近では、国内大手ゲームメーカーのNFT参画も見られ、スクウェア・エニックスのコレクティブルNFTゲームSYMBIOGENESIS（https://symbiogenesis.app/）やコナミのProject ZILCON（https://zircon.konami.net/）は、NFT保有者とゲーム内容を創造していくという特徴がある（図10）。

(3) NFTとトレーディングカード
　コレクティブルNFTと呼ばれ、収集行動の動因や収集後はコレクション化

図10　Project ZILCONのDiscordコミュニティ

できるなどの性質を持つ。先に取り上げたスポーツやゲームもトレーディングカードNFTの一つといえる。2023年以降のNFT界隈は、特にトレーディングカードが盛り上がりを見せている。トレーディングカードのNFTには物理的なカードであるポケモンカードをNFT化したものから、アイドル、漫画、アニメといったエンターテインメント分野で数多く見られる（図11）。

（4）NFTと地方創生

　地方創生NFTは、地域の特徴や特産品をデジタル化してNFTアートや権利等の価値提供し、それらの販売益や参加者コミュニティによる活動を地域活性化に生かすものである。限界集落として知られる新潟県長岡市山古志村は、特産品である錦鯉をモチーフにしたNishikigoi NFT（https://nishikigoi.on.fleek.co/）を販売し、このNFT保有者はデジタル村民として村の活動やイベントに参加できるしくみを設けている。そして、山古志村のコミュニティ活動は、中央に特定の管理者を設置せずにプロジェクトを推進する分散型自

第10章　NFTアートとコレクション｜嘉村　　241

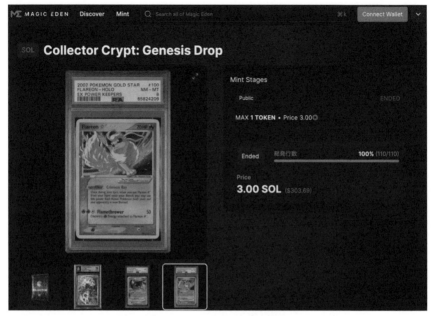

図11　Magic Edenによる実世界のポケモンカードのNFT販売ページ

律組織DAO（Decentralized Autonomous Organization）[30]の仕組みを導入しており、Web3界隈ではこの運営においても注目されている。

その他にはふるさと納税で購入可能なNFTアートや畜産、農産物などを組み合わせた事例も見られる（図12）。北海道夕張市の夕張メロンNFT（https://yubari.metown.xyz/）はメロン収穫時期になると実際のメロンが送られてくる権利証明書をNFTで発行、ウィンタースポーツの世界的高級リゾートとなったニセコでは、観光施設を優先的に利用できる権利を証明するニセコパウダートークン（https://niseko-nft.com/）を発行する例がある。

地方創生NFTは、NFTを単純にデジタルで資産として保有するだけで無く、実世界の活動と組み合わせたプロジェクトが見られる。また、利用権など実世界の資産をトークン化することをRWA（Real World Assets）と呼び、RWAの活用は様々な分野に対象が広がりつつある。

図12 ふるさと納税で購入可能な地域NFTの例

　ここで取り上げた活用例はわずかだが、最近のNFTは用途の拡大、多様なコレクション形成、そしてコレクターの多様化が進んでいる。しかしながら、伝統的なアートコレクションが課題を抱えるように、NFTコレクションにおいても独特の課題がある。以下にNFTコレクションについて、簡潔にまとめる。

(1) NFTの用途拡大
　最近のNFTはデジタルアート作品の所有証明という利用からオンラインゲーム内のアイテムやメタバース空間における不動産、実世界における特典や権利の所有を証明するトークン、デジタルアイデンティティ、著作権管理などの利用に拡大してきており、多様な分野で活用の試みが展開されている。

特に実世界の物をNFT化するRWAは、ボーンデジタルデータに依存していたNFTの新たな活路を見いだすもので、今後の動向に注目したい点である。

（2）NFTコレクションの特徴

　NFTという共通の枠組みで作られたトークンは、分野を問わずデジタル空間上に自由に配置、分類し、それをコレクションとして第三者に公開して即時取引できる仕組みを持つ。これは、情報資産の流動性が非常に高く、インターネット環境があれば、誰でも収集とコレクション化に参加できるという特徴は、伝統的なアート作品の収集やコレクションとは異なる性質を持つ。

（3）多様なデジタルコレクターの存在

　NFTとそのコレクションは、デジタル形式で保存された何らかの価値を有する情報資産としてのデータ（デジタルアセット）を扱う。デジタルであるが故に物理的な保管庫を必要とせず、また、取引のための仲介者や手続きを多く必要とせず、NFTの収集から所有の証明、保管、公開、取引の全てをオンライン上で完結できる利便性がある。

　その結果、アートに限らず多様な属性を持つ人びとをデジタルコレクターとして参画を可能にし、収集したデジタルアセットの展示や同じコレクションのNFTを持つホルダー同士のコミュニティ形成など、デジタル空間を介したコミュニケーションの楽しみ方や経済的機会の創出など新たな価値を生み出している。

（4）NFTとコレクションの課題
　①来歴情報の管理と評価

　　NFTはブロックチェーン技術を用いてデジタルアセットの所有を証明できるが、作品のオリジナリティや創造性を確認することは依然として難しい。また、NFTの所有はあくまでメタデータにリンクされたデジタルファイルであり、そのファイル自体の著作権は直接的に保証しない。

②作品データの保存とアクセスの担保

NFTに紐付けられるデジタルファイルは、公開されたデジタルアーカイブと同様に、オンライン上のサーバ等に保存されていることが多い。ブロックチェーン上に記録されたNFTが永続的に残り続けることはあっても、そのURIが示すデジタルファイルの消失やアクセスが不能になるリスクがある。

③著作権と所有の課題

NFTアート作品やNFTコレクションが対象とするデジタルデータの著作権は、作家やコンテンツ提供者等が持つ。そのため、例えNFTでデータの所有を得ていたとしても、著作権上の理由からデータの再配布や改変、二次利用等は制限される場合がある。

④偽造と詐欺と真正性

物理的なアートの世界で模造品や偽物が出回ることと同様に、NFTアートの世界でも存在する。NFTに紐付くデジタルファイルは容易にコピーできるため、それを第三者が勝手にNFTとして再販できるという課題がある。そのため、NFTアート作品を購入する際は、それが真正な作品であるか否かを購入者自身が調査して評価する必要がある。

5 おわりに

本章では、デジタルアートとして一つのジャンル確立しつつあるNFTアートを中心に、その技術的な仕組みを解説しつつ、NFTアートとコレクション、そしてアートに限らないNFTの特徴を論じてきた。最後に、データの価値創出を可能とするNFTやWeb3周辺技術とデジタルアーカイブにおけるその利活用の可能性を考えてみたい。

(1) オープンな来歴情報の管理

資産価値を有するアート作品や所蔵品を持つ文化施設では、それらの来歴情報を信頼ある方法で管理することは重要な要素である。

ブロックチェーン技術はこのような性質を持つ資料の取引や管理に利用できることは言うまでも無いだろう。ただし、それらの所有や来歴情報がオープンになることで問題になる場合は、情報の一部を特定組織が参加可能なプライベートチェーンに格納するなどの方法が考えられる。信頼ある組織によって運営される文化財等の信頼情報に特化したブロックチェーンシステムは十分に考えられる。

(2) データの付加価値

デジタルアーカイブの語が誕生した1990年代以降、美術館・博物館の文脈で語られるデジタルアーカイブは、主に物理的な資料や作品をデジタル化したメディアファイルやデータベースで構成されたものであった。そして、デジタルアーカイブはそれらのデータ活用やデータの価値創出が長きに渡り課題とされてきた。

NFTが広く知られるようになった2022年以降、デジタルアーカイブに対する価値の認識は少し変化しつつある。その代表例が、葛飾北斎のNFTコレクションである。このコレクションは、200種類のデジタル作品に5段階の価値(エディション)を付けて販売し、わずか4ヶ月で7桁の金額を売り上げたとされる。さらに、これらが二次流通した場合は、収益の10%が博物館に還元されるという。

NFTとスマートコントラストの仕組みを用いたロイヤリティの自動分配の仕組みだけを見ても、NFTはそれまで博物館が長きにわたり保存してきたデータに新たな価値を与えたと言っても良い。その画像がPDで公開されていたものであったとしても、実際に投資して購入した人物が存在する点は揺るぎない事実である。

NFTの価格が落ち着いた現在も美術館・博物館のNFT流通は続いている。

その理由の一つには、NFTを保有し続ける事による付加価値の存在が伺える。NFT保有者同士のコミュニティ形成や保有者のみが参加できるイベント等、信頼されたデジタル証明書による新たな付加価値に伴う恩恵が生まれている。もちろん、これまでも紙やカード等の発行による方法で資格を証明することが行われてきたが、これらをデジタルとネットワークを介して扱えることにより、さらなる活用の幅が広がったと言って良い。

(3)相互利用

　NFTの強みの一つは、そのデジタル形式にある。この特性により、NFTはあらゆるデータをコンピュータで扱えるようになり、同時に活用の幅が広がる。さらに、入手元が博物館やアーティスト、またはマーケットプレイス由来であっても、全てのNFTを同列に扱うことができる。このような特徴を持つNFTは、保有者に自由なコレクション管理の余地を与え、結果として、必要に応じてNFTを手放したり、さまざまな方法で活用したりする柔軟性をもたらす。

　さらに、個々のNFTは、様々な分野のコンテンツ間で相互利用できる可能性を持つ。実現には異なるブロックチェーンの相互運用性に関わる技術的課題があるものの、既にいくつかの試みが行われている。例えば、ゲーム分野ではゲーム内で獲得したNFTアイテムを別のゲームで使用できるサービスや、収集したNFTアートを異なるプラットフォームやメタバース空間に展示して鑑賞、販売できるコンテンツサービスなどがある。NFTは、デジタルという利点と共通の規格を活かすことで、異なる分野間でコンテンツ活用を促進するメディアとしての役割を持つといえる。

(4)デジタルアイデンティティ

　NFTは改ざん不可能な情報を管理できることから、オンラインにおけるデジタルアイデンティティの管理方法として期待されている。2024年時点では、実在する個人を特定するような機微な情報をパブリックチェーンで扱

うことは難しいが、補助的に使うことはできるだろう。例えば、博物館友の会や学術団体などのコミュニティに属する証明、実世界の資格保有を証明する用途としてのNFTは容易に想像がつく。実際、千葉工業大学が令和4年度の卒業・修了生を対象に学位証明書をNFTで発行することを決定したニュースは大きな話題となった。

デジタルアイデンティティにおけるNFT利用は、プライバシー保護の点から課題も多くあるが、発想次第で多様な利活用の可能性を秘めている。

(5) デジタルアーカイブ活動支援とWeb3

地方自治体や地域等の小規模組織がデジタルアーカイブに関して何らかの活動支援を必要としている場合、DAOを用いた支援コミュニティの運営が考えられる。

DAOの運用は、コミュニティの意思決定や組織管理に関するルールを事前に定め、活動の実行はスマートコントラストを介して行われる。例えば、コミュニティが依頼を受けてあるメンバーが活動した場合、メンバーには活動報酬として独自発行のトークンを自動的に支払う。あるいは、活動件数や内容に応じたリワードをNFTで発行し、リワード保有数に基づいたコミュニティ貢献度を可視化することで、活動を継続するためのモチベーション維持に繋がるような設計などが考えられる。

DAOは、組織運営に係る人的な介入を最小限に抑えられるため、メンバーはデジタルアーカイブの支援活動に集中でき、支援活動の成果はデジタルアーカイブの整備など地域社会への還元にも繋がる。

2024年現在、ブロックチェーンをはじめとする新たなWebに関連する技術は多くの課題を抱えているが、日々開発が進むと同時に実サービスへの導入も行われ、その速度は増すばかりである。

NFTの登場により大きな変化を経験したアート分野は、デジタルによる所有の証明、作品管理から展示、および収集の方法、そしてコレクションを再定義し、デジタル時代におけるアートの所有と享受の新たな局面が開かれ

たと言えよう。デジタルアーカイブは、長年その活用や新たな価値創出に苦しんできたが、同じデジタルという共通の枠組みでアセットを扱う新たなWeb技術はデジタルアーカイブの歴史において、革新的な転機をもたらす潜在力を秘めている。

注・参考文献

1) Nakamoto, S. "Bitcoin: A Peer-to-Peer Electronic Cash System"（https://bitcoin.org）（最終アクセス：2024年1月27日）

2) Wood, G. "ĐApps: What Web 3.0 Looks Like"（https://gavwood.com/dappsweb3.html）（最終アクセス：2024年1月13日）

3) Wood, G. "Why We Need Web 3.0"（https://gavofyork.medium.com/why-we-need-web-3-0-5da4f2bf95ab）（最終アクセス：2024年1月13日）

4) Shadbolt,N., Berners-Lee, T. & Hall, W.（2006）The Semantic Web Revisited, *IEEE Intell. Syst.*, 21（3）, 96-101.（doi: 10.1109/MIS.2006.62）

5) 日本ブロックチェーン協会「『ブロックチェーンの定義』を公開しました」（https://jba-web.jp/news/642）（最終アクセス：2024年1月22日）

6) Bamakan, S. M. H., Nezhadsistani, N., Bodaghi, O. & Qu, Q.（2022）Patents and intellectual property assets as non-fungible tokens; key technologies and challenges, *Sci. Rep.*, 12（1）, 2178.（doi: 10.1038/s41598-022-05920-6）

7) Guo, J., Li, C., Zhang, G., Sun, Y. & Bie, R.（2020）Blockchain-enabled digital rights management for multimedia resources of online education, *Multimed. Tools Appl.*, 79（15-16）, 9735-9755.（doi: 10.1007/s11042-019-08059-1）

8) Wood, D. G.（2014）ETHEREUM: A SECURE DECENTRALISED GENERALISED TRANSACTION LEDGER, *Ethereum Proj. Yellow Pap.*,（151）, 1-32.

9) 施井泰平（2019）「ブロックチェーン技術のアート産業への応用可能性」『研究 技術 計画』34（4）, 367-376.（doi: 10.20801/jsrpim.34.4_367）

10) "ERC-721: Non-Fungible Token Standard"（https://eips.ethereum.org/EIPS/eip-721）（最終アクセス：2024年1月27日）

11) Tate"ART TERM DIGITAL ART"（https://www.tate.org.uk/art/art-terms/d/digital-art）（最終アクセス：2024年2月13日）

12) Whitaker, A. & Burnett Abrams, N.（2023）*The story of NFTs: artists, technology, and democracy*, Rizzoli Electa.

13) Takashi Murakami/Kaikai Kiki Co., Ltd. "MURAKAMI.FLOWERS Murakami.Flowers

Collector Terms"（https://murakamiflowers.kaikaikiki.com/collector.html）（最終アクセス：2024年2月14日）

14）　SHANTI ESCALANTE-DE MATTEI "British Museum to Sell NFTs of Hokusai Works, Including 'The Great Wave'"（https://www.artnews.com/art-news/news/british-museum-hokusai-nfts-1234604998/）（最終アクセス：2024年2月13日）

15）　ARTnews JAPAN「7万円で購入したバスキアの複製品を16億円で販売!? アメリカの美術商が禁固刑に」（https://artnewsjapan.com/article/1094）（最終アクセス：2024年2月24日）

16）　3331 Arts Chiyoda「Brave New Commons」（https://mf.3331.jp/）（最終アクセス：2024年2月14日）

17）　Murray, M. D.（2022）NFTs and the Art World – What's Real, and What's Not, *UCLA Entertainment Law Review*, 29, 28.（doi:10.2139/ssrn.4082646）

18）　Matassa, F.（2011）*Museum collections management: a handbook*, Facet Publ.

19）　THE MUSEUM OF MODERN ART "COLLECTIONS MANAGEMENT　POLICY THE MUSEUM OF MODERN ART"（ https://www.moma.org/momaorg/shared/pdfs/docs/about/Collections-Management-Policy-2020-04-20.pdf）（最終アクセス：2020年4月20日）

20）　"MUSEUM DEFINITION"（https://icom.museum/en/resources/standards-guidelines/museum-definition/）（最終アクセス：2024年2月17日）

21）　川口雅子（2016）「高度化・グローバル化する美術作品の情報ニーズと国立西洋美術館の取り組み」『アート・ドキュメンテーション研究』23, 35-43.（doi: 10.24537/jads.23.0_35）

22）　Sotheby's（1996）*The Mercator atlas of Europe; from the collection formed by the British Rail Pension Fund. Sale LN6719, 26 November, 1996*, Sotheby's.

23）　McAndrew, C.（2012）The international art market in 2011: observations on the art trade over 25 years, *Eur. Fine Art Found.*, 191.

24）　Spaenjers, C., Goetzmann, W. N. & Mamonova, E.（2015）The economics of aesthetics and record prices for art since 1701, *Explor. Econ. Hist.*, 57, 79-94.（doi: 10.1016/j.eeh.2015.03.003）

25）　デジタルと物理的な作品を組み合わせたNFTアートも存在するが、ここではデジタルで構成された作品をNFTアートとする。

26）　民間においてはNFTアートを収集している組織もあり、国内ではNFT鳴門美術館、海外ではシアトルNFTミュージアムなどがある。

27）　Cozomo de' Medici "The Medici Collection"（https://www.cozomomedicicollection.

com/）（最終アクセス：2024年2月23日）

28） 匿名コレクターだが、後に世界的に有名なラッパーのスヌープ・ドッグである
ことを明らかにしている。

29） https://dune.com/hildobby/NFTsのブロックチェーン分析ツールDune Analyticsを用
いてTransactionsをベースにグラフを生成。

30） Buterin, V.（2014）DAOs, DACs, DAs and More: An Incomplete Terminology Guide, *ethreum funcation blog.*（https://blog.ethereum.org/2014/05/06/daos-dacs-das-and-more-an-incomplete-terminology-guide）（最終アクセス：2024年7月11日）

第11章

デジタルコレクションを
保障する権利を構築する

栗原佑介

1　はじめに[1]

　本書は、「デジタルアーカイブ(以下「DA」という。)のコレクション論」を
テーマに、過去、現在、未来の時間軸に分け、一連の論文を収録している。
その中の1章を構成する本論の関心は、現在に至るまで、ほぼ論じられてこ
なかったデジタルアーカイブをコレクションすることの法的な正当化根拠、
さらに突き詰めてDAをコレクションする権利があり得るのか、という点に
ある[2]。そのような権利が将来保障されることへの期待を込めて、「未来」の
話である。

　現実問題として、DAには、積極的な意義と消極的な意義がある。積極的
な意義としては、デジタル化がもたらす利便性に着目し、DAを行うことで、
文化資源のさらなる利活用を促進する側面である。他方で、消極的意義とし
ては、例えば、有体物である文化資源には収蔵スペースの問題があり、それ
を解消するため、その文化資源を廃棄せざるを得ない場合に、DAを行う保
存行為[3]としての側面である。

　では、なぜ、DAは重要なのか。このDAという営為(しかも、「デジタル」
である点が重要である。)は、法的な正当性が認められるのか。ここに、法学
や情報通信・メディア系の学際的な分野で研究者をしている筆者としての関

252 ──────── 第3部　さらなる活用にむけて

心がある。

　さらに、この関心は単なる個人的なそれに留まらない。2011年3月の東日本大震災による文化財の損壊、2019年4月のノートルダム大聖堂の火災といった自然災害、2001年3月のタリバンによるアフガニスタンのバーミヤン渓谷にある2体の大仏の爆破などのテロ、そして2022年2月のロシアによるウクライナ軍事侵攻に伴う文化財の破壊といった政治情勢によって文化財が人為的に破壊される非情な現実を前に、社会的にも文化財の復興にデジタルデータが重要であるという認識が高まった。

　ただ、自然災害やテロは、これまでも博物館資料保存論において指摘されていた点であるが、これに加え、2020年に起きた世界的なパンデミックである新型コロナウイルスによる博物館の閉鎖は、文化財自体は損壊されていないものの、国民・市民が物理的な施設へのアクセスが断たれるという未曾有の事態を引き起こした。デジタルは文化資源へのアクセスの代替的保障であるという側面が顕在化したといえる。言い換えれば、デジタルデータが保存されること、それが利活用できる状況にあることの2つの保障がなければ、有体物の消滅によって、次世代にその文化資源の価値を継承できない。

　以上は、DAの消極的な側面である。他方で、デジタルヒューマニティーズという学問分野（人文学的問題について、情報学的手法を用いることで新しい知識や視点を得たり、人文学的問題を契機とする新たな情報学）では、DAによって得られたデータから大規模解析を行ったりすることも可能であり、人類の知の発展に貢献している。

　本章は、双方の側面において人類に裨益し得るDAの正当化根拠を法的な観点から検証することを目的とする。そこで、まず、次節では、デジタルアーカイブ学会が2023年に採択したデジタルアーカイブ憲章に「（社会にとっての）記憶する権利」を手掛かりにし、第3節、4節では、国内外で論じられる文化的権利の概要を紹介する。第5節では、我が国著作権法が権利制限規定で想定する利用者の属性に着目し、「ユーザの権利」の普遍的確立の可能性を検討する。

第11章　デジタルコレクションを保障する権利を構築する｜栗原 ———— 253

2　デジタルアーカイブ憲章「記憶する権利」

　デジタルアーカイブ学会は、「デジタルアーカイブ憲章」[4]（以下「DA憲章」という。）を2023年度第1回理事会にて採択した。同憲章の性質は、その冒頭で、DAが「社会にもたらしつつある変革が何を可能にするのか、またそのリスクはどこにあるのかを認識し、21世紀のデジタルアーカイブが目指すべき理想の姿を提示した上で、その価値の浸透や実現に向けてわたしたちデジタルアーカイブ関係者が行うべきことを宣言する」ものとされている。

　同憲章のポイントは概要以下の表1のとおりである。

　DA憲章は、確認・更新を除き、現場の行動指針をボトムとして、それを導出するDAの目的、その目的が必要とされる社会的な背景という帰納的アプローチによって把握することができる。文化資源の保存や文化資源の可用性・アクセシビリティの促進については、MLA機関が人々の文化的生活や人類の科学技術の発展の利益を享受することを手助けするとの認識[5]は世界共通である。

　特に本論が着目するのは、DA憲章が、「一人ひとりの市民から地域社会、諸々の公的組織、国家までの記憶を社会の記憶として蓄積することができなければなりません。それはすなわち、社会にとっての"記憶する権利"、アーカイブ権ともいえる」として「社会」という「集団」がアーカイブをする「権利」を有すると述べる点にある。ただ、その理論的な根拠はDA憲章からは明示されていない。

　ところで、「社会にとっての記憶する権利」をDA憲章に盛り込むことを発案した[6]DA学会長でもある吉見俊哉は、アーカイブスの概念を図1のように4層に分ける。

　制度的保障が強い順に①文書館、②記録機関としてのMLA機関、③ウェブ上のデータベースなど広い意味での記憶庫、④集合的な無意識のレベルの4つである。しかし、近年は、SNSの投稿などが無数にデータベース化されるなど、ボーダーレス化していることを指摘する[7]。DA憲章における「市

254 ──────　第3部　さらなる活用にむけて

表1　デジタルアーカイブ学会「デジタルアーカイブ憲章」の概要

大項目	小項目	概要
前文	背景	デジタル技術を用いた情報資産の利用と再生産により利活用できる環境が整備されつつある
	公共的知識基盤の必要性	知識や情報は構造・体系化、アクセシビリティを確保することで多様性ある市民生活を持続的に支えられる
	社会にとっての記憶する権利	公共的知識基盤の構築のために、市民から地域社会、公的組織から国家単位まで社会が「記憶する権利」、これは、アーカイブ権ともいえる
デジタルアーカイブの目的	①活動の基盤	豊富で多様な情報資産を永く保存し、生産・活用・再生産の循環を促すことで、知の民主化を図る
	②アクセス保障	身体的、地理的、時間的、経済的等の差別なくアクセシビリティが確保される
	③文化	世界の記録・記憶を知る機会を提供することで文化の発展に寄与する等、生活の質を向上させる
	④学習	情報リテラシーの向上、歴史・国際的視点の育成
	⑤経済活動	環境に配慮した産業技術の発展、業務最適化された労働環境の構築
	⑥研究開発	オープンサイエンスへの寄与、研究開発促進
	⑦防災	過去の災害記録から防災・減災に活用
	⑧国際化	観光誘致、国際経済活動への貢献
行動指針	オープンな参加	主体的な参加環境や技術的な相互運用性の確保
	社会制度の整備	公共的知識基盤の持続的構築等のため法整備等
	信頼性の確保	トレーサビリティ確保、メタデータ充実化
	体系性の確保	FAIR原則8)を前提にした構造・体系化等
	恒常性の保障	デジタル形式での収集、恒常的保存等
	ユニバーサル化	多言語の情報資産の発信、アクセシビリティ確保
	ネットワーク構築	横断・国際的ネットワーク構築等の繋ぐ役割
	活用促進	DAを用いた学習支援、機会創出等
	人材育成	DA人材の創出、環境構築
確認・更新		3年に一度の見直し等

（出典：DA学会ウェブサイト）

民…の記録」はプライベートであるが、「国家の記憶」はいわゆる大文字の歴史であろう。これらは④の市民の断片的に散在するレベルから①制度的に裏付けられた歴史的文書として記憶が記録に変遷していく連続的で、経時的事象を示している。そうすると、記憶する権利は、記録が生成されることを担保する法的権利であるとも解釈できる。

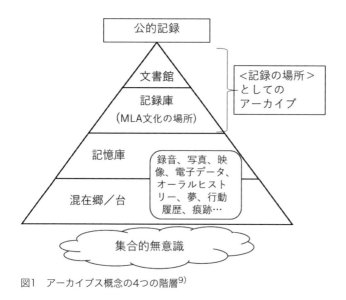

図1　アーカイブス概念の4つの階層[9]

3　国際人権法における文化を享受する権利

3-1　世界人権宣言における文化的権利

　国連総会において、1948年に世界人権宣言(Universal Declaration of Human Rights: UDHR)が採択され、「文化生活に関する権利」(同26条)が盛り込まれた。「教育に関する権利」(同31条)とは別に規定されたことに現れているように、第二次世界大戦以降の文化政策は、全体主義からの反省として、ドイツ、イタリアなどでは、憲法において芸術の自由を規定し、自由主義的側面が強調される。

　とりわけ本章に関連する規定がUDHR27条である。同条1項では、「自由に社会の文化生活に参加し、芸術を鑑賞し、及び科学の進歩とその恩恵とにあずかる権利」を規定し、2項で「その創作した科学的、文学的又は美術的作品から生ずる精神的及び物質的利益を保護される権利」を規定する。ここでは、同条1項では一般的な需要者としての権利、同条2項では創作者として

の権利が観念されている[10]。

3-2　国際人権規約における文化的権利

　1966年12月に国際連合総会において採択された「経済的、社会的及び文化的権利に関する国際規約（A規約）（International Covenant on Economic, Social and Cultural Rights: ICESCR）」15条では、世界人権宣言に対応した規定がある。同条(1)(a)には、文化的な生活に参加する権利が規定される（文化権（cultural right）と呼ばれている。）。また、(b)には、科学の進歩及びその利用による利益を享受する利益が規定され、(c)では、UDHR27条2項とほぼ同様の文言が用いられている[11]。UDHRとICESCRでは、法的拘束力の有無の点で異なり、前者にはない[12]。ICESCR15条1項(c)において、「author」（著作者）の権利が「人権」であることが、明示されている[13]点で意義があるといえる。特に、UDHRやICESCRによる知的財産の保護の一般的な規定が、財産権として構成されていない点に着目される。ベルヌ条約やパリ条約では、知的財産権は、財産権を前提にしているからである。そのため、知的財産権と人権の関係は、敢えて曖昧なままになっていたといえる。

　この点を明らかにしたのが、2005年に知的財産権と人権の関係について、社会権規約委員会が示した見解である[14]。そこでは、ICESCR15条(1)(c)の定める権利と知的財産権の関係を整理すること、両者を同視しないこと、ICESCR15条(1)(c)の定める権利は、同項(a)及び(b)、同条3項の定める権利と密接に関連し、相互補完と同時に限定する関係であること、経済的利益の保護は、創作者の生存期間中継続する必要はなく、1回の金銭支払いや一定期間の独占権付与でも可能であることが示された[15]。

3-3　文化的権利の国際展開

　欧州[16]においては、2007年のリスボン条約（欧州連合条約および欧州共同体設立条約を修正するリスボン条約）の批准によって、基本権の直接適用の場面が増えている。Geigerは、欧州連合基本権憲章（European Charter for Fundamental Rights：ECHR）は知的財産に関する特定の規定を設けていないが、財産権を保護する欧州人権条約の議定書1の1条により、利用権（exploitation right）が保護されることには疑いの余地がないと指摘する[17]。また、基本権アプローチから、知的財産権自体も基本権であるが、ユーザの法的利益もまた、表現の自由や知る自由によって保障された基本権の内容であると同時に、両者の調整が必要であるとし、知的財産権の行使には制約があるとしている[18]。

人権としての文化的権利（Cultural rights）は、1968年にUNESCOにより発表された「人権としての文化的権利に関する声明」に由来する。そこでは、労働権、余暇権、社会保障権に続く概念として、文化的権利の「構築」に理解が示されなければならないとされた。

このように、第二次世界大戦後、急速に国民が文化的な利益を享受する利益が法的保護に値すべきである、という価値観が国際的にも意識され、諸外国の憲法を含む法律において、規定された。他方、その法的保護が1970年頃は、「構築」されていなかった。

その後、UNESCOは、1980年に「芸術家の地位に関する勧告」を採択、1982年にメキシコでの文化政策に関する世界会議において、文化的アイデンティティの尊重や文化と科学技術の関係などが盛り込まれることで、文化の多様性が確認された。さらに、UNESCO総会の「文化的多様性に関する世界宣言」では、4条（文化的多様性の保障としての人権）や5条（文化的多様性を実現するための環境としての文化的権利）、6条が盛り込まれた。特に5条は、文化多様性を実現するための文化的環境を保障する「社会的文化権として位置づける緊要な条文」と評価されている[19]。

さらに、5条以外に、デジタルアーカイブとの関係では、6条が「デジタル形態を含む芸術享受」を文化多様性の保障の一内容として、人権として構成している点が注目される。

ここで重要なことは、文化権の特徴として、国際レベル、憲法レベルから導出される権利である。そして、その性質は、社会権的基本権（国際人権規

258 ──────── 第3部　さらなる活用にむけて

約A規約）と自由権的基本権の両面から構成されていることである[20]。

　なお、文化的環境への配慮という点において共通する事項が「子どもの権利条約」（1989年採択）にみられる。同条約では、①休息・余暇権、②遊び・レクリエーション権、③文化的生活・芸術への参加権（同条約31条）を規定する。これら3つの権利を一連のものとして捉えて教育分野では、子どもの「文化権」として主張されることもある[21]。この背景から、わが国でも文化権に関する研究が進んでおり、この点は、後述する。

4　日本における文化権の系譜

4-1　日本における文化権の展開

　名称はともかく、「文化権」を、憲法学における学説の中には、世界人権宣言の余暇権と国際協調主義（憲法97条）や民主主義の精神を根拠に、文化的生活を享受する利益である「文化的権利」として位置付けようとする見解がある[22]。

　しかし、「文化的生活に参加する権利」が提唱されたのは、1990年代になってからである。しかも、社会学者（生涯学習論）である佐藤一子であり、同人は、要旨次の2点を主張した。

　第一に、自由権としての文化への権利について、文化的権利を文化的価値及び内容の視点から捉える場合、憲法上「芸術」に直接言及した条項はないものの、同法13条、19条、21条を根幹とする一連の自由権によって規定されているとした。

　第二に、社会権としての文化への権利について、国民個人の自発性、民間企業による投資だけでは達成不可能であり、文化遺産の保護、継承事業などは国家の責務によらなければならないとした[23]。

　他方、法学では、行政法学が、一応、文化的権利の問題を扱ってきた。しかし、そもそも、日本国憲法の「文化」の文言は、同法25条に「文化的」とあるのみである、この「文化」の概念について、基本書などで論じられることは

少ない。もっとも、制定過程においては、帝国議会の個々の議員がむしろ文化と憲法を結びつけることに積極的であり[24]、必ずしも無関心であったわけではない[25]。

わが国のこのような状況で、文化や文化的権利に積極的評価をしてきたのが、小林真理である。小林は、文化行政における「文化」を、「公法学的文化領域から教育および学術を除いて残る芸術を核にして広がりを持つ概念」とする[26]。

文化権の内実は、諸外国と同様、国家からの自由としての自由権から、国家による自由としての社会権の双方から構成される。自由権としての側面は、主に表現の自由(憲法21条)、幸福追求権(同法13条)[27]となる。また、社会権としての側面は、主に同法25条を根拠に、「環境権」の文脈で、「文化的環境権」や「文化的生存権」[28]という概念で説明しようとしてきた。

例えば、環境権の一内容として、自然的環境の他、社会的環境と文化的環境を加える見解[29]や、環境権の中に、公共信託の理論(公益的な海岸、河川、公園などの公共使用に際し、国民からの信託により、運営を「信託」されているため、忠実義務などの義務を負い、公衆の使用を害することは信託違反として許されないとする理論)を導入し、遺跡や歴史的・文化的環境の保護も同様に公共信託の理念によって保護されるべきとする見解がある[30]。

以上のように、その意義や分類は様々である。ただ、もっとも明快な分類として、例えば、社会文化学会は、①自由権としての文化創造権、②社会権としての文化へのアクセス権、享受権、③集団的権利としての文化自決権や文化的アイデンティティ権の3つに分類する[31]。文化権の特徴は、他の論者も指摘するように、①の国家からの自由を保障する自由権的側面と②の国家による自由を保障する社会権的側面の両面から成り立ち[32]、公権力からの自由と、公権力によって助成を受ける権利(あるいは国家の義務)を認める。これは、一見して対立があるように思えるが、これは、「自由の条件を確保する」ために社会権の正当性が認められ、「文化権」は、止揚のプロセスによって、生成されてきた[33]。

260 ———— 第3部　さらなる活用にむけて

このような複雑、混乱している文化権の議論状況を、近年、中村美帆が法的枠組みと対象論点を整理している[34]。法的枠組みとしては、①前述した世界人権宣言、国際人権規約における「文化的生活に参加する権利」、文化芸術基本法2条3項における文化芸術創造享受権その他文化に関する権利の整理、②文化権の集団的権利としての側面と個人の権利としての側面、③文化権と国家の権利義務関係の明確化、④文化の帰属・所有と文化権の関係[35]を挙げる。そこから、論点としては、①文化権の文化の範囲、②文化多様性への考察、③マイノリティの文化権の考察、④文化と人権があると指摘する。DAとの関係では、特に④文化と人権が著作権（財産権）と文化権の衝突という点から問題となる。

4-2 「文化財を享受する権利」？

我が国では、文化財を享有する権利として、史跡指定解除処分に対する取消訴訟である伊場遺跡訴訟[36]において問題となったことがある。背景としては行政訴訟として（当時の）行政事件訴訟法9条の原告適格（訴えの利益）を肯定するための議論として持ち出されていたものであるが、その理論構成について、3つの見解がある[37]。

具体的には、①文化財について地域住民や研究者が何らかの利益を有するとしてもそれは反射的な利益に過ぎないとする見解、②国民の文化財享有権、歴史的文化的環境権を憲法論として積極的に13条、23条、25条、26条などにより根拠づける見解、③文化財について地域住民や研究者が「共通的生活利益」を有するとし、これを文化財という事物の性質ないし文化的保護法の理念によって基礎づけようとする見解である。

この点、③については、原告適格を肯定する法技術に留まり、一般的な権利性を肯定しない点では①と共通する。②の見解については、「文化財享有権なる観念は、いまだ法律上の具体的権利とは認められない」として前述の伊場遺跡訴訟において最高裁が判示している。最高裁は「いまだ」と指摘し、将来的な権利性の承認について留保しているが、判決から30年以上経過し

第11章　デジタルコレクションを保障する権利を構築する｜栗原　————　261

た現在、判例変更が必要な程度にまで社会的な背景事情が変化したと評価できる事実は見当たらないことからすれば、今なお有効であると言わざるを得ない。

もっとも、文化財享有権が否定されているに留まり、上位概念である文化的享有権は、対公権力との関係では、制約を受けつつも一般論としては肯定し得る可能性がある。つまり、文化的享有権の具体的な内容を指す文化財享有権が否定されたのは、それが文字どおり権利性を承認する明文が存在せず、解釈上根拠づけ可能な社会的事実が存在しなかったからであると考えられる。

したがって、現行憲法の解釈として通説である憲法25条と同様、抽象的権利[38]であることまで否定されていないため、具体的な明文により、権利性が認められる可能性があることを意味する。

しかし、当該利益が肯定され、これを、「文化の発展」を目的とする著作権法の解釈に敷衍させたとしても、具体的な著作物の利用についての解釈が当然に導出されるものではない。結局は、当該利益が著作者等の保護を上回ることが著作権法制上、肯定されなければならず、解釈指針の1つとしてしか機能しない。

4-3 文化芸術基本法における文化芸術創造享受権

平成29年改正により、文化芸術振興基本法から文化芸術基本法に名称が変わった（本項において「新法」「旧法」という。）。新法への改正は、単なる名称変更に留まらない[39]が、2条3項に「文化芸術を創造し、享受することができる人々の生まれながらの権利」と規定されていることは変わらない。この規定を根木昭は、「文化芸術創造享受権」と呼び、その法的性質には議論がある。

根木は、文化芸術創造享受権は、憲法13条に内包される権利が具体化したものであると指摘し[40]、「人権」として規定したことを高く評価する見解もある[41]。他方で、志田陽子は、「憲法上の権利として考えるか…他の権利と衝突したときのことを想定してさまざまな角度からの議論が必要であろ

262 ———— 第3部　さらなる活用にむけて

う」と消極的であり[42]、見解の統一をみない。

　また、文化芸術創造享受権の社会権的側面については、憲法25条の一般的解釈からそこまで踏み込むことは難しいと消極的な評価をしている[43]。加えて、立法に関与した議員らの逐条解説によると、文化芸術基本法2条3項の規定の権利は確認規定であり、文化芸術基本法によって新しく設定された権利ではないとする[44]。

　他方、文言解釈とは別に、文化芸術基本法のような基本法の性質から解釈することもできる。塩野宏は、基本法が最近では「世俗化」していると指摘[45]し、わが国の「基本法」と銘打った法律の性格として、①啓蒙的性格、②方針的性格－非完結性、③計画法的性格、④省庁横断的性格、⑤法規範的性格の希薄性－権利義務内容の抽象性・罰則の欠如を挙げる[46]。文化芸術基本法は、まさに①から⑤の特徴を併せ持ち、その権利性についても否定している[47]。

　以上の立法担当者の解説や、基本法の特徴からすると、文化芸術基本法2条3項に権利性を認めることは困難であると言わざるを得ない[48]。

　しかし、塩野は、「個別法規を解釈するに当たっての基本原理を示しておくことが、法解釈者にとっても重要だという認識」から「現代法の直面する共通の課題への日本法としての回答という現代的意味を持っている」ともいう[49]。基本法に基づく実施法の運用において解釈が必要となった場合、基本法の理念などを参酌することは認めている。

5　著作権法における「ユーザの権利」

5-1　障害者の権利としての著作物に対するユーザの権利

　元文化庁著作権課長の岡本薫は、「著作権の世界に関わる人々は、みんな「自分の利益」のことしか言わない。しかももっと悪いことに、「自分の利益」のことを「文化」とか「公益」と呼ぶ」と指摘する[50]。

　しかし、近年、コンテンツのデジタル化が進む情報環境の変化にも拘わら

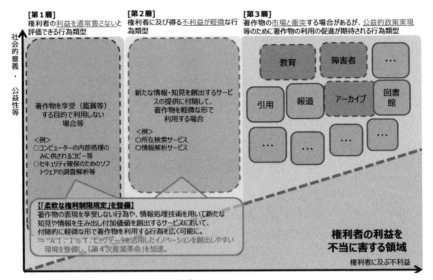

図2 著作権の権利制限と目的の関連性[51]

ず、従来の著作権制度のままであることから、著作物の内容を享受するユーザとの間に不均衡が生じている[52]との問題意識から、ユーザの権利に関する議論が登場している。

「ユーザの権利」として承認されているか、議論はあるが、障害者を著作物のユーザとして捉えると、現行の権利制限規定には、著作権者とユーザとの間において、利益の対立構造を看取し得る。

政府検討資料でも度々登場する図2は、第3層にあるアーカイブや障害者の社会的意義と公益性の関係において後者が優位しているように見える点は疑問なしとはしないが、前提として、第3層は「著作物の市場と衝突する場合がある」ことを認めている。

しかし、それでも、なお、権利制限を認めているのは、当該コンテンツのユーザがアクセスできる環境を整備する必要があるためである。障害者の情報アクセシビリティの確保という目的を実現するために、補償金付権利制限制度でもなく、純粋な著作権の権利制限規定（著作権法37条、37条の2）が導

入されている点に注目する。無論、アーカイブ目的の権利制限とは直接的な関係性はなく性質も異なる。

　障害者のための諸々の権利制限規定は、「盲人、視覚障害者その他の印刷物の判読に障害のある者が発行された著作物を利用する機会を促進するためのマラケシュ条約」（Marrakesh treaty to facilitate access to published works for persons who are blind, visually impaired or otherwise print disabled, マラケシュ条約）[53]の影響がある。同条約は、先進国を中心に著作権法の権利制限規定を用いて作成された点字図書や録音図書の輸出入を行うための国際的な統一ルールを形成するために採択された条約である。我が国は、2018年4月25日に国会で承認、2019年1月1日に効力発生している。

　詳細は、別論に譲る[54]が、同条約は、世界人権宣言、障害者権利条約を踏まえ、①情報のアクセシビリティに際し、表現の自由、教育権の享受及び研究実施の機会が制限されているという課題に対応する必要があること、②視覚障害者等に対する文化的・芸術的作品の創作のインセンティブと報酬としての著作権保護、地域社会の文化生活への参加、芸術の享受、科学的進歩とその恩恵を共有する機会を増進すること、③社会における機会均等を達成するうえで、出版物へのアクセスを妨げる障壁を認識すること、④多くの国で著作権の例外規定が視覚障害者等のために存在し、アクセシビリティのある著作物は不足しているにもかかわらず、国境を超えた著作物の交換に関する認識が欠如していること、⑤視覚障害者等のために，著作物への効果的かつ適時のアクセスを促進するものであることを踏まえ、3ステップテスト（ベルヌ条約9条(2)）の重要性、柔軟性を再確認し、視覚障害者等のための著作物へのアクセスとその利用の促進を目的として合意されたことから成立したとされる。

　ここで着目したいのは、情報のアクセシビリティの権利性である。マラケシュ条約成立の過程では、ユーザの権利を主張する声があったとされる。しかし、このようなユーザの権利と構成することには、有力な批判もなされている[55]。

しかし、いずれにせよ、著作権者が障害者のアクセシビリティの確保のため、一定程度の社会的コストを負担することは、合理的配慮の範囲で想定されていること、マラケシュ条約は障害者権利条約を踏まえていることの2点からすれば、情報のアクセシビリティの確保は、権利性を有することは否定しがたい。加えて、中山信弘が指摘するように、知的財産権一般が、新しく人工的に構築された権利であり、社会における他の理念、制度等との調和の上に成り立っていることから、社会的必要性に応じて権利を制限されることは、著作権が正当な認知を受けるために必要であり[56]、著作権が持つ内部的制約根拠であるといえる。

そうであれば、権利制限規定として規定されているか否かという条文上の規定ぶりはユーザの権利を否定する直接的な根拠にはならず、少なくとも障害者の利用に関する権利制限規定はマラケシュ条約を踏まえて改正された今、著作権法においてユーザの権利が内在化されたと評価できる。

5-2 DAのためのユーザの権利

ユーザの権利に関しては、そもそも否定する見解が強いが、肯定する論者においても、表現の自由との関係で一般論として述べる見解が多数を占めている。本章で敢えて、前述のように総論でなく、障害者の権利から論じた理由は、図2において示される第3層の公益の例示も、性質や目的、影響を与える経済的規模が異なることは自明だからである。

したがって、「著作権法においてユーザの権利が認められるか」という抽象的問いには、最初から「あるかもしれない」としか回答できない。そこで、その「ある」といえる一例を障害者の権利に関して論証した。

5-2-1 ユーザの権利に関するこれまでの議論

では、DAのためのユーザの権利はどうだろうか。まず、ここでは、著作権法における一般的なユーザの権利に関する先行研究からその位置づけを確認する。その前提問題として、著作権は人権あるいは基本権かという問題が

ある[57]が、ここでは、著作権を憲法29条1項で保障される財産権であることを前提とした判例[58]もあることから、それを前提とする。

　一般的に「ユーザ」を一般市民、国民と捉え、その表現の自由との対立と捉えられてきた。そのため、ユーザの権利と明示していなくとも、その中身は、表現の自由(憲法21条1項)との関係で論じられていることが多い[59]。その一例でもあるが、ユーザの権利[60]に関して、AI創作と著作権の文脈ではあるが、正面から問いに答えるのが、山口いつ子である[61]。「…創作のプロセスには事前の「インプット」が必要であり、創作性の付与のみならず事前に既存の素材等にアクセスして学ぶために十分な権利の付与も等しく重要である」とする。そのうえで、人間のインプットと比較し「AIへのインプット…であればフェアユースとなる一方で人間によるものであれば未知ではないとされる現状」を疑問視する米国の議論を参照し、技術的保護手段によるオーバーライド問題等でユーザの権利概念の考察を深める重要性を指摘する[62]。

　次に、ユーザの権利を正面から認めたカナダの最高裁である。詳細は先行文献に譲る[63]が、ユーザの権利の不要論、あるいは否定説[64]は、権利制限規定は飽くまで著作権者の権利行使を制限する抗弁としての機能に過ぎないことを挙げ、またそれで足りるとする。

　米国[65]においては、積極的抗弁としての位置づけであり、フェアユースは権利性を有するが、本章の問題意識としての関連性からは、その法的性質はユーザの権利について否定説を採っているといえる。Bateman v. Mnemonics事件において、1976年著作権法改正によってフェアユースが明文化されたことから、「フェアユースは権利として考えることが論理的である」[66]と判示され、「伝統的な抗弁とは異なる配慮が必要」であるとしたが、Campbell v. Acuff-Rose Music事件[67]では、既に積極的抗弁であると判示されたことから、SunTrust Bank v. Houghton Mifflin事件[68]では、フェアユースの権利は、積極的抗弁として位置付けられるとし、そう解釈しても、表現の自由等を保障する米国合衆国憲法修正1条の価値を損なわないとし、結果として、ユーザの権利を認めてはいない。

欧州では、欧州司法裁判所の判決の中には、ユーザの権利と明示するもの
もある[69]。学説においても、Maurizio Borghiは、著作権の例外をEUの法制
度上、ユーザの権利とする法解釈論を展開している。Borghiによると、欧州
基本権憲章17条2項（財産権の保障）が絶対的ではないことを前提に、著作権
の例外は、公共の利益のための「所有権の剥奪」の形態ではなく、正当化され
た財産の使用の「管理」として理解されるべきであるとし、DSMCDの例外の
契約上のオーバーライドの禁止（同7条1項）と、文化機関によるアウトオブ
コマース作品の使用に関する規定（同8条）は、「ユーザの権利」の表徴である
という[70]。また、Case C-401/19でも問題となったDSMCD17条9項に関し、
「オンライン・コンテンツ共有サービス提供事業者は、国内での提供義務を
負う苦情申立て及び救済メカニズムが、有効な司法上の救済手段を利用する
ユーザの権利を侵害することを禁止する旨規定する。これらの規定から、積
極的なユーザの権利の存在をある程度認めている」と評価する[71]。ここから、
結論として、ユーザの権利は、現在、司法判断がなされていないが、著作者
と利用者の対話が、理論的な法的正当化の基盤となっていくという[72]。

確かに、私見としても、否定説は、我が国の著作権法の解釈においても、
素直な解釈の帰結であると考える。しかし、前述の山口も指摘するように、
オーバーライド問題において、権利制限を超えた部分を「無効」とすることは
通説的な見解であるが、その根拠をいかに説明するのかという点が疑問とし
て残る。つまり、著作権法が著作者、著作権者の権利にのみ目を向けるので
あれば、契約によって権利制限規定をオーバーライドした帰結としては、著
作権法が関知しない領域であり、当事者間の契約であるとして、私的自治に
委ね、公序良俗に反する（民法90条）など一般条項に反しない限り、有効と
するのが素直である。

しかし、公序良俗に反するなどとして、無効とするのであれば、その価値
判断に当たっては、公序良俗を基礎づける著作権者の権利を制限する正当化
根拠が存在するはずであり、そもそも、なぜ著作権者の権利範囲が画定され
るのか、という点に帰着する。この議論は、著作権に内在／外在するかと

いう憲法上の権利を制限する「公共の福祉」(憲法13条前段)に関する議論のアナロジー[73]としても考えられる。例えば、その正当化根拠としては、パブリックドメイン又は「空白領域」の保護に求めることも可能[74]であろうし、著作権者の権利に対抗する(制限させる)ことを正当化するための論理構成としてユーザの権利とすることも理論的にはあり得る[75]。

　この点を白鳥綱重は、「「著作権」はむしろ、表現の自由を体現する権利として、特に表現の自由との関係において、「内在的な制約」を有していることが確認できる」と指摘する[76]。また、著作権法の目的(同法1条)や表現の自由の憲法的価値を考慮に入れた体系的解釈としての憲法適合的解釈に依拠すれば、憲法21条1項に芸術的表現活動のための他人の表現の利用について柔軟な救済が含意されていると読み取ることは充分に可能であるとの指摘もされている[77]。

5-2-2　DAとユーザの権利

　これまでのユーザの権利は、表現の自由との関係で、著作権の対立利益として論じられてきた。しかし、DAの価値は、冒頭述べた積極的意義にもあるように、研究目的でも活用でき、教育分野でも実際にその活用が検討されている。したがって、ユーザの権利を設定した場合の価値は、表現の自由に限られず、憲法13条を一般的な規定として、学問の自由(同法23条)、営業の自由(同法22条参照)、教育の自由(同法26条)を根拠としているといえる。

　この考えは、図2で示した第3層における公益性を基礎づける権利利益として位置付けることができる。ここで重要な点は、著作権法は、需要者の利益を明示的には法目的に挙げていない(著作権法1条)ように、著作権法の文言解釈から、対抗利益の法的性質を決定することはできないという点である。

　この対抗利益を具体的に立法化したのが、著作権法の各種権利制限や文化芸術基本法2条3項前段の文化芸術創造享受権(同法29条はDAの振興を規定している)と評価できる。

　無論、権利制限規定と文化芸術創造享受権を同列に論じること、同享受権

に権利性を認めることは必ずしも一般的な見解ではない。しかし、著作権法学者の阿部浩二は、文化芸術振興基本法(現在の文化芸術基本法)は文化を中心に，文明は知的財産基本法を基礎として進展せしめることになり、文化と文明の近親性は相寄って相互に影響すると指摘していた[78]。抽象的な表現ではあるが、著作権法の解釈の中に、文化芸術基本法の趣旨などを取り込んで、ユーザの権利という対立利益を考えることは「文化と文明の…相互に影響」させる一現象といえる。

5-3　DAのための権利制限規定としての著作権法30条の4の可能性

　これまで述べたユーザの権利の検討は、概念として確立させることが目標ではなく、究極の目的としては、DAの機会が保障されることにある。そのため、ユーザの権利を考えずとも、権利制限規定でDAが実現できればそれで充分ではある。

　この点、上沼紫野は、収集・保存行為自体が、時間が経ちパブリックドメインとなる著作物の利用可能性を確保する意義がある[79]とし、「収集・保存」の側面に限定するのであれば、「その他の当該著作物に表現された思想又は感情を自ら享受し又は他人に享受させることを目的としない場合」(著作権法30条の4柱書)に当たるとする[80]。この見解は、収集保存が、将来の利用行為に結びついたとしても、具体的に利用行為の段階で保存の必要性と権利侵害の利益衡量をすれば足りるとする発想に基づいている[81]。この見解によれば、ユーザの権利の保障に関係なく、権利制限規定の解釈によって、いわゆるダークアーカイブは実現できる。ただ、上沼自身、美術作品の収集保存などDAが特定の著作物をその対象と明示している場合、将来的に美術作品として鑑賞させることを目的としていると解釈される可能があることを認めている[82]。

　したがって、複製権侵害に基づく差止請求は、当該訴訟の口頭弁論終結時で、現在、一応の判断基準[83]である文化庁のガイドライン(無論、裁判所はこのガイドラインに拘束されないので、これと異なる判断基準が採用される

可能性は大いにある。)にある、「著作物等の視聴等を通じて、視聴者等の知的・精神的欲求を満たすという効用を得ることに向けられた行為であるか否か」によって判断される。差止請求は、収集保存段階においても、権利侵害の「おそれ」(著作権法112条1項)の有無について、将来の利用を想定してなされることが上沼論文では看過されているように思える。加えて、差止請求と同時に収集保存したデータの削除請求(同条2項)の際に要件となる「侵害の予防に必要な行為」の判断に当たっては、①被侵害利益、②現に行われ又は将来行われるおそれがある侵害行為の態様及び③著作権者が行使する差止請求権の具体的内容等に照らしてなされることから、将来予定されている行為が削除請求の時点で考慮される[84]。

　したがって、結論的には魅力的な見解ではあるが、解釈としては厳しいと言わざるを得ない[85]。

　なお、MLA機関によるDAは平成30年著作権法改正により大幅に緩和され、その意味では図書館資料や博物館資料に関してはDAの収集保存はほぼ実現できるようになっている。ただ、これは、吉見俊哉のいう「文化の場所」に特権が与えられた形であり、「2」で取り上げた記憶の場所に対応する記憶する権利の保障には十分でない点には留意が必要である。

5-4　「デジタル」であることの意義

　これまではDAのためのユーザの権利のうち、アーカイブに焦点を当てた。他方で、「デジタル」であることの必要性や意義については、前述のUNESCO「文化的多様性に関する世界宣言」6条がデジタル形態を含む芸術享受を文化多様性の保障の一内容として、人権として構成している点を除いては言及してこなかった。また、DA学会のDA憲章において言及する「記憶する権利」もデジタルであることに限定していない。無論、DA憲章においては、「デジタルアーカイブの目的」の項目があるが、デジタル固有の項目を強調しているわけではない(ただ、身体的、地理的、時間的、経済的等の差別なくアクセシビリティが確保されるアクセス保障に関しては、デジタル固有

の利益と評価できる。)。

　この点、デジタル化に関しては、DA学会において「デジタルアーカイブ整備推進法(仮称)」の制定に向けた動き[86]があるが、本章執筆時点では法制化に至っていない。他方で、文化芸術分野については、文化芸術基本法29条により、「国は…情報通信技術を活用した文化芸術に関する作品等の記録及び公開への支援その他の必要な施策を講ずるものとする」として、DA関連の施策が義務付けられている。また、本書第6章、第7章で述べられているように、現実に施策として動いている。

　本章では法的な権利との関係での本質的な検討は紙幅の関係でできないが、上記のアクセス保障が法的利益であるといえれば、「デジタル」アーカイブであることもまた法的には重要な意義があるといえる。

6　むすびに代えて——デジタルコレクションのための基盤構築に向けて

　これまで、国際人権法における文化的権利と国内での文化権を著作権に対抗させる権利利益として取り上げた。日本国内での著作権法に関する体系書では、文化的権利の視点からの言及はあまり見られない[87]が、国際的には一般的である。他方で、ユーザの権利は、表現の自由との関係でのみ言及されることが多かった。しかし、それに留まらないことは、本章で明らかにできたと言えよう。

　特に、文化遺産施設におけるアーカイブについては知的財産と利益相反、緊張関係に立つ例と指摘されている[88]。ここでのアーカイブの利益は、図2の第3層の公益的利益であり[89]、研究・学問の自由、教育の自由などをも基盤にする。加えて、DA憲章の「記憶する権利」が社会に帰属することと親和的である。

　また、民法学からは、こうした公共的利益の位置づけが問題とされる[90]が、ここでの公共的利益は、個別的利益に「加えた」保護をどう考えるかという問題であり、個別的利益を否定するものではない。そして、この個別的利

272 ————　第3部　さらなる活用にむけて

益は、憲法上の権利を根拠にユーザの権利として理論的に正当化できる。ただ、デジタルコレクションをなすためには、収集保存の後、整理・統合、公表といった行為が必要となる。ダークアーカイブでは公表は要件ではないが、コレクションに際し、体系化に当たりメタデータの付与[91]なども必要となる。

　前述した吉見俊哉の述べる4つの区分との関係では、集合的な無意識をウェブに体系化する行為、ウェブ上の情報を記録機関に格納させる行為といったように、データを制度化・体系化させる行為[92]もまた、DAをコレクションする権利の権利保障の一環としなければ、実効性が担保できない（ただし、文書館でのアーカイブは法的根拠が必要であろう。）。こうした一連の法的保護は「記憶する権利」にも繋がる。本章がDAの理論的基盤の一助となれば僥倖である。

> 付記　本研究は、JSTムーンショット型研究開発事業、JPMJMS2215の支援を受けたものです。また、数藤雅彦先生（慶應義塾大学大学院法学研究科特任准教授・弁護士）からは、草稿段階で本稿にお目通しいただき、貴重なご示唆を頂きました。本論に含まれる誤りは全て筆者の責任ですが、ここに記して御礼申し上げます。
> 　なお、脱稿後、太下義之（2024）「ミュージアムのサスティナビリティとデジタルアーカイブ憲章」『デジタルアーカイブ学会誌』8(2), 97に接しました。

注
1)　本章は、栗原佑介（2022）「デジタルアーカイブにおける著作権の権利制限：『ユーザの権利』論序説」慶應義塾大学大学院政策・メディア研究科博士論文、の一部を再構成し、大幅に加筆修正している。
2)　本章で述べる「DAをコレクションする」ことの意義について若干補足する。DAの意義について、「著作物を含む様々な資料をデジタル化して、インターネットで公開する行為」（数藤雅彦（2023）「デジタルアーカイブを取り巻く法制度の現状と課題」『コピライト』(744), 26）と把握する見解がある。一般的な共通理解に基づく定義であるが、「デジタル化」と「公開」に重きを置くこの定義には、ユーザの視点が欠けている。図書における主題分類のように、公開に際してはユーザの便宜のためにメタデータを付すなどして検索性を高める必要があり、これが結果的にデータの体系化が実現される。そのため、DA政策は、「DAの蒐集（コレクション）」、つまり、研究

等一定目的のため、DAを価値的な基準に基づき体系化する行為まで考慮されなければならない。本書ではDAとコレクションの機能を分離しているので、「DAをコレクションする」との用語を用いる。

3) 法的には、本人から信託譲渡や委任を受けることなどがない状態では、他人の財産の処分ができないことが原則である。ただ、不在者の財産管理に関し、家庭裁判所選任の不在者財産管理人の代理権限において保存行為等の一定の権限が付与される（民法25条1項、28条、103条1号参照）。私見では、この平仄から、特に本人の意思がなく、社会に残された作品をアーカイブする行為も、家庭裁判所に対応する一定のガバナンスがあることを前提に、保存行為の正当性が基礎づけられ得ると考えている。

4) デジタルアーカイブ憲章（2023年6月6日デジタルアーカイブ学会2023年度第1回理事会採択）(https://digitalarchivejapan.org/wp-content/uploads/2023/06/DA-Charter-ver-20230606.pdf)（最終アクセス：2024年7月11日。以下同じ。）

5) Wendland, W. (2005) Safeguarding Cultural Heritage, Protecting Intellectual Property and Respecting the Rights and Interests of Indigenous Communities: What Role for Museums, Archives and Libraries?, *Paper presented for the conference "Can Oral History Make Objects Speak?", Nafplion, Greece. October 18-21.* (https://icme.mini.icom.museum/wp-content/uploads/sites/16/2019/01/ICME_2005_wendland.pdf)

6) 生貝直人・数藤雅彦・福井健策・柳与志夫 (2023)「座談会：デジタルアーカイブ憲章起草者が語る」『デジタルアーカイブ学会誌』7(4), 194[福井発言].

7) 吉見俊哉 (2023)「基調講演「沖縄を学びなおすデジタルアーカイブに何ができるか」2022年11月25日　第7回研究大会（琉球大学50周年記念館)」『デジタルアーカイブ学会誌』7(2), 49.

8) Findable, Accessible, Interoperable, Reusable の略称

9) 出典：吉見俊哉 (2023)「基調講演「沖縄を学びなおすデジタルアーカイブに何ができるか」2022年11月25日　第7回研究大会（琉球大学50周年記念館)」『デジタルアーカイブ学会誌』7(2), 49をもとに筆者作成

10) 創作者の権利（特許権、著作権など）が人権として明示されず、「精神的…利益」とあるが、人格権を直接的に規定したわけではない。結果的に明記されなかったが、UDHR27条2項の草案について、フランス代表は、ベルヌ条約6条の2において「人格権」との文言は用いられなかったものの、著作者人格権の創設の改正作業が進んでいたことから、世界人権宣言にも、人格権条項を入れようとしていたとされる。採択までの詳細な議論については、松井章浩 (2015)「国際人権条約における知的財産」『立命館法学』(363・364), 814以下参照。

11) なお、ICESCR15条(4)は、「科学及び文化の分野における国際的な連絡及び協力」の奨励及び発展が求められており、知的財産権保護におけるWIPO、文化遺産保護におけるUNESCOは、この国際的な協力を促進する機関といえる(Eide, A.(1995) CULTURAL RIGHTS AS INDIVISUAL HUMAN RIGHTS, *Economic, Social and Cultural Rights A Textbook,* Eide, A. et al(eds.), 229, 237-38)。いずれも文化権の奨励及び発展に寄与している。

12) Geiger, C., Implementing Intellectual Property Provisions in Human Rights Instruments: Towards a New Social Contract for the Protection of Intangibles(June 25, 2014), *Research Handbook on Human Rights and Intellectual Property (Research Handbooks in Intellectual Property), Edward Elgar, Cheltenham, UK; Northampton, MA 2015, 661.*, Geiger, C.(ed.), *Max Planck Institute for Innovation & Competition Research Paper(14-10).*

13) 白鳥綱重(2022)「調整原理としての著作物概念——著作権の相対性と表現の自由」『横浜法学』30(3), 331。なお、白鳥論文を対象に批評する富岡英次(2022)「いわゆる『著作権の相対性』について」『知的財産法学の新たな地平——高林龍先生古稀記念論文集』日本評論社, 280 も参照。

14) United Nations Economic and Social Council, Committee on Economic Social and Cultural Rights, General Comment No.17(2005), E/C.12/GC/17(12 January 2006)

15) 鈴木將文(2013)「第3章　知的財産権保護の実効性についての諸問題 I 知的財産と人権の関係について」『「国際知財制度研究会」報告書(平成24年度)』国際貿易投資研究所公正貿易センター, 49.

16) クリストフ・カイガー(張睿暎訳)(2012)「知的財産制度の人権化——欧州および国際的レベルでの基本権アプローチによる利益の公正なバランスの確保」『企業と法創造』9(1), 291.

17) カイガー・同上, 293.

18) Geiger, C.(2004) Fundamental Rights, a Safeguard for the Coherence of Intellectual Property Law?, *IIC*, 35(3), 278.

19) 藤野一夫(2007)「「文化多様性」をめぐるポリティクスとアポリア——マイノリティの文化権と文化多様性条約の背景」『文化経済学』5(3), 8.

20) 小林真理(2004)『文化権の確立に向けて 文化振興法の国際比較と日本の現実』勁草書房, 50-51.(以下「小林・文化権」という。)

21) 増山均(2001)「文化権の確立と社会文化アニマシオン」『教育』2001年3月号, 34.

22) 小林直樹(1980)『新版憲法講義上』東京大学出版会, 548.

23) 佐藤一子(1989)『文化協同の時代——文化的享受の復権』青木書店, 2-6。ただし、佐藤は、文化を享受する権利は現代的に生成途上であるとし、その態度は積極的で

はない(6頁)。

24) 中村美帆(2010)「日本国憲法制定過程における「文化」に関する議論」『文化資源学』(9), 77.

25) 例えば、駒村圭吾(2010)「国家と文化」『ジュリスト』(1405), 134。

26) 小林・文化権, 33-34.

27) 憲法13条は、憲法上の権利として明文がない場合でも、人格的生存に関わる重要な権利を包括的に保護対象とし、これまで、肖像権(最判昭和44年12月24日刑集23巻12号1625頁)(ただし、肖像権と称することを回避している)や身体への侵襲を受けない自由(最大決令和5年10月25日民集77巻7号1792頁)を認めてきた。

28) 駒村圭吾(2008)「自由と文化──その国家的給付と憲法的統制のあり方」『法学教室』328, 40.

29) 松本昌悦(1977)「文化的環境権」『憲法学3』奥平康弘・杉原泰雄編, 有斐閣, 89-90.

30) 椎名慎太郎(1987)「文化的環境の保護──その意義と国民の権利」『山梨学院大学法学論集』(10), 49.

31) 田中幸世(2008)「文化権についての一考察」『法の科学』(39), 181.

32) 例えば、小林真理(1996)「ドイツにおける《文化国家》概念の展開」『文化経済学会論文集』(2), 42参照。

33) 藤野一夫(2002)「日本の芸術文化政策と法整備の課題」『国際文化学研究(神戸大学国際文化学部紀要)』18, 65.

34) 中村美帆(2021)『文化的に生きる権利　文化政策研究からみた憲法第二十五条の可能性』春風社, 313-316.

35) 近年、話題になるいわゆる「文化盗用」の問題がこれに当たる。文化盗用の意義は、明確ではないが、中空萌(2019)『知的所有権の人類学』世界思想社、第Ⅱ部で取り上げられる伝統医療の「所有化」の問題や、ラグジュアリーブランドが特定の民族衣装やアイコンを模したデザインを商品化することなどが挙げられる。本谷裕子(2020)「織りと装いの文化とその集団的知的所有権を守る戦い──グアテマラ中西部高地・マヤ先住民女性の事例から」『法学研究』93(1), 23頁では、マヤ先住民女性の創造品について、①海外企業によるデザインの盗用、②織物を使った商品生産と販売、③伝統的衣装の無断使用を挙げる(33〜35頁)。ただし、同論文によると、ここでいうマヤ先住民女性の創造品は、伝統的な技術により生産されたものを指しており、既存の知的財産において保護されるかは未知数である(著作権の保護期間を経過している可能性も高く、仮にわが国同様の不正競争防止法の規律の場合、他人の商品形態模倣行為は、同法19条1項5号イにより、国内流通3年経過後は適用除外である。)。そのため、グアテマラ共和国において、マヤ先住民女性ら正当な継承

者らという特定の集団に帰属する知的所有権として保護を受けられるよう、立法化に向けて動いているようである(28〜29頁)。

36)　最判平成元年6月20日集民第157号163頁

37)　以下の記述は、宮崎良夫(1983)「文化財」『岩波講座基本法学3　財産』芦部信喜ら編, 有斐閣, 368-369を参照した。

38)　芦部信喜(高橋和之補訂)(2023)『憲法　第8版』岩波書店, 292.

39)　改正経緯の詳細は干場辰夫(2018)「文化芸術基本法の成立 文化芸術振興基本法改正の背景・過程・改正内容・残された課題」『昭和音楽大学研究紀要』(37), 96参照(以下「干場論文」という。)。

40)　根木昭(2005)『文化行政法の展開　文化政策の一般法原理』水曜社, 21-22.

41)　利光功(2009)「『文化芸術振興基本法』の理念と意義」『アートマネジメント研』(3), 9. ただし、この文脈での人権は憲法上の権利の意味で使われている。

42)　志田陽子編, 志田洋子・比良友佳理著(2018)『あたらしい表現活動と法』武蔵野美術大学出版局, 294[志田執筆].

43)　根木・前掲注40), 23.

44)　河村建夫・伊藤信太郎(2018)『文化芸術基本法の成立と文化政策』水曜社, 93.

45)　塩野宏(2007)「基本法について」『日本学士院紀要』63(1), 24.

46)　塩野・同上, 5-8.

47)　塩野・同上, 29-30.(別表基本法一覧の20番目参照)

48)　干場論文111頁においても、新法2条3項は旧法に続き文化権を認めたものとはいえず、「文化権」の用語の「文化」の概念がこれまで研究者の間でも行政においても明確に定義されてこなかったことを批判する。

49)　塩野・前掲注45), 23.

50)　岡本薫(2006)「自由と民主主義と著作権」『最先端技術関連法研究』(4・5), 46.

51)　出典：文化庁著作権課「デジタル時代における著作権制度・関連政策の在り方検討タスクフォース(第5回)資料」(令和3年1月12日)5頁

52)　張睿暎(2009)「著作物ユーザに権利はあるか——新しい著作権法フレームとしての人権」『知財年報2009』商事法務, 294.

53)　マラケシュ条約の訳文は外務省ウェブサイト「盲人、視覚障害者その他の印刷物の判読に障害のある者が発行された著作物を利用する機会を促進するためのマラケシュ条約(略称：視覚障害者等による著作物の利用機会促進マラケシュ条約)」を参考にした(https://www.mofa.go.jp/mofaj/files/000343334.pdf)。

54)　拙稿・前掲注1), 第7章. なお、佐藤豊(2023)「情報アクセシビリティと著作権制度」『障害法』(7),55も参照。

55) Silke von Lewinski（矢野敏樹訳）(2011)「WIPOにおける著作権保護の例外と制限に関する議論(1)(2・完)」『知的財産法政策学研究』(34), 219, 同(35), 195.

56) 中山信弘(2023)『著作権法　第4版』有斐閣(以下「中山・著作権」という。), 442.

57) 上野達弘(2021)「『人権』としての著作権？」『コピライト』(722), 2.
　　　なお、山田奨治(2021)『人権とコモンズ　著作権は文化を発展させるのか』人文書院、76では、理由は明示しないが、著作権は人権とはいえず、権利者が著作権を人権と主張することは賢明ではないとする。

58) 最大判昭和38年12月25日民集17巻12号1789頁

59) 差し当たり、表現の自由と著作権に関する先行研究につき、曽我部真裕(2021)「表現の自由(3)——表現の自由と著作権」『法学教室』(491), 82-83, 脚注6の文献参照。

60) 中山・著作権17頁は、ユーザの権利の内実について言及はしないが、「デジタル時代において、『ユーザの権利』と呼ぶか否かは別として、ユーザ側からの視点も重要である」と述べ、同357頁では「ユーザの権利(ユーザーライツ)と表現することもあながち誤りとはいえない」と指摘する。

61) 山口いつ子(2018)「表現の自由と著作権——AI時代の「ユーザライツ」概念とそのチェック機能」『論究ジュリスト』(25), 61.

62) 山口・同上, 67.

63) 谷川和幸(2018)「カナダ著作権法における「利用者の権利」としての著作権制限規定」『情報法制研究』(4), 57以下.

64) 正面からユーザの権利を提唱する背景事情の問題提起に対して否定説を採る文献として、李揚・涂藤(2023)「著作権法における「利用者の権利」に対する批判」『知的財産法政策学の旅　田村善之先生還暦記念論文集』吉田広志・村井麻衣子・Branislav Hazucha・山根崇邦編、弘文堂, 391。

65) 佐々木秀智(2022)「フェア・ユース法理とアメリカ合衆国憲法」『知的財産法制と憲法的価値』高倉成男・木下昌彦・金子俊哉編、有斐閣, 200.

66) Bateman v. Mnemonics, Inc., 79 F.3d 1532, 1542 n. 22 (11th Cir.1996)

67) Campbell v. Acuff-Rose Music, Inc., 510 U.S. 569 (1994)

68) SunTrust Bank v. Houghton Mifflin Co., 268 F.3d 1257 (2001)

69) 最近のものとして、Case C-401/19 (Poland v. Parliament and Council)がある。OCSSP(オンラインコンテンツ共有サービスプロバイダ)が一定の要件を満たす場合は、プラットフォーマのユーザがアップロードしたコンテンツの責任主体となる原則(デジタル市場単一著作権指令、DSMCD17条1項)に反し、無許諾公衆伝達等に関する責任を負う(同条4項)とした規定が、著作権者の保護となる一方で、ユーザの基本権が不当に制約しないか争われた事案である。邦語論文として、酒井麻千子

(2024)「著作権侵害に対するコンテンツ・モデレーションのあり方—ユーザーの利益確保の視点から」『情報通信政策研究』7(2), 29.

70) Borghi, M.(2021) EXCEPTIONS AS USERS' RIGHTS?, *The Routledge Handbook of EU Copyright Law*, Rosati, E.(ed.), 274.

71) Krapapa, S.(2021) THE QUOTATION EXCEPTION UNDER EU COPYRIGHT LAW Paving the way for user rights, *The Routledge Handbook of EU Copyright Law*, Rosati, E.(ed.), 247, 259.

72) *Id.* at 261.

73) 憲法学説上、従来は学説の対立がある点である(芦部信喜(高橋和之補訂)(2023)『憲法　第8版』岩波書店, 102-104)が、いずれの学説も制限事由に具体性が乏しく、基本権が制限可能であるとされている点に変わりはない(渡辺康行・宍戸常寿・松本和彦・工藤達朗(2023(『憲法I　基本権　第2版』日本評論社, 75[松本執筆])。

74) 小島立(2022)「いわゆる『知的財産権の空白領域』について」『知的財産法制と憲法的価値』高倉成男・木下昌彦・金子俊哉編, 有斐閣, 271.

75) 栗原佑介(2022)「知的財産法におけるパブリックドメインの法的意義に関する基礎的考察」『東京通信大学紀要』(4), 17.

76) 白鳥・前掲注13), 336.

77) 木下昌彦・前田健(2015)「著作権法の憲法適合的解釈に向けて ——ハイスコアガール事件が突き付ける課題とその克服」『ジュリスト』(1478), 50.

78) 阿部浩二(2014)「著作権法の二潮流——文化と文明」『コピライト』(638), 7.

79) 知識コモンズ研究における知的財産法制による私的所有制とパブリックドメイン化による公的所有制の二元的な発想をする点において、上沼の想定する知識コモンズ論は黎明期のそれに近い。西川開(2022)「知識コモンズとデジタルアーカイブ」『デジタルアーカイブ・ベーシックス　知識インフラの再設計』数藤雅彦責任編集, 勉誠出版, 41〜43参照)。文化的・科学的な知的資源を共有化させ、流通させる環境は「構築型文化コモンズ」とされ、オープンソースライセンスなど私的／公的所有制の間の中間的な管理制度も登場している(山根崇邦(2013)「構築型文化コモンズと著作権法——「オープン・クリエーション」モデルの制度的条件とその含意」『同志社法學』64(6), 47参照)。

80) 上沼紫野(2022)「デジタルアーカイブにおける違法有害情報対策のあり方」数藤編・同上, 156.(以下「上沼論文」という。)

81) 上沼の見解は、DAの一連の収集保存、利用(公表)行為を分析的に見て、前者を「享受」に当たらないとする。ただ、「享受」に当たるかは、主たる目的が「享受」以外であっても、享受目的が併存する場合には著作権法30条の4の対象外とするのが

立法担当者の見解(加戸守行(2022)『著作権法逐条講義　七訂新版』著作権情報セン
ター, 281(以下「加戸・逐条」という。))であり、DAにつき、利用を含めた一体の行
為とみると享受目的とは言えないことになる一方、ダークアーカイブであることが
客観的に明らかあるいは、少なくとも著作権の存続期間中は利用に供しないことが
客観的に明らかといえるような場合(この点は認証制度などの制度的担保が必要で
あろう。)は、収集保存の側面のみを対象として享受といえるかと評価することがで
きると思われる。

82)　上沼論文, 157.

83)　令和元年10月24日文化庁著作権課「デジタル化・ネットワーク化の進展に対応
した柔軟な権利制限規定に関する基本的な考え方(著作権法第30条の4、第47条
の4及び第47条の5関係)」問6、7参照(https://www.bunka.go.jp/seisaku/chosakuken/
hokaisei/h30_hokaisei/pdf/r1406693_17.pdf)。加戸・逐条, 281頁も同旨。

84)　髙部眞規子(2019)『実務詳説 著作権訴訟 第2版』金融財政事情研究会, 147-149頁、
加戸・逐条830頁も参照。

85)　もっとも、対象となる著作物の保護期間が終了間際でパブリックドメイン化が
見込まれる場合で、「視聴等」に供される頃には、既に存続期間が切れていることが
確度高く想定されるような例外的な場面にあっては、差止の必要性がないとして棄
却されるとした裁判例(東京地判平成16年5月28日判例タイムズ1195号225頁)同様
に、差止請求が棄却される場合もあろう。

86)　活動の一端は、橋本阿友子(2019)「「デジタルアーカイブ整備推進法(仮称)」に関
する意見交換会報告」『デジタルアーカイブ学会誌』3(1), 41.

87)　三浦正広(2022)「ドイツ著作権法 思想と方法3　創作者主義」『JRRCマガジン』
(298)(https://jrrc.or.jp/no298/)参照。

88)　Yu, P. K.(2022)Chapter 15: Intellectual property, cultural heritage, and human rights,
Research Handbook on Intellectual Property and Cultural Heritage, Irini Stamatoudi, I.(ed.),
295.

89)　前田健(2021)「コンテンツのアーカイブと知的財産法の役割」『法律時報』93(10),
85.

90)　吉田克己(2023)『物権法Ⅰ』信山社, 115.

91)　栗原佑介(2022)「デジタルアーカイブ連携のためのメタデータの知的財産法によ
る保護と制限」『Nextcom』(49), 34.

92)　本章からやや離れるが、メタデータ付与などデジタルコレクションの持続
可能性を支えるための膨大な作業は、AIの活用が期待される(Taurino, G.(2023)
Algorithmic Art and Cultural Sustainability in the Museum Sector, *The Ethics of Artificial*

Intelligence for the Sustainable Development Goals(Philosophical Studies Series, 152), Mazzi, F. & Floridi, L.（eds.）, Springer.（https://doi.org/10.1007/978-3-031-21147-8_18））。
　既に世界的に博物館においてAIを活用する取組みは様々あるが（See, A list of awesome AI in libraries, archives, and museum collections from around the world, https://github.com/AI4LAM/awesome-ai4lam）、文化セクターやクリエイティブセクターにおけるAI活用には、課題も指摘されている。Baptiste Caramiaux, The Use of Artificial Intelligence in the Cultural and Creative Sectors.（https://research4committees.blog/2020/09/07/the-use-of-artificial-intelligence-in-the-cultural-and-creative-sectors/）

おわりに

　私たちは、デジタル化とAIの進展によって形成される新しい時代に生きています。これらの変化は、コレクション形成における伝統的な方法論に大きな影響を与える可能性を秘めています。デジタルアーカイブの普及に伴い、所蔵機関や分野を超えたコンテンツの集約やマイクロコンテンツの活用が進展し、ネットワークを介した新しいコンテンツの編成が可能となっています。本書『デジタル時代のコレクション論』では、このような状況におけるMLAなど各分野での既存のコレクションの考え方との接点や違い、そしてコンテンツに対する新しい編成原理について深く掘り下げています。

　デジタルコンテンツが持つ、容易に複製や改変が可能であるという特徴は、既存のメディアコンテンツの再構成またはリミックスなどによる新しい創作物を日々生み出しています。また、デジタル技術を用いた創作物を「人間と機械の協働による作品」とみなすこともできるかもしれません。こうしたデジタル技術の特性をいかして生み出された創作物は、既存の著作者の概念や、著作物のオリジナリティの範囲に関する境界を曖昧にする可能性を孕んでいます。

　AI技術の発展は、コレクション形成にも大きな影響を与えています。例えば、ROIS-DS人文学オープンデータ共同利用センター（CODH）が開発した「くずし字OCR」や国立国会図書館の「NDLOCR」などは、日本語文献のデジタル化と解読に革新をもたらしています。これらの技術は、従来アクセスが困難だった資料を一般に開放し、研究の幅を広げています。また連想検索、MIMAサーチのようなツールは、コレクションの検索と分析を進化させています。これらのツールは、コレクション内の関連するアイテムを迅速に発見し、新たな関連性を見出すことが可能となります。さらに3Dモデル生成技

術は、デジタルアーカイブの表現形式を広げ、新しい体験を提供しています。これらの技術は、特に教育や展示の分野で革新的な可能性を秘めています。戦災VRのようなアプリケーションは、歴史的な出来事や文化的な体験をより直感的に伝える新しい方法を提供します。

　また2023年は生成AI元年と呼ばれています。ChatGPTのような高度な言語モデルの進展は、テキスト生成や質問応答だけでなく、翻訳や多言語理解、歴史的な言語パターンの分析にも革命的な影響を与えています。例えば機械翻訳技術は、コレクションのテキストを多言語に翻訳し、国際的な利用者のためのアクセスを拡大します。音声認識技術「Whisper」による文字起こしは、オーディオ資料の利用を大幅に容易にし、広範なアーカイブ資料をテキストベースで探索可能にします。また、OpenAIの「DALL·E」による画像生成やLumiereの動画生成AIは、新しいビジュアルコンテンツの創造を可能にし、コレクションに新たな次元を加えることができます。

　以上のように、AI技術の進展はコレクション形成において多大な可能性を秘めています。しかし、これには著作権の問題や偽・誤情報といった課題も伴います。特に、AIによる画像生成や言語モデルを利用したテキスト生成では、元の作品やデータの著作権を尊重する必要があります。また著作物性があいまいになりうるため、財産権などを含めた新しい仕組みや制度が求められています。

　また、AIによって生成された情報の信頼性や正確性についても注意が必要です。フェイクニュースの生成や誤った情報の拡散が容易になるため、AI技術を活用する際には、情報の検証と評価が不可欠です。コレクションにおけるデジタルコンテンツの真正性と信頼性の維持が、今後さらに重要になると考えられます。

　これらの技術の進歩は、コレクション形成の伝統的なアプローチとどのように統合されるべきか、という重要な問いを提起しています。デジタル時代のコレクション論は、これらの新しい技術がもたらす変化を理解し、適応す

る方法論を模索する上で重要な役割を果たします。本書は、コレクション形成の新たな方向性を示し、継続的な学習と発展のための基盤を提供します。これらの相互作用を理解することは、コレクションの未来を形作るための不可欠な要素であり、本書がその理解を深めるための重要なリソースとなることを願っています。

　最後になりますが、執筆に関わっていただいたすべての皆様に感謝申し上げます。編集委員の皆様、勉誠社の坂田亮様には緻密な編集と献身的なサポートをしていただきました。何よりも、それぞれの専門分野からの貴重な洞察と知識に基づき、多種多様な論考をご執筆いただいた執筆者の皆様に心よりお礼申し上げます。ありがとうございました。

　　2024年9月

　　　　　　　　　　　　　　　　　　　　　　編集責任者
　　　　　　　　　　　　　　　　　　　　　　中村覚・逢坂裕紀子

執筆者一覧

責任編集

中村 覚(なかむら・さとる)

1988年生まれ。東京大学史料編纂所助教。

専門は情報学。

主な論文に「持続性と利活用性を考慮したデジタルアーカイブ構築手法の提案」(共同執筆、『デジタルアーカイブ学会誌』5(1)、2021年)、「Linked Data とデジタルアーカイブを用いた史料分析支援システムの開発」(共同執筆、『デジタル・ヒューマニティーズ』1、2019年)、「Linked Data を用いた歴史研究者の史料管理と活用を支援するシステムの開発」(共同執筆、『情報処理学会論文誌』59(2)、2018年)などがある。

逢坂裕紀子(おうさか・ゆきこ)

1984年生まれ。国際大学GLOCOM研究員。

専門は社会情報学。

主な論文に「上野エリアにおける近代美術工芸界の形成と変遷にかかわる〈ひと・もの・こと〉のデータベース構築に向けて」(『人文科学とデータベース』発表論文集、2019年』、An analysis of literacy differences related to the identification and dissemination of misinformation, 2024 などがある。

執筆者(掲載順)

本間 友(ほんま・ゆう)

1981年生まれ。慶應義塾ミュージアム・コモンズ専任講師。

専門はアート・ドキュメンテーション、美術史、博物館学、アーカイヴ。

主な論文に「オブジェクト・ベースト・ラーニングに基づく参加型展覧会——慶應義塾ミュージアム・コモンズ『オブジェクト・リーディング：精読八景』

展の再設計」(『The KeMCo Review』2023年)、「修復記録に触れる ── 修復ドキュメンテーションの共有化」(『記録集　我に触れよ(Tangite me) ── コロナ時代に修復を考える』慶應義塾ミュージアム・コモンズ／慶應義塾大学アート・センター、2022年)、Intertwining the Physical and Digital Experience at University Museum A Case Study from Keio Museum Commons, Japan, *Magazen*, 3 (2), 2022などがある。

佐藤 翔(さとう・しょう)

1985年生まれ。同志社大学免許資格課程センター教授。
専門は図書館情報学、学術情報流通、情報利用行動。
主な論文に「公共図書館の日毎の貸出冊数予測モデル ── 柏市立図書館を対象とする分析」(『図書館界』74(4)、2022年)、「『東南アジア 歴史と文化』誌掲載論文の引用文献の傾向と著者所属機関における所蔵状況」(共同執筆、『情報知識学会誌』32(1)、2022年)、「図書の書架上の位置が利用者の注視時間に与える影響」(共同執筆、『日本図書館情報学会誌』66(2)、2020年)などがある。

金 甫榮(きむ・ぼよん)

公益財団法人渋沢栄一記念財団デジタルキュレーター、東京大学史料編纂所共同研究員、認証アーキビスト。
専門はアーカイブズ学、学際情報学。
主な論文に「組織アーカイブズにおける真正なデジタル記録の長期保存の要件 ── Archivematicaを用いた検討 ──」(『アーカイブズ学研究』38、2023年)、「アーカイブズ資料情報システムの構築と運用 ── AtoM (Access to Memory)を事例に ──」(『アーカイブズ学研究』32、2020年)、「業務分析に基づく民間組織の記録とアーカイブズの管理に関する試論」(『アーカイブズ学研究』29、2018年)などがある。

松田 真（まつだ・しん）

1976年生まれ。一般社団法人ゲーム寄贈協会代表理事、ゲームギフト図書館館長、日本マンガ学会監事、松田特許事務所代表弁理士、司書、学芸員。

専門は知的財産権。

主な論文に「日本における、ゲームのプレイ可能保存の可能性」（『日本知財学会第20回年次学術研究発表会』2022年）、「シュレーディンガーのゲームアーカイブ」（『コピライト』745、2023年）がある。

マルラ俊江（まるら・としえ）

1963年生まれ。カリフォルニア大学バークレー校C. V. スター東アジア図書館日本コレクション司書。コレクション構築と参考業務担当。

近年の論文に「日本近代文学研究資料の保存とアクセスについて――カリフォルニア大学バークレー校所蔵の村上濱吉・三井文庫・遠藤周作旧蔵資料を中心に」（『近代作家旧蔵書研究会年報』(1)、2023年）、Revealing the Hidden: Uncataloged Japanese Manuscripts at the C. V. Starr East Asian Library, University of California, Berkeley, *Beyond the Book: Unique and Rare Primary Sources for East Asian Studies Collected in North America,* ed. Jidong Yang, Association for Asian Studies, 2022、「太平洋を渡った日本古典籍――カリフォルニア大学バークレー校C.V.スター東アジア図書館コレクション」（『書物学』18、2020年）などがある。

阿児雄之（あこ・たかゆき）

1976年生まれ。東京国立博物館情報管理室長／文化財活用センターデジタル資源担当室長。

専門は博物館情報学、文化財科学。

主な著書に「東京国立博物館における情報連携事例から見るミュージアム情報の流通」（『ミュージアム・ライブラリとミュージアム・アーカイブズ』樹村房、2023年）、「デジタルアーカイブと展示」（『展示学事典』丸善出版、2019

年)、「デジタルアーカイブ活用の技術——美術館・博物館の例」(『入門デジタルアーカイブ』勉誠出版、2017年)などがある。

国立国会図書館(こくりつこっかいとしょかん)

立法府である国会に属する日本で唯一の国立の図書館。

情報資源への総合的なアクセスや利活用の利便性向上を図るため、全国の図書館等が提供する資料を統合的に検索できる「国立国会図書館サーチ」等の様々なデータ連携プラットフォームを提供し、多様な関係機関と連携・協力している。

様々な分野のデジタルアーカイブをまとめて検索・閲覧・活用できるプラットフォーム「ジャパンサーチ」では、システムの開発運用や連携協力の実務を担当している。

小川 潤(おがわ・じゅん)

1994年生まれ。国立情報学研究所／ROIS-DS人文学オープンデータ共同利用センター・特任研究員。

専門は人文情報学、デジタル・ヒストリー、西洋古代史。

主な論文に「歴史マイクロナレッジの提唱とHIMIKO(Historical Micro Knowledge and Ontology)システムの実装」(共同執筆、『じんもんこん論文集2023』2023年)、「元首政期ローマ帝国西方における都市周縁共同体とパトロネジ——ガリア南部におけるウィクス・パグスとパトロヌス」(『西洋古典学研究』69、2022年)、Modelling and Structuring Narrative Historical Sources with Temporal Context, *International Journal of Humanities and Arts Computing*, 16 (1), 2022などがある。

塩崎 亮(しおざき・りょう)

1977年生まれ。聖学院大学基礎総合教育部教授。

専門は図書館情報学。

主な共著書に『図書館情報技術論 第2版』(ミネルヴァ書房、2022年)、訳書

に『図書館情報学概論』(勁草書房、2019年)などがある。

嘉村哲郎(かむら・てつろう)

東京藝術大学 芸術情報センター／情報戦略統括室(CIO室)。

専門は博物館情報の組織化、芸術作品・資料等のデジタル化およびアーカイブ。

主な著書・論文に『デジタルアーカイブ・ベーシックス4　アートシーンを支える』(責任編集、勉誠出版、2020年)、「博物館・図書館・文書館から見たアーカイブ史」(『デジタル時代のアーカイブ系譜学』みすず書房、2022年)、「デジタルアーカイブにおける分散型情報技術を用いたコンテンツ管理と流通」(『デジタルアーカイブ学会誌』6(s3)、2022年)、「著名な日本人洋画家の属性分析に基づく特徴抽出の試み」(共同執筆、『人工知能学会全国大会論文集』2020年)などがある。

栗原佑介(くりはら・ゆうすけ)

1985年生まれ。慶應義塾大学大学院政策・メディア研究科特任准教授(有期)、弁理士。

専門は知的財産法。

主な論文に「研究データの(非)開示対応における実務上の課題と検討」(『情報の科学と技術』74(4)、2024年)、「メタバースを中心とするバーチャルリアリティにおける著作権法の「実演」に関する一考察——「その実演」の意義を中心に」(『情報通信政策研究』6(2)、2023年)、「民法改正後における職務発明の相当利益請求権の消滅時効に関する一考察」(『知財管理』72(2)、2022年)などがある。

責任編集

中村 覚(なかむら・さとる)

1988年生まれ。東京大学史料編纂所助教。

専門は情報学。

主な論文に「持続性と利活用性を考慮したデジタルアーカイブ構築手法の提案」(共同執筆、『デジタルアーカイブ学会誌』5（1）、2021年)、「Linked Data とデジタルアーカイブを用いた史料分析支援システムの開発」(共同執筆、『デジタル・ヒューマニティーズ』1、2019年)、「Linked Dataを用いた歴史研究者の史料管理と活用を支援するシステムの開発」(共同執筆、『情報処理学会論文誌』59（2）、2018年) などがある。

逢坂裕紀子(おうさか・ゆきこ)

1984年生まれ。国際大学GLOCOM研究員。

専門は社会情報学。

主な論文に「上野エリアにおける近代美術工芸界の形成と変遷にかかわる〈ひと・もの・こと〉のデータベース構築に向けて」(『人文科学とデータベース』発表論文集、2019年)、An analysis of literacy differences related to the identification and dissemination of misinformation, 2024 などがある。

デジタルアーカイブ・ベーシックス

デジタル時代のコレクション論

2024年10月15日　初版発行

責任編集　中村覚・逢坂裕紀子

発 行 者　吉田祐輔

発 行 所　㈱勉誠社
　　　　　〒101-0061　東京都千代田区神田三崎町 2-18-4
　　　　　TEL：(03)5215-9021(代)　FAX：(03)5215-9025

印　刷　三美印刷㈱
製　本
組　版　デザインオフィス・イメディア（服部隆広）

ISBN978-4-585-30304-6　C1000

デジタルアーカイブ・
ベーシックス

ひらかれる
公共資料アーカイブ
「デジタル公共文書」という
問題提起

「デジタル公共文書」という新たな概
念を、利活用者の視点から、新しい知
識や社会生活などを生み出す源泉とし
て位置づけ、議論を試みる。

福島幸宏 責任編集
本体 3,200 円 (＋税)

デジタルアーカイブ・
ベーシックス

共振するデジタル
人文学とデジタル
アーカイブ

デジタル人文学とデジタルアーカイブ
(DA) それぞれの成果が、直接的・間
接的に両分野の発展につながること
を、DH と DA の研究者・専門家によ
る論考によって示そうと試みた一冊。

鈴木親彦 責任編集
本体 3,200 円 (＋税)

デジタルアーカイブ・
ベーシックス

知識インフラの
再設計

デジタルアーカイブの制度や仕組みに
スポットをあて、法律、教育、経営、
経済などさまざまな分野の専門家によ
る論考から、知識インフラを「再設
計」する。

数藤雅彦 責任編集
本体 3,200 円 (＋税)

デジタルアーカイブ・
ベーシックス 1

権利処理と
法の実務

著作権、肖像権・プライバシー権、所
有権…。デジタルアーカイブをめぐる
「壁」にどのように対処すべきか。
デジタルアーカイブ学会第 2 回学会賞
(学術賞) 受賞！

福井健策 監修
数藤雅彦 責任編集
本体 2,500 円 (＋税)

デジタルアーカイブ・ベーシックス2

災害記録を未来に活かす

博物館、図書館のみならず、放送局や新聞社など、各種機関・企業が行なっているデジタルアーカイブの取り組みの実例を紹介。記録を残し、伝えていくこと、デジタルアーカイブを防災に活用することの意義をまとめた一冊。

今村文彦 監修
鈴木親彦 責任編集
本体 2,500 円（＋税）

デジタルアーカイブ・ベーシックス3

自然史・理工系研究データの活用

高等教育機関、自然史・理工系博物館、研究機関が開発・運用しているデータベースやWebサイトを紹介し、天文学、生物学など、自然科学分野の取り組みを一望。デジタルアーカイブ学会第4回学会賞（学術賞）受賞！

井上透 監修
中村覚 責任編集
本体 2,500 円（＋税）

デジタルアーカイブ・ベーシックス4

アートシーンを支える

日本の芸術分野におけるデジタル対応の概要・現状から問題点まで、美術館、博物館などの事例をもとに、幅広く紹介。美術のみならず、音楽、舞踏、服飾のアーカイブの事例も掲載。アートアーカイブの実状を知るための一冊。

高野明彦 監修
嘉村哲郎 責任編集
本体 2,500 円（＋税）

デジタルアーカイブ・ベーシックス5

新しい産業創造へ

日本の企業はデジタルアーカイブをどのように利活用し、それをビジネスに昇華しているのか？
先進的な企業の取組みを紹介することで、産業におけるデジタルアーカイブの可能性を探る。

時実象一 監修
久永一郎 責任編集
本体 2,500 円（＋税）

入門
デジタル
アーカイブ
まなぶ・つくる・つかう

デジタルアーカイブの設計から構築、公開・運用までの全工程・過程を網羅的に説明する、これまでにない実践的テキスト。
これを読めば誰でもデジタルアーカイブを造れる！

柳与志夫 責任編集
本体 2,500 円（＋税）

デジタル
アーカイブの
新展開

文化財のデジタル化や、映画・新聞・テレビ・ウェブなどメディアのデジタルアーカイブ、3DやAIを始めとする革新的技術の動向など、具体的な事例を豊富な図とともに紹介。デジタルアーカイブの現状をわかりやすく解説した一冊！

時実象一 著
本体 2,100 円（＋税）

ライブラリーぶっくす
調べ物に役立つ
図書館の
データベース

図書館で使える便利なツールと、その使用方法を紹介。OPACや、キーワードを使った検索方法についても、やさしく解説。Webで使える無料のデータベースも紹介。これまでになかったデータベースの使い方の入門的ガイドブック！

小曽川真貴 著
本体 1,800 円（＋税）

図書館員を
めざす人へ
増補改訂版

図書館で働きたい方への基礎知識から実践まで、じっくり解説。図書館員へのインタビューを掲載し、現場の声もよくわかる！　初版から新たに合格体験記、海外のライブラリアンへのインタビューを追加。図書館員になるためのガイドブック＆インタビュー集の決定版！

後藤敏行 著
本体 2,400 円（＋税）